음식으로 읽는
한국 생활사

음식으로 읽는
한국 생활사

초판 1쇄 발행 | 2014년 11월 28일
초판 4쇄 발행 | 2018년 11월 26일

지은이 | 윤덕노
펴낸이 | 박영욱
펴낸곳 | 깊은나무

편 집 | 허현자 · 이상모
마케팅 | 최석진
디자인 | 서정희 · 민영선

주 소 | 서울시 마포구 월드컵로 14길 62
이메일 | bookocean@naver.com
네이버포스트 | m.post.naver.com ('북오션' 검색)
전 화 | 편집문의: 02-325-9172   영업문의: 02-322-6709
팩 스 | 02-3143-3964

출판신고번호 | 제2013-000006호

ISBN 978-89-98822-08-8 (03380)

*이 도서의 국립중앙도서관 출판예정도서목록(CIP)은 서지정보유통지원시스템
홈페이지(http://seoji.nl.go.kr)와 국가자료공동목록시스템(http://www.nl.go.kr/kolisnet)에서
이용하실 수 있습니다. (CIP제어번호 : CIP2014027521)

음식으로 읽는
한국 생활사

윤덕노 지음

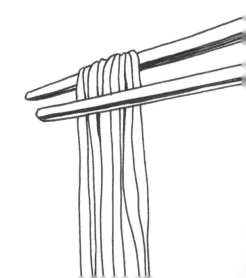

깊은나무

무엇을 먹든 우리는 하루 최소 세 번 이상 먹는다. 식사 횟수
만 따지면 하루 두세 끼가 보통이지만 간식에 야식까지 더하
면 하루 먹는 횟수가 만만치 않다. 도대체 왜 이렇게 먹을까? 몰라서 묻
느냐고 되묻겠지만 사실 대답하기 쉽지만은 않다. 가장 원초적인 의문인
데도 답은 여럿이다.

배가 고프니 먹는다. 허기지면 괴롭고 안 먹으면 영양부족으로 건강을
해치니 먹는다. 원론적인 대답은 이렇다. 그러나 정말 돈이 없거나 다이
어트 중이 아니라면 진짜 배가 고파서 먹는 경우는 그다지 많지 않다.

곰곰이 생각해보면 정말 배가 고팠던 적은 기억조차 가물가물할 정도
로 꽤나 오래전이었던 것 같다. 대부분 미처 배가 고파지기도 전에 미리
미리 챙겨 먹기 때문이다. 배고플 틈조차 없는 것이 우리 현대인이다.

그러고 보면 "왜 먹느냐?"라는 질문에 대한 답은 습관 때문이라는 말이 더 솔직할 것 같다. 때가 됐으니까 배가 고프지 않아도 먹고 음식이 앞에 놓여 있으니 손이 갈 뿐이다. 마치 산이 있으니까 오르는 것과 비슷하다.

　본능적인 욕구보다 한 차원 높은 이유도 있다. 맛이 있으니 먹는다. 경제적으로 먹고 살 만해진 현대에는 배고파서 먹기보다는 맛을 찾아 먹는 사람이 더 많다. 왜 맛있는 음식을 찾는 것일까?

　또 대답이 뻔한, 말 같지도 않은 질문한다며 지청구 놓을 수도 있겠지만 음식 문화를 연구하다 보니 이런 원초적인 질문이 자꾸 떠오른다. 그래야 지금 하는 일에 대한 합리적인 해답을 찾을 수 있기 때문이다.

　"우리는 왜 맛있는 음식을 밝힐까?" 대답은 역시 간단한 것 같다. 맛있는 음식을 먹으면 입이 즐겁기 때문이다. 외연을 좀 더 확장해 말하자면 오감이 즐겁기 때문이다. 맛있는 요리 하나에 시각, 청각, 후각, 촉각, 미각이 모두 즐겁다. 육체적인 쾌감을 느낌은 물론 정서적으로도 만족스럽다.

　즐기려고 음식을 먹는다면 맛뿐만 아니라 추구해야 할 가치가 하나 더 있다. 멋이다. 오감의 즐거움에 멋까지 더하면 만족감이 배가되기 때문이다.

　어떻게 해야 멋있게 먹을 수 있을까? 맛도 주관적이지만 멋은 더더욱 주관적이니 각자가 개성에 맞게 방법을 찾을 수밖에 없다. 필자가 발견한 멋있게 먹는 방법 중 하나는 좋아하는 사람과 함께 먹는 것이다.

또 음식에 스토리를 입혀서 먹을 수도 있다. 그 스토리는 자기만의 이야기여도 좋다. 사랑하는 사람과 서해안 바닷가에서 먹은 대하구이의 추억이 있을 수 있고, 바닷가재 한 마리에 해외여행의 낭만이 깃들어 있을 수 있다. 시장에서 먹은 칼국수 한 그릇이 값비싼 전복보다 더 맛있을 수도 있다. 나만의 스토리가 있기 때문이다.

혹은 음식의 역사와 음식에 얽힌 문화, 그리고 유명 인사와 관련된 에피소드를 곁들여 즐길 수도 있다. 인문학적으로 즐기는 방법이다. 혀로, 맛으로만 즐기지 않고 눈으로, 마음으로 맛과 멋의 호사를 누릴 수 있다.

빨간 석류 한 알을 먹더라도 왜 "미녀는 석류를 좋아해~"라고 노래하는 광고가 생겼는지, 석류와 양귀비의 관계를 알고 먹는 것과 모르고 먹는 것은 차이가 있을 수 있다. 음식을 단순히 맛만 보는 것이 아닌 역사와 문화라는 인문학적 관점에서 즐기다 보면 맛까지 덩달아 더 좋아질 수 있다.

《대학》에서 이르길, "마음이 없으면 봐도 보이지 않고 들어도 들리지 않으며 먹어도 그 맛을 모른다(心不在焉 視而不見 聽而不聞 食而不知其味)"고 했는데 스토리를 곁들이면 경우에 따라 인생의 교훈까지도 얻을 수 있다.

음식의 유래와 문화, 역사 속 이야기를 중심으로 우리가 흔히 먹는 음식 100가지에 얽힌 이야기를 모았다. 예전에 〈동아일보〉에 연재한 '윤덕노의 음식 이야기'가 토대가 됐다.

　이 책이 음식을 맛뿐만이 아닌 멋으로 즐기는 데 보탬이 되면 좋겠다. 음식에 얽힌 스토리는 문헌의 고증을 거친 만큼 인문학적 상식을 넓히는 데도 일조를 했으면 싶다. 더불어 우리 음식에 스토리를 입히는 데 도움이 된다면 그 또한 영광이겠다.

　언제나 사랑과 용기와 격려를 주는 가족과 지인, 제 글을 읽어주시는 모든 분께 진심으로 감사의 마음을 전한다.

윤덕노

머리말

밥류 · 죽류

1장 | 밥상의 주인

국류

2장 | 국이 없으면 밥이 안 넘어가

면류

3장 | 쫄깃한 면발의 매력

탕류

4장 | 얼큰 시원 담백한 국물의 유혹

어패류

5장 | 바다가 선사한 진미

김치류

6장 | 김치 없인 못 살아

채소류

7장 | 밥상 위의 의사

곡류·콩류

8장 | 땅과 하늘, 인간의 정성이 빚어낸 합작품

육류

9장 | 고기가 없으면 허전해

떡류

10장 | 감사와 소망, 사랑을 담아

밥상의
주인

| 밥류 · 죽류 |

콩밥

감옥에선
왜 콩밥을 먹었을까?

콩밥은 영양 만점에 맛도 좋다. 밥투정하는 어린아이 빼놓고는 많은 사람들이 콩밥을 좋아하지만 우리말 '콩밥'이 주는 이미지는 최악이다. '콩밥 먹는다'고 하면 교도소 밥을 먹는다는 뜻이니 범죄 행위를 저지른다는 말과 동의어로 쓰인다.

콩밥이 이렇게 교도소를 상징하게 된 까닭은 대부분 사람들이 알고 있는 것처럼 옛날에는 재소자에게 콩밥을 먹였기 때문이다. 일제강점기인 1936년의 형무소 식단표에 따르면 재소자에게는 쌀 10퍼센트, 콩 40퍼센트, 좁쌀 50퍼센트로 지은 밥을 제공했다. 좁쌀의 비중이 조금 더 높지만 거의 콩밥에 다름 아니다.

20년이 지난 1957년에는 재소자 식사 규정에서 콩의 비중이 줄어들어 쌀 30퍼센트, 보리 50퍼센트, 콩 20퍼센트를 섞은 잡곡밥이 정량이었다. 교도소에서 콩이 완전히 사라진 것은 1986년부터로 이때부터 콩을 전혀 넣지 않고 쌀과 보리만을 섞은 보리밥이 제공되었다.

세월이 흐를수록 콩의 비중이 줄어들었음을 알 수 있는데 그렇다면 역으로 세월을 거슬러 올라가면 콩의 비중은 더욱 높았을 것이다. 형무소 식단표가 공개되기 시작한 1936년 이전에는 얼마나 콩을 많이 섞었는지 정확히 알 수 없지만, 옛날 신문을 보면 감옥에서는 콩밥을 먹는 게 기정사실이었다. 1921년에는 얼마나 배가 고팠는지 콩밥이라도 먹게 해달라며 감옥으로 보내달라고 간청하는 절도범이 있었고, 1928년에는 남편은 징역을 살며 콩밥을 먹고 있는데 자신은 밖에서 다른 음식을 먹을 수 없다며 콩밥만 먹고 지내는 열녀의 이야기가 실리기도 했다. 이 무렵의 콩밥은 콩의 비중이 아마 절반은 넘었을 것이다.

그렇다면 감옥에서는 왜 콩밥을 먹었을까? 예전에는 콩이 값도 쌌을 뿐만 아니라 영양도 풍부해서 재소자의 건강을 고려한 식사였을 것으로 짐작하는 사람도 있지만 옛날에, 그것도 일제강점기 감옥에 그렇게 인간적인 배려가 넘쳐나지는 않았을 것 같다.

예전 감옥에서 콩밥을 먹인 것은 콩밥이 그야말로 형편없는 식사였기 때문일 것이다. 요즘 사람들은 이해하지 못하겠지만 콩밥이 얼마나 형편없는 음식이었는지 짐작할 수 있는 글이 1936년 〈조선중앙일보〉에 실려 있다. 〈콩밥〉이라는 제목의 동시다.

> 콩밥을 보면 넌더리가 나요. 밤낮 우리는 내가 제일 싫어하는 콩밥만 짓지요. '엄마, 나 콩밥 먹기 싫어, 쌀밥 지어, 응?' 하고 졸랐더니 엄마는 '없는 집 자식이 쌀밥이 뭐냐, 어서 못 먹겠니?' 하고 부지깽이를 들고 나오셨다. 나는 꿈쩍도 못하고 안 넘어가는 콩밥을 억지로 넘겼지요. 해마다 쌀농사는 짓는데 밤낮 왜 우리는 콩밥만 먹을까?

현대인들이 읽으면 유치하기도 하고, 쉽게 공감이 가지 않겠지만 어쨌든 콩밥에 진저리를 치는 아이의 심정이 잘 드러나 있고 당시 사람들이 콩밥을 어떻게 생각했는지 분명하게 엿볼 수 있다.

콩밥이 맛있는 것은 쌀밥에 콩이 어쩌다 드문드문 심어져 있을 때다. 반대로 콩만 퍼 먹는다고 생각하면, 그것도 한두 번도 아니고 매일 콩만 먹어야 한다고 생각하면 동시의 주인공 아이처럼 콩밥을 보면 넌더리가 날 수밖에 없다. 사실 사람들이 콩밥을 거부감 없이 몸에 좋은 잡곡밥으로 여기게 된 것도 콩값이 쌀값보다 비싸진 최근의 일이다.

동양에서 콩밥을 싫어한 역사는 뿌리가 깊다. 기원전에 살았던 사람들도 콩밥이라면 치를 떨었다. 천하를 놓고 유방과 다투던 항우가 군사를 이끌고 행군을 하는 도중에 날이 어두워져 진을 쳤다. 마침 날씨는 몹시 춥고 큰비가 내려 얼어 죽는 병사들이 속출했고 대다수 병사들이 배고픔에 시달렸다. 그래도 행군을 멈추지 않았던 항우였지만 흉년이 들어 민가에서 식량을 조달할 방법도 없고, 가지고 있는 군량은 다 떨어져 이제는 콩밥만으로 연명한다는 보고를 듣고는 어쩔 수 없이 철군을 결정했다. 《한서》〈진승열전〉에 나오는 이야기로 군량미가 떨어져서 병사들이 콩밥을 먹었다는 것인데, 콩밥을 먹는 것 자체를 군대의 사기가 떨어져 전투를 하지 못할 정도의 심각한 식량난으로 본 것이다. 콩밥은 이렇게 형편없는 식사였으니 옛날 감옥에서 왜 죄수에게 콩밥을 먹였는지 그 까닭을 짐작할 수 있다.

팥물밥

밥에다 왜
팥물을 들였을까?

밥 중에는 곱게 색깔을 들여 짓는 밥이 있다. 콩밥이나 팥밥처럼 다른 재료를 섞어 밥을 짓는 과정에서 재료의 색 때문에 물이 드는 경우도 있지만 팥을 삶은 물로 밥을 지어 일부러 붉게 물을 들이기도 했다. 그중 하나가 옛날 임금님 수라상에 백반과 함께 올린 팥물밥, 즉 홍반(紅飯)이다. 경우에 따라서는 아예 검은 쌀, 흑미로 밥을 지어 검은색을 내기도 하고 정월 대보름이나 잔칫날 먹는 약밥처럼 캐러멜이나 흑설탕을 섞어 착색을 하기도 한다.

그런데 왜 밥에다 물을 들였을까? 여러 가지 이유가 있겠으나 무엇보다 고운 빛깔의 밥을 먹으며 입맛을 돋우었을 수도 있고, 팥물을 비롯해 다른 재료를 섞어 쌀에는 없는 영양소를 보충했을 수도 있다. 혹은 꿀을 첨가해 더 고급스럽게 먹으려는 목적도 있었겠지만 단순히 실용적인 이유, 미각적인 아름다움 때문에 밥에다 착색을 한 것은 아니다. 더 특별한 이유가 있었다.

예전에는 밥에다 색깔 있는 물을 들이는 일이 자주 있었던 모양이다. 아예 '색깔 있는 밥'이라는 뜻의 한자까지 있다. 신(飯)이라는 글자다. 한자 사전에서는 약초를 이용해서 물을 들인 밥이라고 풀이했는데《강희자전》에서는 오반(烏飯)이라고 했다. 까마귀 오(烏) 자에, 밥 반(飯) 자를 쓰니까 까마귀 깃털처럼 검다는 뜻이다.

그런데 검은색으로 물들인 오반은 보통 밥이 아니다. 도가에서는 오반이 신선들이 먹는 밥으로 오반을 계속 먹으면 신선처럼 장수할 수 있고 양기가 되살아난다고 생각했다. 쉽게 말하자면 회춘하게 해주는 밥인 셈이다. 회춘이니 신선이 먹는 밥이니 비현실적인 이야기를 하니까 전설에나 나올 법한 뜬구름 같은 음식이라고 생각할 수 있겠지만 오반은 실제로 사람들이 먹었던 밥이다.

당나라 때 의사로《본초습유》라는 의학서를 쓴 진장기가 오반 짓는 법을 구체적으로 설명해놓았다. 남방에서 자라는 남천촉(南天燭)이라는 나무의 줄기와 잎에서 즙을 짜내 쌀에다 붓고 아홉 번을 찐 후에 아홉 번을 햇볕에 말리면 쌀알이 진주처럼 작고 단단해진다고 했다. 이 쌀알을 주머니에 넣고 다니면 멀리까지 갈 수 있다고 했다. 약초에서 짜낸 즙으로 지었으니 몸에 좋을 것 같기는 하지만 평소 먹는

밥이 아니라 장거리 여행을 떠날 때 먹는 비상용 식량이었던 모양이다. 어쨌든 세월이 흐르면서 오반은 실용적인 목적보다는 건강에 좋은 밥, 그래서 장기간 먹으면 신선이 되는 밥이라는 의미가 강조된다.

명나라 때 이시진은 《본초강목》에서 버드나무와 오동나무 잎으로 색깔을 낸 밥이라는 설명과 함께 본래는 도가에서 신선들이 먹는 밥이지만 지금은 부처님 오신 날에 부처님께 공양을 드릴 때 오반을 짓는다고 했다. 《홍길동전》의 저자인 허균의 설명도 비슷하다. 오반은 까마귀 깃털처럼 검은 색깔의 밥으로 버들잎이나 오동잎으로 빛깔을 내는데, 이 밥을 먹으면 양기를 돋우기 때문에 젊음을 유지할 수 있고 도교에서 귀중하게 여긴다고 했다. 《산림경제》에서도 버드나무 잎으로 검은 빛깔을 낸 오반을 먹으면 양기의 순환이 원활해진다고 설명, 검게 물들인 밥에 특별한 의미를 부여했다.

옛날 사람들은 밥에다 팥물이나 약초, 간장, 혹은 벌꿀 등으로 색깔을 내면서 신선들이 먹었다는 오반을 흉내 내려고 했던 모양이다. 대표적인 예가 약식이 아닐까 싶은데 고문헌에 나오는 약식 관련 표현을 보면 처음부터 약식이 까만색은 아니었다.

많은 사람들이 알고 있는 것처럼 약식의 유래는 왕의 생명을 구한 까마귀에게 찹쌀밥으로 제사를 지냈다는 《삼국유사》의 기술에서 비롯됐다. 찹쌀밥을 지금처럼 검게 물들였다는 표현은 없다. 그런데 고려 말의 학자 목은 이색이 쓴 시집에서는 찹쌀밥을 꿀에 버무린다고 표현했다. 그리고 조선 전기, 성현의 《용재총화》에는 간장으로 색깔을 냈다는 내용이 보인다. 시대에 따른 약식의 변화 과정을 짐작할 수 있다. 마지막으로 조선 후기, 추사 김정희는 약밥을 밀반홍(蜜飯紅)이라고 표현했는데 꿀에 버무린 검붉은 색깔의 밥이라는 뜻으로 오늘날 캐러멜로 곱게 물들인 약식과 비슷하다.

보기 좋은 떡이 먹기도 좋다고 했는데 팥물로 물들인 팥물밥 홍반, 꿀과 간장에 버무린 찹쌀밥 밀반홍, 약초 즙으로 지은 오반 등등, 갖가지 색으로 곱게 물들인 밥을 먹으며 젊음을 유지해보는 것은 어떨지?

3

덮밥

그 사소한
음식의 역사

아무리 사소한 것에도 나름의 역사와 존재 의미는 있다. 그렇다면 밥에다 반찬을 얹어 먹는 덮밥에도 역사가 있으며, 그렇게 먹어야 했던 이유가 있을까?

맛의 세계는 오묘해서 같은 음식이라도 먹는 방법에 따라 맛이 달라진다. 예컨대 밥 따로 제육볶음 따로 먹는 것과 김이 모락모락 나는 따뜻한 밥에 제육볶음을 얹어 먹는 제육덮밥은 맛이 다르다. 그래서 갖가지 종류의 덮밥을 먹는 것일 텐데, 누가 처음 덮밥을 먹었으며 왜 밥에다 반찬을 얹어 먹기 시작한 것일까? 더 맛있게 먹기 위해서였을까, 아니면 더 빨리 간편하게 먹기 위해서였을까?

덮밥은 우리나라뿐만 아니라 중국과 일본에서도 즐겨 먹는다. 우리는 제육덮밥, 버섯덮밥, 오징어덮밥 등 다양한 덮밥이 있지만 중국에도 마파두부덮밥을 비롯해 쇠고기덮밥 등 갖가지 덮밥이 있다. 중국에서는 이

24

린 덮밥을 총칭해 반찬으로 밥을 덮
었다는 뜻에서 까이판(盖飯)이
라고 부른다. 일본 역시
덮밥의 종류가 다양하
다. 우리도 좋아하는 장
어덮밥을 비롯해 달걀덮밥
과 쇠고기덮밥인 규동 등등, 일본
덮밥인 돈부리(どんぶり)는 종류가 많아
이루 다 헤아릴 수 없을 정도다.

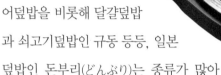

　한중일 삼국의 덮밥을 가만히 살펴보면 한국과 중국 덮밥은 서로 닮은
점이 많은 반면 일본 돈부리는 비슷한 점보다 다른 점이 더 많다. 한중일
삼국 덮밥의 뿌리는 무엇일까?

　우리 덮밥은 밥에다 반찬을 얹거나 밥 옆에 반찬을 놓고 섞어 먹는다.
걸쭉한 소스를 끼얹은 중국식 덮밥과는 비슷한 것 같으면서도 다소 차이
가 있다. 밥 따로 반찬 따로 먹는 우리의 전통 식사 문화에서 덮밥은 찾
아보기 힘들지만 그렇다고 전혀 없었던 것도 아니다.

　조선 후기의 실학자 이규경은 토지의 신께 제사를 지내는 날 밥에다
갖가지 고기와 채소로 조화를 이루어 밥을 덮어 먹는데 이를 사반(社飯)
이라고 한다고 했다. 지금은 완전히 잊힌 날이지만 옛날에는 사일(社日)
이라는 날이 있었다. 사(社)는 토지의 신이다. 예전에는 농사를 짓기 전
인 입춘, 그리고 얼추 곡식이 익어갈 무렵인 입추 후 닷새째 되는 날, 풍
년을 기원하고 수확을 감사하는 마음으로 토지 신께 제사를 지냈다. 이

날 먹던 고기를 덮은 밥이 바로 사반으로, 우리 덮밥의 뿌리일 수도 있다. 비빔밥의 기원을 제사 음식에서 찾기도 하는데 그렇다면 사반이 비빔밥의 원조일 수도 있다.

사반이 우리만 먹었던 음식은 아니다. 자세한 내용이 12세기 중국 송나라 때의《동경몽화록》에 보인다. 돼지고기나 양고기의 염통, 가슴살, 창자, 폐, 또는 오이와 생강 등을 바둑알 모양으로 자르고 맛있게 양념을 해서 밥에 덮은 후 손님을 초청해 나누어 먹는다고 했다. 음식의 기본 얼개가 지금의 제육덮밥을 비롯한 갖가지 덮밥류와 별반 다를 것이 없다. 덮밥은 이렇게 토지신께 풍년과 수확을 기원하고 감사하는 음식에서 비롯된 것일 수 있다.

중국 사람들은 자기들이 먹는 덮밥의 기원을 또 다른 곳에서 찾기도 한다. 기원전 8세기 이전의 주나라 때 왕이 먹던 산해진미 중에 순오(淳熬)라는 음식이 있다.《예기》에 요리법에 관한 설명이 보이는데, 고기로 담근 장을 볶아서 기장이나 좁쌀과 같은 곡식을 덮은 후 기름진 국물을 부은 음식이라고 했다. 걸쭉한 소스를 끼얹는 지금의 중국 덮밥과 비슷하다. 바꿔 말하자면 중국 덮밥의 뿌리를 무려 3천 년 전에 먹었다는 산해진미에서 찾는 것이다.

일본 사람들도 덮밥을 먹지만 일본의 대표 덮밥 돈부리는 한국이나 중국의 덮밥과는 차이가 있다. 일본에서는 돈부리의 기원을 14~16세기인 무로마치 시대에 궁중이나 무사들이 먹던 호항(芳飯)에서 찾는다. 밥에 일곱 가지 야채를 얹고 국물이나 물을 부어 먹는 것이다. 하지만 지금은 우리도 흔하게 먹는 돈부리는 대부분 역사가 짧다. 예컨대 쇠고기덮밥인 규동, 돈가스를 얹은 가스동, 닭과 달걀이 함께 들어간 오야코동 등은 주로 19세기 말, 20세기 초에 등장했다. 일본의 덮밥, 돈부리는 주로 바쁠 때 빠르고 편리하게 먹으려고 발달한 음식으로 일본의 산업화와 밀접한 관련이 있다.

별생각 없이 먹는 덮밥이다. 하지만 기원을 찾아 올라가면 하늘에 풍년을 기원하며 간절한 마음으로 먹던 음식이고, 고대 황제가 권력을 과시하며 즐긴 산해진미였다. 혹은 근대 일본의 근로자들이 더 많은 일을 하려고 재빨리 먹던 패스트푸드이기도 하다. 사소한 덮밥 속에도 나름의 역사와 의미가 있다는 사실이 정말 놀랍다.

4

돌솥비빔밥

양반의
별미

한식에 익숙하지 않은 서양인 중에 돌솥비빔밥을 먹으며 감탄하는 사람이 적지 않다. 다양한 나물과 채소, 쇠고기와 달걀을 넣고 비벼 새로운 맛을 창조하는 비빔밥도 외국인의 눈에는 독특해 보이는데 음식 담는 그릇까지 돌을 갈아 만든 것이라니 더욱 관심을 보인다.

우리는 무심코 지나치지만 외국인의 눈에는 특이하게 보이는 돌솥비빔밥은 기본적으로 돌솥과 비빔밥을 합쳐놓은 음식이다. 곱돌을 갈아 만든 개인용 솥에 밥을 짓고 거기에 갖은 재료를 넣어 비빈 것이니 그다지 특별할 것도 없고 궁금할 것도 없는 음식처럼 보이지만 자세히 따져보면 돌솥비빔밥에는 우리가 잘 몰랐던 역사와 이야기가 숨어 있다.

돌솥비빔밥의 유래를 알려면 먼저 돌솥밥의 기원부터 살펴야 한다. 곱돌을 갈아 만든 솥에 밥을 지으면 뜸이 골고루 들고 밥을 지을 때 잘 타지도 않을뿐더러 먹을 때 쉽게 식지도 않는다. 게다가 밥맛도 좋고 누룽지와 숭늉마저 구수하다. 밥은 무쇠 가마솥에 지은 밥이 으뜸이어서 옛날 사람들은 모두 가마솥 밥을 먹었을 것이라고 생각하기 쉽지만 가마솥 밥은 시골 사람들이나 서민들이 주로 먹었다. 궁궐에서 수라상을 따로 받는 임금이나 지체 높은 양반집에서는 놋으로 만든 새옹이나 돌솥에다 따로 밥을 지어 올렸다. 그중에서도 밥 짓는 솥으로는 돌솥을 가장 선호했다. 영조 때의 실학자 유중림은 《증보산림경제》에서 밥 짓는 솥은 돌솥이 가장 좋고 다음은 무쇠솥, 그다음이 유기솥이라고 했다.

비단 우리뿐만 아니라 중국에서도 돌솥을 최고로 여겼다. 11세기 말 송나라 시인 소동파는 《돌솥[石銚]》이라는 시에서 구리솥은 비린내가 나고 무쇠솥은 떫어서 좋지 않으니 돌솥이 물을 끓이기에 가장 좋다고 읊었다. 9세기 초 당나라의 학자로 유명한 한유도 "누가 산의 뼈[山骨]를 깎아서 돌솥을 만들었나"라며 돌솥을 예찬하는 시를 지었으니 옛사람들의 돌솥밥 사랑이 지금과는 비교가 되지 않을 정도다.

이런 이유 때문인지 조선의 임금들은 돌솥으로 지은 수라를 들었다. 임금님의 수라는 새옹이라고 부르는 조그만 곱돌로 만든 솥에 꼭 한 그릇씩만 짓는데 숯불을 담은 화로에 올려놓고 은근히 뜸을 들여 짓는다.

조선시대 관리들 역시 주로 돌솥밥을 먹었다. 《조선왕조실록》에는 임금이 상으로 돌솥을 하사했다는 기록이 많이 보인다. 세종대왕이 후원에서 활 쏘는 것을 구경하다 돌솥 한 벌을 상으로 내렸고, 성종은 승정원과 홍문관 관리에게 돌솥을 하사했다니 돌솥이 그만큼 널리 쓰였다는 이야기다. 돌솥은 가마솥과는 달리 혼자 쓰는 개인용 밥솥인 동시에 그릇이다. 고종 때 영의정을 지낸 이유원은 돌솥에 시를 적어 자신의 소유임을 밝혔는데 이 또한 조선 선비의 풍류였다.

　돌솥에 밥을 비비면 무엇보다 잘 식지 않고, 재료를 익히며 먹을 수 있는 것이 장점이다. 그런데 돌솥비빔밥과 비슷한 음식 역시 옛날부터 존재했다. 비빔밥은 한자로 골동반(骨董飯)인데《동국세시기》에서는 골동반은 젓갈, 포, 회, 구이 등 없는 것 없이 모두 밥 속에 넣어 먹는 음식으로 옛날부터 이런 음식이 있었다고 했다.《동국세시기》에 나오는 골동반은 송나라 시인 소동파가 쓴《구지필기》에 나오는 것이니 늦어도 11세기 무렵부터 비빔밥을 먹었음을 알 수 있다.

　골동반을 어떤 솥에다 지었는지는 알 수 없지만 소동파 역시 무쇠솥은 떫고 구리솥은 비리다고 말한 장본인이었으니 돌솥을 가장 좋아하지 않았을까 싶다.

　결론적으로 고려 때의 문헌에도 돌솥을 이용해 밥을 지었다는 기록이 자주 보이고, 역시 비슷한 시기 고려와 교류가 활발했던 송나라 문헌에도 갖가지 해산물과 고기 등을 넣어 밥을 지은 골동반이 보이니 진작부터 돌솥에 밥을 비비는 돌솥비빔밥이 있었을 수도 있다.

돌솥비빔밥이 우리나라 자체적으로 발달한 음식이건, 혹은 송과의 교류를 통해 송에서 고려로 또는 고려에서 송으로 전해졌건 최소한 1천 년 이전부터 진화하고 발전한 것이 아닌가 싶다. 요새도 돌솥밥이 유행하고 있으니 역시 역사는 돌고 도는가 보다.

5

현미밥

현미밥 먹었다고
괘씸죄에 걸리다

현미를 잡곡으로 아는 사람도 있지만 현미는 엄연히 쌀이다. 껍질만 벗겨내다 보니 색깔이 거무스레해 검을 현(玄) 자를 써서 현미라 한다. 껍질만 겨우 벗겼으니 영양분이 고스란히 남아 있다. 그래서 물에 담그면 다시 싹이 트는데 이런 쌀을 발아 현미라고 한다. 겨는 물론이고 씨눈까지 도정한 백미와 비교하면 몸에 좋을 수밖에 없다.

현미밥은 건강식이다. 특히 식이섬유와 각종 비타민이 풍부해 다이어트에 도움이 되고, 동맥경화와 당뇨병도 예방할 수 있어 인기가 높다.

하지만 옛날에는 사정이 달랐다. 전기밥솥이나 압력밥솥이 아닌 가마솥에 불을 때서 밥을 지어야 했던 옛날에는 현미밥 짓기가 쉽지 않았다. 기껏 밥을 지어놓아도 쌀알이 딱딱하고 껄끄러우며 거칠어서 먹기가 거북했고 소화도 잘되지 않았다. 이런 이유로 얼마 전까지만 해도 사람들은 현미밥을 무척 싫어했다. 어느 정도로 싫어했는지는 유교의 성현인 주자(朱子)의 사례를 보면 알 수 있다.

유교에서 공자, 맹자와 함께 주자로 받드는 주희는 남송 때 사람이다. 대학자로 이름을 떨치니 사방에서 가르침을 받겠다는 사람들이 몰려들었는데 그중에 호굉이라는 자도 있었다.

주자는 공부를 하겠다며 자신을 찾아오는 사람들에게 언제나 탈속반(脫粟飯)을 대접했는데 바로 현미밥이다. 당연히 자신을 찾아온 호굉에게도 현미밥을 내놓았다. 그러자 호굉이 "이것은 인정이 아니다. 아무리 산중이라고 하더라도 어찌 찾아온 손님에게 한 마리 닭과 한잔 술이 없을 것이냐"라며 불쾌한 기색을 내비치더니 이튿날 주자에게 작별 인사도 하지 않고 떠났다.

후에 감찰어사가 된 호굉이 주자를 괴롭힌다. 주자가 혹세무민하고 잘못된 학문을 가르친다며 열 가지 죄목을 만들어 모함을 했다. 심지어 주자의 목을 베어 그릇된 학문을 퍼뜨리는 자를 근절해야 한다고까지 주장했다.

말년에 박해를 당하자 평소에 주자를 따르던 사람들도 주자의 집 앞을 지나면서도 들리지 않았고 주자의 제자였다는 사실이 발각될까 겁이 나 변장을 하고 다녔다. 고난을 겪는 주자를 보면서도 애써 외면하는 후학과 제자를 보고 조선시대 이익은 《성호사설》에서 인심의 흉흉함과 세상의 험악함을 한탄했지만 따지고 보면 굳이 옛날 일만도 아니다. 호굉에게 심한 핍박을 받은 주자는 결국 귀양을 가서 사망한다. 《송사》〈호굉열전〉에 나오는 이야기다.

현미밥을 대접받고는 무시를 당했다며 원한을 품은 호굉의 인물 됨됨

이도 그렇지만 당시에 현미밥이 얼마나 형편없는 식사였는지 짐작할 수 있다. 그런데 800년이 지난 지금은 현미밥이 최고의 건강식으로 꼽히고 있으니 호굉이 다시 살아난다면 어떤 반응을 보일지 궁금하다.

호굉과 같은 인물이 있는가 하면 재상이 되었어도 남들이 다 먹기 싫어하는 현미밥을 먹으며 솔선수범 근검절약에 앞장선 인물도 있다. 한나라 무제 때의 재상 공손홍으로 대기만성의 표본으로 꼽히는 인물이다.

공손홍은 어렸을 때 무척이나 가난했기에

공부를 제대로 하지 못했다. 그래서 고향에서 감옥을 지키는 간수가 됐지만 일자무식이었던 탓에 실수를 저질러 그 자리에서 해임됐다. 공부를 해야겠다고 결심한 공손홍은 마흔 살에 다시 공부를 시작해 예순 살에 박사가 되었고 이후 승진을 거듭하면서 마침내 재상의 자리에까지 올랐다.

참고로 역사책에서 공손홍에 대한 평가는 다소 엇갈린다. 예컨대 조정 회의에서 어떤 문제가 쟁점이 될 경우 공손홍은 장점과 단점을 동시에 지적하면서 황제가 스스로 결정을 내리도록 했다고 한다. 황제의 뜻을 최대한 반영한 유능한 참모라는 평가도 있지만 책임을 회피하는 참모였다는 평가도 함께 받는다.

어쨌든 업무에 대한 평가를 떠나서 공손홍은 청렴하고 검소한 재상으로 이름이 높았다. 많은 녹봉을 받았음에도 언제나 베옷을 걸치고 지냈으며 먹는 것은 현미밥을 먹었을 뿐만 아니라 상에는 고기가 한 접시 이상 오르는 일이 없었다고 한다. 또한 적지 않은 봉급은 모두 손님을 대접하는 데 지출했는데 개인적으로 찾아오는 손님을 대접할 경우에는 나랏돈을 한 푼도 쓰지 않았다고 한다. 《한서》〈공손홍열전〉에 나오는 이야기다. 이런 사람을 찾기 힘든 것은 2천 년 전이나 지금이나 비슷하다.

물만밥

물만밥이
손님 접대 음식이었다고?

더운 여름날 찬물에 보리밥을 말아 고추장이나 된장에 풋고추를 찍어 먹는 맛은 그 자체가 별미다. 추운 겨울철 뜨거운 물에 찬밥을 말아 김장 김치를 쭉쭉 찢어서 얹어 먹어도 맛이 남다르다. 혹은 물에 만 밥에 보리 굴비를 가닥가닥 찢어 고추장에 찍어 먹으면 이건 아예 밥도둑이다.

물만밥은 맛도 맛이지만 추억의 음식이다. 어릴 적 시골에서 먹던 고향의 맛이 떠오르기도 하고, 밥에 물을 부어 대충 끼니를 때우시던 어머니의 모습도 떠올라 여러 가지로 향수를 자극한다. 추억이 서려 있고 밥맛도 남다르지만 밥을 물에 말아 먹는 것이 점잖은 식사법은 아니다.

주로 급하게 밥을 먹어야 할 때, 제대로 반찬을 차려서 먹을 상황이 아닐 때, 대충 끼니를 때우기는 해야겠는데 찬거리가 마땅치 않을 때, 그럴 때 물에다 밥을 말아 반찬 하나 놓고 훌훌 떠먹는다. 그러니 남들과 함께 먹을 수 있는 밥은 아니고 더군다나 손님을 접대할 때 먹을 수 있는 식사는 더더욱 아니다.

그렇지만 옛날에는 손님이 왔을 때 물에다 밥을 말아 내놓아도 별 흉이 되지 않았던 모양이다. 임금님을 비롯해 대갓집 양반들도 수시로 물에다 밥을 말아 먹었고, 손님이 왔을 때도 물만밥을 대접했다. 지금보다 훨씬 더 격식을 따졌을 것 같은 옛날 문헌에 물에 밥을 말아서 손님을 대접했다는 기록이 많이 보인다.

고려 말기의 대학자인 목은 이색이 젊었을 때의 일이다. 장래가 촉망되는 젊은이였던 이색은 개각에 따라 새로운 인사들이 재상으로 임명되자 그들의 집을 찾아 인사를 다녔다.

이색은 문집에 "어제 광평시중은 만나 뵙지 못했고 철성시중 댁에서는 수반(水飯)을 먹었다. 박 사신의 집에서 또 수반을 먹었고 임 사재의 집에 가서 성찬을 대접받았다"고 적었다.

시중이면 장관급 벼슬인데 정승 집에 인사차 갔다가 수반, 그러니까 물만밥을 얻어먹고 돌아왔다는 것이니 지금 기준으로 보면 이런 문전박대가 또 없다. 하지만 예전에는 물에다 밥을 만 '수반'이 대충 끼니를 때우는 식사가 아니라 지체 높은 사람들이 평소 먹는 제대로 된 식사였고, 때문에 손님이 왔을 때 가볍게 내놓는 밥이었으며, 새참으로 부담 없이 먹는 별식이었다.

사실 조선시대에는 임금도 물에다 밥을 말아 들었다. 《조선왕조실록》을 보면 성종 때 가뭄이 들어 백성들이 힘들어하니 수라상에 물만밥만 올리도록 했는데 무려 40일 이상을 점심 때 물만밥을 들었다는 기록이 보인다. 백성들에게 모범을 보이려는 성종의 의지가 대단했다.

36

계속해서 찬물에 말아 드시면 건강을 해칠 수 있으니 중지해야 한다고 신하들이 간청했지만 성종은 "세종 때는 비록 풍년이 들었어도 물에 만 밥을 수라상에 올렸는데 지금처럼 가뭄이 든 때에 물에 밥을 말아 먹는다고 무엇이 해롭겠냐"며 신하들의 간청을 물리쳤다.

성종 이외에도 조선의 임금들은 물만밥을 자주 들었다. 정조 역시 아버지 사도세자의 능이 있는 화성을 다녀가면서 차마 발걸음이 떨어지지 않아 비석 뒤에서 물에다 밥을 말아 먹은 후 천천히 출발했다며 아버지를 그리워하는 마음을《홍재전서》에 남겨놓았다.

사실 물에 만 밥은 종류도 여러 가지였다. 같은 물만밥이라도 이미 지어놓은 밥에 찬물이나 더운 물을 부어 먹는 밥은 수요반(水澆飯)이라고 했다. 물과 밥을 함께 먹는다는 의미에서 수화반(水和飯)이라고도 불렀다. 또 밥에다 물을 붓고 다시 끓인 밥은 수소반(水燒飯)이라고 했다. 쌀의 형체가 아예 보이지 않도록 끓인 미음이나, 쌀의 형태가 남아 있는 죽과는 또 다른 형태의 밥이었다.

조선 후기의 실학자 이익은《성호사설》에서 "밥은 대개 찬이 없어도 물에 말아 먹으면 맛이 더해지는 법"이라며 "물에 만 밥을 먹는 것은 우리나라 풍속"이라고 했다. 물에다 누른 밥을 말아서 먹는 누룽지 문화가 여기서 비롯된 것일 수도 있겠다.

어쨌든 요즘 찻물에 밥을 말아 보리굴비와 함께 내오는 보리굴비 정식을 파는 식당이 늘어나고 있고, 그 가격 역시 만만치 않게 비싼 편이니 역사란 돌고 도는 것인가 보다.

누룽지

세계 공통의
별미

세상에서 제일 맛있는 음식이 무엇일까? 정답은 '누룽지'다. 턱없는 소리라고 반박하는 사람도 많겠다. 고소하고 맛있는 것은 인정하지만 그렇다고 최고의 요리는 아니라고 말이다. 맛이라는 것이 취향과 상황에 따라 달라지는 것이니 역시 옳은 말이다. 하지만 세상의 산해진미는 모두 맛보았을 청나라 황제가 한 말이니 어느 정도는 믿어도 좋지 않을까?

사실 황제가 누룽지를 먹으며 최고라고 한 데는 이유가 있다. 청나라 전성기의 황제인 건륭제가 신분을 숨기고 지금의 장쑤성 쑤저우 부근을 시찰했다. 준비한 음식은 없고, 식사 때는 지나 인근 농가를 찾아 한 끼 식사를 청했는데 방금 밥을 먹은 주인이 남은 밥이 없다며 난색을 보였다. 그런데 변복을 한 황제가 불쌍해 보였는지 집주인이 누룽지와 채솟국을 데워 내왔다.

황제가 뜨거운 누룽지에 국물을 부으니 '타다닥' 소리가 나며 구수한 누룽지 냄새가 퍼졌다. 시장했던 건륭제가 맛있게 누룽지탕을 먹고는 종이에 "한바탕 천둥소리 울리니 천하제일 요리가 나왔네"라고 써서 집주인에게 답례로 주었다. 중국음식점에서 먹을 수 있는 누룽지탕의 유래고, 누룽지가 세상에서 제일 맛있는 음식이 된 연유다. 아무리 황제라도 '시장이 최고의 반찬'이라는 의미도 포함돼 있다.

어쨌든 이야기의 진위 여부는 알 수 없지만 중국에서 누룽지가 요리로 부각된 것은 바로 건륭제 무렵인 청나라 때다. 원매라는 학자는 자신이 저술한 《수원식단》에 "종이처럼 얇은 누룽지를 기름에 구운 후 흰 설탕을 뿌려 먹으면 맛있다. 금릉인(金陵人)이 제일 잘 만든다"고 적었다. 누룽지 요리가 금릉, 즉 지금의 난징을 중심으로 발달했음을 알 수 있는데, 이때부터 누룽지가 고급 요리의 재료로 활용됐다.

누룽지는 얼핏 우리나라 사람들만 먹었을 것 같지만 그렇지 않다. 쌀로 밥을 지어 먹는 나라에는 모두 누룽지가 있다. 중국에는 궈바(鍋巴)라는 누룽지가 있고, 일본에는 누룽지 오코게(おこげ)가 있으며, 베트남에도 꼼짜이(Com chay)라는 누룽지가 있다. 아시아 사람의 주식은 쌀이니까 당연히 누룽지가 있을 수 있겠지만, 실은 유럽에도 누룽지가 있다.

유럽 중에서 쌀 음식이 발달한 스페인 사람들도 누룽지를 간식으로 즐겨 먹는다. 스페인 누룽지는 볶음밥의 한 종류라고 할 수 있는 파에야(Paella)를 만들 때 생기는데 소카라트라고 한다.

스페인 사람들의 간식인 소카라트가 요즘 미국에서 인기를 끌고 있다고 한다. 뉴욕 맨해튼에 있는 한 파에야 전문 식당에서 일부러 파에야가 눋도록 만든 후 소카라트를 먹을 수 있도록 개발했는데 미국인들에게 인기를 끌고 있다.

〈뉴욕타임스〉의 칼럼니스트는 파에야 누룽지를 놓고 "소카라트야말로 누룽지의 향긋함과 바삭바삭한 맛이 어우러진 파에야 최고의 걸작품"이라고 극찬했다.

필자 역사 뉴욕을 여행할 때 일부러 그 음식점을 찾아가 소카라트를 먹어봤는데 미국 한복판인 뉴욕에서, 그것도 스페인 음식으로 만든 서양 누룽지를 서양인들과 함께 먹는다는 기분 때문이었는지 맛이 남다르게 느껴졌다. 파에야 누룽지 맛이야 솔직히 우리가 전골이나 삼겹살을 먹은 후 볶아 먹는 밥에서 나오는 누룽지보다 못하지만 누룽지가 서양인의 입맛을 사로잡을 수 있다는 사실에 놀랐다. 뉴요커들이 스페인 누룽지를 먹으려고 예약을 하는 모습이 신선하게 다가왔다.

예전에 우리는 누룽지를 주로 숭늉으로 만들어 먹거나 군것질거리로 먹었다. 더 옛날에는 먼 길 떠날 때 먹는 비상식량 정도로 누룽지를 만들었다. 양식이 모자르던 시절에는 누룽지가 주부들에게 골칫거리여서 밥을 지을 때 누룽지가 생기지 않도록 각별히 주의를 기울여야 했다.

이런 누룽지가 지금은 세계인의 별미로 발전했다. 그것도 군것질거리가 아닌 값비싼 요리로 식도락가의 입맛을 끈다. 중국의 누룽지탕은 우리를 비롯해 여러 나라에 많이 알려져 있고, 베트남의 꼼짜이 역시 값비싼 누룽지 요리로 발전했다. 여기에 스페인의 소카라트를 비롯해 일본의 오코게까지, 이제는 누룽지마저 글로벌 경쟁을 펼친다.

우리나라에서도 누룽지 백숙을 비롯해 다양한 누룽지 음식이 나오고 있기는 하지만 아직까지 '천하제일 요리'라고 하기에는 아쉬운 점이 많다. 한국 누룽지도 최고의 요리 반열에 올랐으면 좋겠다.

8

숭늉

소화제를 겸한
국민 음료

대한민국은 커피 공화국이다. 건물마다 커피 전문점이 들어서 있고, 점심시간이면 식사를 마친 사람들이 커피 한잔 마시려고 길게 줄지어 선 풍경이 낯설지 않을 정도다. 이제는 커피가 아예 국민 음료로 자리 잡았다고 해도 과언이 아니다.

역사적으로 우리의 국민 음료는 숭늉이었다. 생각해보면 한국과 중국, 일본 중에서 유독 우리나라만 차 문화가 발달하지 못했는데 그 이유가 숭늉에 있는 것 같다. 물론 차의 재배 조건을 비롯해 여러 요인이 있겠지만 가장 큰 이유는 차가 필요 없을 정도로 숭늉 문화가 발달했기 때문이 아닌가 싶다.

지금은 식후에 커피나 차를 마시거나 디저트로 과일을 먹지만 우리의 할아버지 할머니들은 숭늉을 마셔야 식사를 끝낸 것으로 알았다. 숭늉을 마시지 않으면 밥을 먹어도 먹은 것 같지 않았을 뿐만 아니라 속이 더부룩하게 느껴져 먹은 음식조차 소화를 시키지 못했다.

한때 한국을 벗어나 외국에 가면 김치와 고추장을 먹지 못해 고생한 사람들이 많았던 것처럼 조선시대에도 우리 땅을 떠나 중국과 일본에 간 선비들이 숭늉을 마시지 못해 애먹었다는 기록이 문헌 곳곳에 남아 있다.

숙종 때 사신을 수행해 서장관으로 청나라를 다녀온 김창업이 기행문으로 《연행일기》를 남겼다. 여기에 숭늉을 마시지 못해 고생하다 숭늉 비슷한 물을 마시고는 속이 편해졌다며 기뻐하는 장면이 보인다.

> 식사는 쌀밥에 나물과 장 종류 몇 그릇이었지만 모두 먹을 만하고 수행원들도 배불리 먹었다. 나는 싸 온 밥이 있었으므로 뜨거운 물을 청하여 말아 먹었다. 승려가 미음 한 그릇을 가져다주었는데 그 맛이 우리의 숭늉과 비슷해 마시고 나니 위가 편해지고 좋았다.

숭늉은 한국인에게 소화제와 다름없었다. 정조 때 서유문이 사은사를 수행하는 서장관으로 북경을 다녀온 후에 쓴 《무오연행록》에도 숭늉을 먹고 간신히 소화를 시켰다고 적혀 있다.

밤에 갑자기 잠에서 깨어났는데 호흡을 하지 못할 정도였고 또 등이 결려서 몸을 움직일 수도 없는 지경이 됐기에 급히 주방에다 일러서 메밀로 숭늉을 끓여 마시고 고약을 붙였더니 간신히 잠을 잘 수 있었다고 했다. 밥을 먹고 체한 것으로 보이는데 숭늉을 마셨더니 체증이 내려갔다는 이야기다.

실제로 숭늉에는 소화를 돕는 성분이 포함되어 있다. 솥에서 밥을 푼 후 다시 물을 붓고 데운 숭늉은 밥의 전분이 분해되는 과정에서 포도당과 덱스트린(Dextrin)이 생기면서 구수한 맛을 내는데, 바로 덱스트린 성분이 소화에 도움이 된다 한다. 숭늉에는 또 에탄올이 함유되어 있어 항산화 작용을 하기 때문에 산성 체질을 알칼리성으로 중화시켜 준다고 하니까 그만큼 소화에 도움이 된다. 그러니 조상들이 숭늉을 마시지 않으면 속이 더부룩하다고 했던 것이다.

한국인이 숭늉을 즐겨 마신 역사는 뿌리가 깊다. 12세기 초, 송나라 사신으로 고려를 다녀간 서긍이 《고려도경》이라는 책을 남겼는데, 여기에서 서긍은 고려 사람들이 숭늉을 가지고 다니며 마신다고 신기해했다.

> 고려 사람들이 들고 다니는 물그릇은 위가 뾰족하며 바닥이 평평한데 그릇 속에는 숭늉을 담는다. 나라의 관리나 귀족들은 언제나 시중드는 자를 시켜 숭늉 그릇을 들고 따라다니게 한다.

지금 텀블러에 커피를 담아 들고 다니는 것처럼 작은 항아리에 숭늉을 넣어 가지고 다녔던 것인데, 요즘 사람들이 커피에 중독된 것처럼 옛날 선조들은 숭늉에 중독됐던 것이다.

중국인의 눈에는 이렇게 숭늉을 마시는 고려인이 이상하게 보인 반면, 우리나라 사람은 그렇게 좋은 숭늉을 마시지 않는 중국인들이 오히려 낯설게 느껴졌던 것 같다.

정조 때 동지사 일행으로 중국을 다녀온 이갑은 《연행기사》라는 기행문에 중국의 풍속을 전하며 "중국 사람들은 먹는 밥이 한두 홉에 지나지 않는데도 혹시 독이 들어 있지 않을까 해서 쌀을 끓인 후에 묵은 물을 버리고 반드시 새 물을 다시 부어 두 번 지은 밥을 먹는다"고 했다.

아까운 숭늉을 버렸다는 것인데 순조 때 동지사 겸 사은사를 수행해 서장관으로 중국에 다녀온 김경선도 《연원직지》에 중국인은 차는 마시지만 숭늉은 마시지 않는다고 적어놓았다.

> 손님을 대접할 때 비록 반찬은 없어도 차는 반드시 권하니 마치 우리나라에서 담배를 권하는 것과 같다. 대체로 차는 마시지 않는 사람이 없고 아무 때나 마시는데 냉수나 숭늉을 마시는 사람은 보지 못했다.

한국인의 커피 사랑도 따지고 보면 숭늉 문화와 관련이 있는 것이 아닐까 싶다. 그러고 보면 커피 원두에서 추출한 물이나 누른 쌀에서 추출한 숭늉의 맛도 통하는 데가 있는 것 같다. 그런 연유로 우리가 중국인이나 일본인보다 더 커피를 즐겨 마시는 것은 아닐까?

타락죽

임금님 보양식 타락죽의 정체

타락죽은 조선시대 임금님이 보양식으로 먹던 음식이다. 얼마나 귀했는지 임금님도 아무 때나 먹지 못했으며 특별한 명절이나 몸이 아플 때 주로 먹었다.

조선 후기 풍속을 적은 《동국세시기》에 궁중에서 필요할 때 타락죽을 끓이는데, 특히 임금이 병이 났을 때 내의원 약국에서 타락죽을 진상했다고 나온다. 또 해마다 10월 그믐부터 정월까지 내의원에서 타락죽을 만들어 원로 신하들에게 나누어 주었다고 한다. 원로들에게 하사하는 겨울 특별 보너스였던 셈이다. 먹는 음식인 타락죽을 만드는 곳도 주방이 아니었다. 궁중 병원인 내의원 약방에서 제조했으니 음식이 아니라 보약으로 여겼다.

타락죽은 그래서 아무나 맛볼 수 있는 음식이 아니었다. 숙종 때 김창업이 사신을 따라 북경을 다녀와 《연행일기》라는 기행문을 남겼다. 여기에 타락죽이 얼마나 귀했는지 짐작할 수 있는 내용이 담겨 있다. 조선 사신들이 자금성에 도착해 황제를 알현하려고 기다리는 동안 타락차 한 병을 내왔는데 다른 사신들은 아무도 마시려 하지 않았지만 자신은 일찍이 먹어본 적이 있어 맛이 좋음을 알았기 때문에 연거푸 두 잔이나 마셨다고 했다.

당시 김창업은 서장관으로 따라갔으니 정사와 부사와 함께 황제를 알현하려고 대기했을 것이다. 그런데 정사, 부사와 같은 고위직 벼슬아치가 타락차가 낯설어 마시지 않았다는 것이니 고위직 관리라도 원로가 아니면 타락죽은 쉽게 먹을 수 있는 음식이 아니었던 것이다.

이렇듯 옛 문헌에서 임금님의 보양식으로 묘사한 타락죽은 도대체 어떤 음식이었을까? 지금 기준으로 간단하게 말하자면 우유죽이다.

타락(駝酪)은 우유라는 뜻이다. 한자로 보면 낙타의 젖으로 만든 버터나 치즈 같은 식품이지만 우유의 한자 음역인 것으로 보인다. 육당 최남선은 《조선상식문답》에서 타락은 본래 돌궐 말인 토락(Torak)에서 전해진 말이라고 했다. 고려 때 원나라의 영향을 받아 돌궐 사람들이 우리나라에 들어와 목축을 담당했기에 우유를 돌궐 말로 타락이라고 부르게 됐다는 것이 최남선의 설명이다. 그러니까 우유에다 찹쌀을 넣고 끓인 죽이 바로 타락죽이니 고려 때 원나라의 영향을 받아 발달한 음식으로 추정된다.

흥미로운 사실은 서양 사람들도 디저트로 타락죽을 먹는다는 것이다. 스페인의 디저트인 아로스 콘 레체(Arroz con leche)가 바로 타락죽이다. 스페인 말로 아로즈는 쌀, 콘 레체는 우유로 만들었다는 뜻이니 우유인 타락으로 끓인 죽에 다름 아니다. 이탈리아의 쌀죽인 부디노 디 리조 역시 이름만 다를 뿐 우유를 넣고 끓인 반액체의 음식이니 타락죽과 비슷하고 아랍과 인도에서 먹는 피르니, 중앙아시아에서 먹는 우유죽인 소홀라도 모두 타락죽의 일종이다.

단순히 우연의 일치에 불과한 것일까? 하지만 따져보면 타락죽과 서양 디저트 사이에는 연관성이 있다.

쌀로 만든 음식은 동아시아의 전유물 같지만 사실은 그렇지 않다. 아랍 특히 고대 페르시아에서도 쌀 음식이 발달했다. 페르시아를 중심으로 아랍과 중앙아시아에서 발달한 쌀 요리는 우리처럼 쌀을 물에 넣고 끓여 수증기로 익히는 것이 아니라 쌀을 바로 우유나 버터, 올리브기름에 넣고 직접 익혀 먹는다.

페르시아에서 발달한 볶음밥 종류인 아랍의 필라프가 스페인으로 전해져 파에야로 발전했고 또 이탈리아에서 리소토로 발달했다. 동쪽으로는 실크로드를 타고 중국에 전해져 필라(畢羅)라는 요리로 남았지만 크게 퍼지지는 못했다. 죽도 마찬가지였다. 페르시아의 쌀죽이 아랍과 인도에서 피르니로, 스페인에서는 아로스 콘 레체로 발달했고 동양에서는 중국을 거쳐 우리나라에서 타락죽으로 발전한 것으로 추정할 수 있다. 그러니까 조선시대 임금님의 보양식 타락죽은 서역에서 전해진 외국 음식에서 비롯된 것일 확률이 높다.

그렇다면 지금 서양에서 디저트로 남은 우유죽이 조선에서는 왜 귀중한 보양식이 된 것일까? 단순히 조선시대에는 우유가 귀했기 때문일까? 물론 우유가 많지 않았으니 보양식으로 먹었겠지만 서역의 타락죽은 원래부터 귀한 음식이었다.

어떤 종류의 젖으로 끓였느냐는 차이가 있을 뿐 젖이 흔했던 아랍이나 중앙아시아에서도 동물의 젖에 쌀과 향신료를 넣고 끓인 음식은 왕과 귀족들이 먹던 상류층 음식이었다. 서역에서 전해진 고급 음식인 데다 재료까지 귀했으니 임금님의 보양식이 될 수밖에 없었을 것이다.

10

동지 팥죽

동지 팥죽은
과학이다

겨울이 끝난다는 동지(冬至)는 요즘에는 명절도 아니고 그저 팥죽 먹는 날일 뿐이다. 귀신이 싫어하는 붉은색 팥죽을 먹어 액운을 물리친다는 정도로 팥죽을 먹는 이유도 알고 있다. 하지만 이왕이면 팥죽 먹는 의식이 얼마나 뿌리 깊은지, 왜 팥죽을 먹는지 정확한 이유나 알고 먹자.

동짓날 팥죽은 비록 양기가 되살아나는 것을 기원하는 뜻이라고는 하지만, 귀신을 쫓겠다고 문지방에다 팥죽을 뿌려대는 것은 올바른 일이 아니니 그만두라고 명했는데도 아직까지 팥죽 뿌리는 행위가 계속되고 있다. 이후로는 철저하게 단속해 잘못된 풍속을 바로잡으라.

조선시대 영조가 내린 왕명이다.《영조실록》에 나오는 이야기인데 임금의 명령도 제대로 먹혀들지 않았을 정도로 동짓날 팥죽을 뿌리는 풍습이 지나쳤던 모양이다.

지금은 옛날 전통을 되새기며 동지 팥죽 한 그릇 먹는 것으로 끝나지만 옛날에는 귀신을 쫓겠다는 일념으로 집집마다 문기둥에 얼마나 팥죽을 뿌려댔으면 임금이 다 역정을 냈을까 싶다.

예나 지금이나 동짓날이면 으레 팥죽을 먹는다. 귀신이 팥의 붉은색을 싫어하기 때문에 팥죽을 쑤어 나쁜 기운을 물리치고 집안의 평안을 빌던 풍속에서 비롯된 것이다. 아무리 전통 민속이라고 하지만 터무니없는 소리로 들린다. 현대적 관점으로 보면 미신이라고 말할 수밖에 없겠는데 과연 동지에 팥죽을 먹는 것이 미신에서 비롯된 풍속일까?

결론부터 말하자면 동지 팥죽은 미신이 아니라 과학이다. 유래를 보면 알 수 있다. 동지 팥죽의 기원은 6세기 초에 간행된 중국의 《형초세시기》라는 책에서 찾을 수 있다.

동짓날 해의 그림자를 재고 팥죽을 끓인다. 역귀를 물리치기 위해서다.

이유도 함께 적혀 있다.

공공씨(共工氏)에게 재주 없는 아들이 있었는데 동짓날 죽어 역귀가 됐다. 팥을 무서워했기 때문에 동지에 팥죽을 끓여 귀신을 물리치는 것이다.

얼핏 읽으면 말도 안 되는 이유고 게다가 약 1500년 전 이야기이니 무지했던 시절, 몽매한 사람들이 만들어낸 미신 같다. 하지만 옛날이야기에 담긴 의미를 풀어보면 동지에 팥죽을 먹는 일이 얼마나 합리적이고 과학적인지를 알 수 있다.

동지 팥죽의 의미를 알려면 먼저 공공씨의 정체부터 알아야 한다. 공공씨는 중국 신화에 나오는 전설적 존재로 황하를 다스리는 신이었다. 아들이 죽어 귀신이 됐다고 했는데 보통 귀신이 아니라 역귀(疫鬼)가 됐다. 다시 말해 전염병을 퍼트리는 귀신이 된 것이다.

《형초세시기》의 내용을 현대식으로 풀이하자면 다음과 같다. 황하에 홍수가 나서 강물이 범람했는데, 그 이유는 강물을 다스리는 신인 공공씨가 심술을 부렸기 때문이다. 공공씨의 아들이 죽어 전염병을 퍼트리는 귀신이 됐다는 것은 홍수로 인해 수인성 전염병이 나돌았다는 뜻이다.

그렇다면 공공씨의 아들은 왜 하필 팥을 무서워했던 것일까? 이 말은 전염병에 걸린 사람들이 뜨거운 팥죽을 끓여 먹고 영양을 보충해 병을 이겨냈다는 의미로 해석할 수 있다. 하필이면 팥으로 전염병을 예방하고 치료한 이유는 먹을 것이 넘치는 요즘과는 달리 옛날에는 팥이 겨울을 이겨내는 데 좋은 음식이었기 때문이다. 당나라 때 간행된 《초학기》에서도 동짓날 뜨거운 팥죽을 먹으면 소화가 잘되고 양의 기운을 보충할 수

있어 몸에도 이롭다고 풀이했다.

추운 겨울, 뜨거운 팥죽 한 그릇이면 영양도 충분히 섭취할 수 있을 뿐만 아니라 얼었던 속까지 녹여 추위까지 물리칠 수 있으니 전염병 예방과 치료에 더할 나위 없이 좋았을 것이다. 조선시대에도 동짓날이면 배고픈 사람을 모아 팥죽을 먹였다고 하는데 헐벗고 굶주린 백성들에게 팥죽 한 그릇은 보약과 다름없는 영양식이었을 것이다.

그럼 왜 하필 동짓날 먹었을까? 여러 해석이 가능하지만 동지 팥죽은 설날 떡국처럼 새해 소원을 비는 음식이라는 해석이 유력하다. 예전에는 동지를 아세(亞歲)라고 했는데 새해에 버금가는 날이라는 뜻이다. 실제로 고대에는 음력 11월이 한 해의 시작이었으며, 동짓날이 새해 첫날이었다. 그래서 우리 옛 속담에 "동지 팥죽을 먹어야 진짜 나이를 먹는다"고 하는 것이다.

동지 팥죽에 담긴 진정한 의미는 해가 바뀌는 동짓날, 한 해 동안 전염병에 걸리지 않고 건강하게 살게 해달라며 비는 소원이었던 것이다.

11

곤드레밥

곤드레밥 맛이
임의 맛만 같다면······

고려 말의 충신 최영 장군의 무덤에 풀이 나지 않는 까닭을 우리는 알고 있다. 이성계에게 죽임을 당하기 직전, 최영 장군이 한 말 때문이다.

"내가 평생 나쁜 짓을 한 적이 없는데 다만 임렴(林廉)을 죽인 것은 지나쳤다. 내게 탐욕스런 마음이 있었다면 내 무덤에 풀이 날 것이요, 그렇지 않으면 풀도 나지 않을 것이다."

세상에는 뒷부분만 알려져 있는데, 참고로 '임렴을 죽인 것이 지나쳤다'는 말은 고려 말의 무신 임견미와 염흥방을 처형한 것을 후회한다는 말이다. 두 사람은 엄청난 부정부패를 저지르고 임금까지 농락하다 왕의 밀명을 받은 최영에게 잡혀 처형당했다. 최영 장군은 임견미와 염흥방을 죽인 일 자체보다 그의 일족을 전부 몰살시킨 것을 안타까워한 것이다.

최영 장군이 청렴하고 검소했다는 사실은 유명하다. "황금 보기를 돌같이 하라"는 말도 아버지 최원직이 어린 최영을 가르치며 한 말이다.

최영 장군은 아버지의 가르침을 허리띠에 새겨놓고 평생토록 간직했는데 재상이 된 후에도 남의 것을 탐내지 않았으며 재물도 먹고사는 수준에 만족하며 지냈다고 한다.

그런 최영 장군이 평소 즐겨 먹은 음식이 나물밥이다. 고려 말의 상류 계급은 서로를 초대해 바둑을 두고 진수성찬을 나누어 먹으며 사교를 했다. 하지만 최영은 손님이 찾아와도 한낮이 지나도록 식사를 내놓지 않았다. 겨우 날이 저물어갈 무렵이 되어서야 간신히 나물을 넣어 지은 밥을 차려서 내왔다. 손님들은 워낙 배가 고팠던 참이라 나물밥도 남기지 않고 다 먹으며 '밥맛 좋다'고 칭찬을 아끼지 않았다.

시장기 때문에 진짜 맛있었던 것인지 혹은 최고 실권자의 집에서 내놓은 밥이니 대놓고 불만을 말하지 못한 것인지는 모르겠지만, 당시 기준으로 보면 먹기에 편한 밥은 아니었을 것이다.

지금과 달리 예전에는 나물밥이 주로 가난한 집에서 모자란 양식을 대신해 나물을 넣어 밥을 짓거나 흉년이 들었을 때 곡식 한 톨이라도 아끼기 위해 먹었던 밥이기 때문이다. 곡식은 모자라고 배는 채워야겠으니 흔히 구할 수 있는 산나물을 뜯어 넣어 밥을 지었다.

가장 대표적인 것이 곤드레밥으로, 강원도 중에서도 산골짜기인 정선과 인근에서 봄철 춘궁기에 화전민들이 먹던 음식이다. 쌀은 물론이고 보리나 감자, 옥수수 등이 모두 떨어지면 산나물인 곤드레를 따다가 허기를 달랜 것이다. 민요 〈정선아리랑〉을 들어보면 당시 상황을 짐작할 수 있다.

한치 뒷산의 곤드레 딱죽이 임의 맛만 같다면
올 같은 흉년에도 봄 살아나지
아리랑 아리랑 아라리요 아리랑 고개로 날 넘겨주게

한치 뒷산은 강원도 정선군 동면에 있는 산 이름이고 곤드레, 딱죽이는 산나물 이름이다. 나물 맛이 임의 맛처럼 달콤하다면 맛있게 먹어 흉년에도 굶어 죽지 않고 봄을 넘길 수 있다는 말이니, 곤드레 나물밥이 그만큼 목구멍을 넘기기 힘들 정도로 거칠고 맛없다는 뜻이다.

요즘에는 참살이 음식이자 별미로 각광받는 곤드레밥이 그렇게 먹기 힘들었을까? 요즘에는 곤드레 나물을 넣어 밥을 짓고 맛있는 양념간장에 비벼서 먹으니 맛있는 것이지 예전에는 그렇게 먹지 못했다. 주로 곤드레 나물에 콩나물을 잘게 썰어 섞어서 죽을 쑤어 먹었다. 그나마 곤드레 나물마저 캐지 못하면 생으로 굶거나 다른 식물을 구해 먹다 얼굴이 통통 부어 부황이 들어 죽었다고 한다. 우리가 상상하는 것보다 훨씬 더 힘든 삶을 살던 사람들이 생존을 위해 먹은 처절한 음식이 곤드레밥이다.

나물밥은 본래 모자란 곡식 대신 나물을 넣고 양을 불릴 목적으로 먹었지만 세월이 갈수록 재료가 다양해지면서 별미로 발전한다. 조선 문헌에 등장하는 나물밥도 종류가 다양한데 곤드레밥을 비롯해 콩나물밥, 시래기밥, 도라지밥, 김치밥에 무밥, 쑥밥, 송이밥도 있다. 나물뿐만 아니라 감자밥, 고구마밥, 칡밥, 도토리밥에 밤밥도 있고 감을 넣고 지은 감밥, 감잎밥, 배추속대밥에 연근밥, 죽순밥도 있다.

사람 팔자 알 수 없다는 말처럼 음식 팔자도 알 수 없다. 옛날에는 주린 배를 채우려고 먹던 밥이 지금은 대부분 별미로 인기가 높다.

사실, 지금 거리 음식의 상당수는 옛날에는 왕이나 지배 계층이 먹던 기름진 음식이다. 반면 비싼 돈 내고 먹는 참살이 음식은 농민과 서민들이 먹던 열량이 낮은 음식들이다. 곤드레밥 역시 오늘날에는 참살이 음식으로 대접받고 있다. 음식의 새옹지마라고나 할까.

12

쌈밥

눈칫밥 먹는 주제에
상추쌈까지……

한국인의 음식 문화에서 두드러진 특징 중 하나는 '쌈'을 유난히 좋아하는 것 아닐까 싶다. 우리는 채소 중에서 잎이 조금 크다 싶은 것은 모조리 쌈을 싸서 먹는데 상추를 비롯해 호박, 배추, 깻잎과 곰취는 물론, 미나리, 쑥갓, 콩잎 쌈도 먹는다. 여기에 김과 미역, 다시마 같은 해초류로도 쌈을 싸 먹을 정도로 유별나게 쌈을 좋아한다.

쌈 중에서도 가장 대표적인 것이 상추쌈이다. "눈칫밥 먹는 주제에 상추쌈까지 먹는다"는 속담이 있었을 정도니 밥을 얻어먹으면서도 슬금슬금 눈치 보며 상추에 밥을 싸 먹을 만큼 우리는 쌈밥을 좋아한다.

한국인이 쌈을 좋아하는 것은 어제오늘의 일이 아니다. 숙종 때의 실학자 이익은 저서인 《성호사설》에서, 집집마다 상추를 심는 것은 쌈을 먹기 위한 것이라고 했으니 조선시대에도 상추쌈은 국민 음식으로 자리잡고 있었다.

《승정원일기》에 숙종 때 대왕대비인 장렬왕후의 수라상에 상추가 올랐다는 기록이 있다. 조리를 하지 않은 상추 잎이라고 했으니 쌈을 싸기 위한 것이었다. 이어지는 《승정원일기》의 내용은 실수로 상추에 담뱃잎까지 섞어서 올렸으니 담당자를 엄중하게 처벌해야 한다는 것이다.

밭일을 하던 농부들이 밭에서 푸성귀를 따다 고추장, 된장 발라서 한 입 가득 쌈을 싸 먹는 풍경은 낯설지 않지만, 조선 왕실의 가장 높은 어르신인 대왕대비마저도 상추쌈을 즐겼다는 사실은 꽤나 이색적이다.

순조의 장인으로 세도정치의 주역이었던 김조순 역시 냇가로 천렵을 가서 갓 잡은 생선회를 안주 삼아 술 한잔 기울이며 상추 잎에다 밥을 싸 먹었다는 글을 남겼다. 그러니 상추쌈은 위로는 왕실 최고 어른과 막강한 권력의 세도가에서부터 시골의 아낙네까지 모두가 즐겨 먹은 음식이다.

요즘은 상추를 먹으면 졸음이 온다고 하지만 예전에는 상추가 정력에 좋다고 믿었다. 사실 과학적으로는 둘 다 일리 있는 말인데, 어쨌든 옛날 여인들은 고추밭 이랑 사이에 심은 상추는 서방님 밥상에만 은근히 올렸다고 한다.

상추 잎을 따면 줄기에서 하얀 액체가 흐르는데 이 때문인지 상추를 먹으면 남자의 정력이 세진다고 생각했다. 또한 고추는 남근을 상징한다. 그렇지 않아도 상추가 남자한테 좋다는데 거기에다 고추밭 사이에 심은 상추이니 남편 밥상에만 은근히 올린 것이다.

사람들은 상추가 정력을 증진하는 채소라고 믿은 것인데 입에서 입으로 전해지는 부질없는 속설만은 아닌 모양이다. 상추의 효능을 적어놓은

옛날 의학서에는 상추가 정력에 좋다는 항목이 반드시 들어 있다.

멀리 당나라 때 손사목이 쓴 《천금식치》에는 "상추가 정력을 더해준다[益精力]"는 기록이 있고 명나라 때의 《본초강목》에도 상추는 맛이 쓰고, 성질이 차가우며, 약간의 독이 있지만 젖이 나오지 않을 때, 소변을 편하게 보지 못할 때, 음낭이 부었을 때 먹으면 효과가 있다고 했다. 모두 생식능력과 관계가 있는 질병인데, 이런 병에 상추가 좋다는 것이다. 심지어 이집트 신화에서는 생식의 신에게 바치는 제물이 상추였으니 상추가 정력에 좋다는 것은 동서양 사람들의 공통된 믿음이었다.

아무리 맛있는 음식이라도 식탐을 부리면 보기에 좋을 리 없다. 상추쌈은 상추 잎에 밥을 올려놓고 고추장이나 쌈장을 척척 발라서 입을 찢어지게 벌린 후에 볼이 터지도록 먹어야 제맛이다. 하지만 그렇게 먹으려면 아무래도 보기에는 몹시 흉할 수밖에 없다.

옛날 사람들도 입이 터지도록 상추쌈을 먹었는지 조선 후기의 실학자 이덕무는 상추쌈 먹을 때 각별히 조심하라고 당부하고 있다.

상추쌈을 즐겨 먹고 하루걸러 세수도 않고 머리도 안 빗으며 이야기책이나 읽다가 낮잠을 자고 어린 계집종이 도둑질을 해도 막연히 깨닫지 못하는 자는 게으른 부인이다.

상추쌈을 입에 넣을 수 없을 만큼 크게 싸서 먹으면 부인의 태도가 크게 아름답지 못하니 매우 경계해야 한다.

게으른 아낙네의 행동거지를 지적하는 것까지는 그렇다손 치더라도 상추쌈을 즐겨 먹는다고 시비를 걸고 있는 것이 특이하다.

국이 없으면
밥이 안 넘어가

| 국류 |

해장국

동서양
해장국의 역사

주당들에게 최고의 해장 음식은 술이다. 역사적으로 해장술을 즐긴 사람은 수없이 많지만 그중 으뜸을 꼽으라면 3세기 무렵의 진나라 사람 유령(劉伶)이 아닐까 싶다. 죽림칠현의 한 명인 유령은 삼국시대가 끝난 후 정권 교체기에 접어들자 어지러운 세상을 등지고 대나무 숲으로 들어가 거문고와 술을 즐기며 평생을 보냈다. 얼마나 술을 좋아했는지 술 다섯 말을 마시며 해장을 한다는 뜻인 '오두해정(五斗解酲)'이라는 고사를 만들어냈다.

술 없이는 살 수 없었던 유령이 부인에게 술을 달라고 조르자 부인이 술잔을 깨트리며 "당신은 술을 지나치게 마셔서 건강을 해칠 수 있으니 이번 기회에 반드시 끊어야 한다"며 울면서 매달렸다. 그러자 유령이 "스스로 술을 끊을 수 있는 단계는 지났으니 천지신명께 기도해 끊겠다는 맹세를 하겠다"며 먼저 하늘에 바칠 제물로 술과 고기를 차려달라고 했다. 부인이 그 말을 듣고 상을 차리자 무릎 꿇고 기도하기를 "하늘이 나를 세상에 태어나게 할 때 술로써 이름을 날리게 했으니 한번 술을 마셨다 하면 열 말이요, 해장술로는 다섯 말을 마시도록 했다. 그러니 신명께서는 삼가 내 아내의 말을 듣지 마소서"라고 기도하며 상 위에 차려놓은 술과 고기를 먹고는 취해 쓰러져 잠이 들었다.

동양의 술꾼들이 속 푼다고 해장술을 마시며 핑계로 삼던 고사지만 술에 취한 속은 술로써 풀어야 한다는 것은 비단 동양 주당들만의 논리는 아니었다. 서양 주당들 역시 술이 최고의 해장 음식이라고 생각했는지 영국 주당이 대표적으로 꼽는 해장술이 보드카에 토마토 주스를 넣어 만든 칵테일, 블러디 메리다.

그러나 해장술이 최고라는 주장은 주당들의 핑계일 뿐이고 역사적으로 가장 오래된 해장 음식은 의외로 설탕물이다. 지금도 술 마신 후 꿀물을 마시며 속을 푸는 것을 보면 인류는 먼 옛날부터 경험을 통해 과학적으로 속 푸는 방법을 체득한 것 같다.

유방이 항우를 물리치고 한나라를 세웠을 때부터 왕망에 의해 나라가 망할 때까지, 전한 시대의 역사를 다룬 《한서(漢書)》〈예악지(禮樂志)〉에는 자장(柘漿)이라는 음료가 아침 숙취를 해소하는 데 좋다고 나온다. '자장'은 사탕수수 음료라는 뜻이니 지금의 설탕물이다. 참고로 요즘과 달리 이 무렵의 설탕이나 꿀은 왕후장상이 아니면 감히 넘보지 못할 귀한 식품이었다.

동양과 달리 서양에서 가장 역사가 깊은 해장 음식은 양배추다. 유럽의 많은 나라에서 지금도 술 마신 다음 날이면 양배추를 식초에 절인 피

콩나물 해장국

클을 먹으며 속을 푼다. 양배추가 해장 식품으로 각광을 받은 역사는 꽤 오래되었다. 기원전 2세기, 로마의 정치가이자 대문호인 카토(Cato)가 이런 기록을 남겼다.

양배추는 채소 중에서도 가장 좋아서 요리를 해도 좋고 날로 먹어도 좋다. 날로 먹을 때는 식초에 담갔다 먹는데 놀라울 정도로 소화를 도우며 이뇨 작용을 한다. 술을 많이 마셨을 때는 되도록 많은 양의 양배추 잎을 날로 먹는 것이 좋다. 술 마시기 전보다 술 마신 후 5~6장의 양배추를 먹는 것이 좋다.

유럽인들이 양배추를 해장 음식으로 먹기 시작한 것은 아마 카토가 살던 로마시대였던 것 같다. 카토는 여든 살 넘게 살았다고 하는데, 매일 식초에 절인 양배추를 먹은 것이 비결이라는 이야기도 전해진다.

우리나라는 해장국이 유독 발달한 나라로, 전국적으로도 유명한 속풀이 국이 많다. 전주 콩나물해장국에서부터 부산 해운대 복국, 하동 재첩국, 서울 청진동 선지해장국, 서울 무교동 북엇국과 배춧국, 양평 뼈다귀해장국, 서산 태안의 우럭젓국, 목포 무안 연포탕, 순천 짱둥어탕, 여수 광양 갯장어탕, 영동 보은 괴산의 올갱잇국, 속초 주문진의 곰칫국, 강릉

물회 국수, 양양의 섭국, 제주 갈칫국과 돼지국수 등등.

이 중에서도 전국적으로 유명하고 친숙한 해장국은 아무래도 콩나물 해장국이다. 그런데 콩나물국이 해장국으로 발달한 데는 과학적인 근거와 역사적인 이유가 있다.

콩나물에는 아미노산과 아스파라긴산이 많아 숙취 해소에 좋다는 사실은 이미 현대 과학으로 증명됐다. 그런데 옛날 사람들 역시 진작부터 콩나물국이 술 마신 후 속 푸는 데 좋다는 사실을 알고 있었다. 콩나물에 관한 기록은 6세기 초 《신농본초경》에 황권(黃卷)이라는 이름으로 처음 보인다. 황권은 노란 콩의 싹인 '황두야'를 햇볕에 말린 것으로 바로 콩나물이다. 붓기를 빼고 위의 열을 내리는 데 효과가 있다고 했는데, 끓여서 복용한다고 했으니 콩나물국이다. 《동의보감》에도 콩나물은 오장이나 위에 몰린 응어리를 푸는 데 좋다고 나온다.

요즘도 많은 사람들이 술 마신 다음 날이면 쓰린 속을 푼다며 고춧가루 얼큰하게 푼 콩나물국을 찾는다. 그런 콩나물국이 무려 1500년 전인 6세기 초부터 속 푸는 데 최고의 명약으로 꼽혔다는 사실이 놀랍다.

14

도다리쑥국

봄의 전령사
도다리쑥국

봄의 정취를 제일 먼저, 진하게 느낄 수 있는 음식이 도다리쑥국이다. 한반도의 봄을 여는 남해안, 한려수도의 중심지에서 비롯된 음식인 데다 바다와 들판의 봄 전령사, 도다리와 쑥이 어우러져 입맛을 자극하기 때문이다.

'봄 도다리, 가을 전어'라는 말처럼 도다리는 봄에 잡은 것이 맛있다. 산란 후 통영 앞바다로 돌아와 살이 통통하게 오른 도다리와 겨울을 뚫고 싹을 돋아낸 햇쑥은 무기질, 비타민에 더해 생명의 기운마저 품었다. 그러니 좋아하는 사람들은 "봄철에 도다리쑥국을 세 번만 먹으면 한 해 건강이 걱정 없다"고 주장할 정도다. 도다리와 쑥의 조화가 '봄의 보양식'을 만든 것인데 무엇이 음식에다 그토록 진한 봄기운을 불어넣는 것일까?

도다리는 가자미목 가자밋과 생선이다. 세계적으로 가자미목에 속한 물고기는 모두 520여 종이 있고, 우리나라에는 26종이 산다. 도다리는 그중에서도 넙치라고도 하는 광어나 일반 가자미에 비해 몸이 마름모꼴로 넓은 것이 특징이다.

보통 '좌광우도'라고 해서, 눈이 왼쪽에 몰려 있으면 광어, 오른쪽에 있으면 도다리와 가자미라고 하지만 익숙한 사람이 아니면 생김새로 구분하기는 쉽지 않다. 그래서 예전에는 도다리, 광어, 가자미를 모두 비슷한 물고기로 여겨 한자로 접어(鰈魚)라고 불렀다.

그런데 이 접어가 당돌하게도 '내가 조선의 물고기다'라고 주장한다. 눈이 비뚤어져 가자미 눈깔이라고 무시당하는 주제에 감히 조선의 대표 물고기임을 주장하는 근거가 무엇일까?

이유는 도다리, 가자미가 우리나라에서 가장 흔한 생선이었기 때문이다. 남해안의 도다리쑥국, 강원도와 함경도의 가자미식해, 경상도의 가자미미역국 등 우리는 알게 모르게 가자미 종류를 많이 먹는다. 요즘 가장 많이 먹는 생선회도 광어회니 예나 지금이나 가자미 사랑은 변함없다. 심지어 옛날 한반도를 '가자미 땅'이라는 뜻에서 접역(鰈域)이라고 불렀을 정도다.

그런데 가자미 나라라는 별명이 조금은 불쾌하지 않았을까? 지금 우리의 생각과는 달리 오히려 자랑스럽게 여겼다. 우리는 별명이 많은 나라다. 먼 옛날부터 아침 해가 선명하게 떠오르는 나라여서 조선(朝鮮)이라고 했는데 고조선과 조선왕조에서는 아예 국호로 삼았다. 숲 속의 닭이 울어 왕의 탄생을 알렸기에 신라를 계림(鷄林)이라고 했고, 동방에 신선들이 모여 사는 언덕이어서 청구(青邱), 무궁화가 많아서 근역(槿域)이었다. 가자미가 많은 땅이라는 뜻의 접역 역시 조상들이 자랑스럽게 여긴 별명이다. 조선 초 세조는 명나라와의 외교 문서에서 스스로 우리 땅을 접역이라고 불렀고, 조선 후기 정조 역시 "우리나라는 접역으로 예의를 아는 곳"이라고 했다.

가자미가 뭐가 그리 대단하다고 조상님들은 가자미 땅이라는 별명에 자부심을 느꼈을까? 비밀은 가자미 눈깔이라고 부르는 가자미목 생선의 눈에 있었다. 왼쪽이건 오른쪽이건 가자미, 도다리, 광어의 눈은 모두 한쪽으로 몰려 있다. 그래서 옛날 사람들은 가자미가 한쪽 방향밖에 볼 수 없어 혼자서는 절대 헤엄을 칠 수 없다고 생각했다. 반드시 짝을 이뤄야 앞으로 나아갈 수 있다고 믿었으니 눈을 합쳐야 한다는 뜻에서 가자미 종류의 생선을 비목어(比目魚)라고 불렀다. 그러고는 화합과 협동, 신뢰와 믿음의 상징으로 삼았으며 죽을 때까지 운명을 함께하는 부부의 지극한 사랑에 비유했다.

고대 신화에는 비목어와 비슷한 동물이 또 있다. 비익조(比翼鳥)라는 새로 암수의 날개가 각각 하나씩이어서 서로 짝을 이뤄야 날 수 있으니 역시 지극한 사랑의 징표로 쓰였다. 비익조는 남방에 살고, 비목어는 동방인 우리나라에 사는 물고기이니 믿음의 상징이고 사랑의 표상인 가자미의 땅이라는 별명이 자랑스러웠던 것이다.

도다리쑥국의 또 다른 재료인 쑥 역시 보통 식물이 아니다. 단군의 어머니 웅녀가 쑥을 먹고 곰에서 인간이 됐을 정도다. 그렇다면 곰은 왜 인간이 되기 위해 쑥을 먹었을까?

신화를 창조한 고대인들은 곰이 쑥을 매개물로 삼아 야성을 버리고 인성을 찾았다고 기술했다. 쑥은 나쁜 기운을 쫓는 힘이 있고, 생명력과 다산의 상징이었기 때문이다. 속담에 "애쑥국에 산골 처자 속살 찐다"는 말이 있다. 산골 아가씨가 새봄을 맞아 성숙해져 여인으로 거듭났다는 표현이다. 북아메리카 원주민들은 여자의 성인식 때 쑥 연기를 쐬게 하는 풍속이 있다고 한다. 새로운 생명력을 불어넣는 의식이다.

도다리쑥국
이미지 제공_ 농촌진흥청

    제철 도다리와 햇쑥으로 끓인 도다리쑥국은 언제나 입맛을 자극한다. 거기다 부부, 연인과 함께 비목어인 도다리를 먹으면 맛과 함께 정까지 돋아나지 않을까?

15

아욱국

조강지처 내쫓고
먹는 아욱국

계절의 전령사는 여럿 있지만 그중 음식도 빼놓을 수 없다. 가을 음식의 대명사로 많은 사람들이 전어구이를 꼽지만 사실 아욱국에서도 가을 정취가 듬뿍 느껴진다. 된장 풀고 아욱 넣어 끓인 아욱국을 보면 군침이 절로 돈다.

그 때문인지 민간에 떠도는 속설만 놓고 보면 '내가 제일 잘나가'라고 외칠 수 있는 것은 아욱이다. 옛날 사람들 입에서 입으로 전해진 이야기를 보면 전어가 아무리 맛있어도 아욱국에 비하면 아무것도 아니다.

"가을 아욱국은 문 닫아걸고 먹는다"고 했다. 이웃과도 나눠 먹기 싫다는 것이니 맛있다는 것은 알겠는데 그렇다고 전어 맛을 뛰어넘을 정도는 아니다. 하지만 "가을 아욱국은 자기 계집도 내쫓고 먹는다"는 대목에서는 전어가 무색해진다.

조강지처는 먹을 것이 없어 술지게미와 쌀겨를 나누어 먹으며 가난을 함께했던 아내다. 생각만 해도 가슴이 저리고 애틋해 평생을 해로해야겠다는 마음이 절로 생긴다. 그런데 아욱국을 보면 눈이 뒤집혀 조강지처마저도 내쫓고 혼자 먹었다는 것이다.

소심하게 며느리 친정 보낸 사이에 눈치 보며 몰래 구워 먹는 전어와는 격이 다르다. 나중에 삼수갑산을 갈지언정 마누라까지 내치고 우선 먹는 아욱국과는 처음부터 비교 대상이 아니다. 그렇기에 아욱국은 아무하고나 함께 먹는 음식이 아니다.

세상에서 제일 예쁘고, 눈에 넣어도 아프지 않은 것이 막내딸이다. 그런데 속담에 "가을 아욱국은 막내 사위에게만 준다"고 했다. 조강지처도 내몰고 먹는 아욱국이지만 쥐면 꺼질세라 불면 날아갈세라 애지중지 키운 막내딸을 데려간 사위에게만큼은 특별히 나누어 주던 음식이다.

가을 아욱이 얼마나 좋은지 아욱국과 관련된 속담은 계속 이어진다. "아욱으로 국 끓여 삼 년을 먹으면 외짝 문으로는 들어가지 못한다." 아욱국 때문에 포동포동 살이 쪄서 외짝 문처럼 작은 문으로는 출입을 못한다는 말이니 사실 요즘 세상에서는 가장 듣기 싫은 소리다. 일 년 다이어트가 도로 아미타불이 될 판이니 숟가락을 들었다가도 기겁을 해서 다시 내려놓아야 할 일이지만 어쨌든 아욱의 영양가가 그만큼 높다는 소리다. 따지고 보면 된장 풀고 아욱 넣어 맛있게 끓인 아욱국에 밥 말아 먹으면 따로 보약이 필요 없을 것 같기는 하다.

이런저런 이유로 예전에는 아욱을 파루초(破樓草)라고 했다. 한자를 보면 깨뜨릴 파(破), 정자 루(樓), 풀 초(草)이니 '정자를 허물고 심는 풀'이라는 뜻이다. 그까짓 아욱 하나 심는데 왜 멀쩡한 정자를 허무는지 얼핏 이

아욱국
이미지 제공_ 농촌진흥청

해가 가지 않지만 속사정을 알고 보면 고개가 끄덕여진다.

아욱이 파루초가 된 사연이 있다. 옛날 어느 양반집에서 봄에 채소를 심는데 안방마님이 하인에게 한마디를 했다.

"쓸데없이 다른 채소 많이 심지 말고 이왕이면 아욱을 심어라."

그러자 하인이 물었다.

"이미 씨앗을 다 뿌려 심을 밭이 없는데 어찌하오리까?"

마님이 얼굴을 살짝 붉히며 말했다.

"서방님이 아욱을 몹시 좋아하시니 심을 밭이 없으면 저기 정자를 허물고 그 터에다 아욱을 심어라."

아욱의 별명, 파루초는 이렇게 얻어진 별명인데 옛날부터 아욱은 양기를 보충하는 작물로 이름이 높았다. 그러니 안방마님이 서방님 핑계를 대며 정자까지 허물고 그 터에 아욱을 심으라고 한 것이다. 마님이 효과를 톡톡히 보았던 모양이다.

사람들은 옛날부터 아욱이 양기를 보충해주니 정력에도 좋다고 믿은 것 같은데 하릴없는 사람들이 사랑방에 모여 실없이 낄낄대며 만들어낸 이야기만은 아니다. 14세기 초, 중국 원나라 때 왕정이 쓴 《농서(農書)》에 아욱은 양기를 북돋워주는 채소인 양초(陽草)라고 했고, 채소 중에서도 으뜸이 되는 채소라고 했으니 안방마님이 앞장서서 정자를 허물고 그 터에다 아욱을 심을 만했다.

그런데 이렇게 아욱을 심고 보니 문제가 자칫 심각해질 수 있다. 양기를 보충해서 정력에 좋은 채소라서 봄철, 안방마님 주도로 정자까지 허물고 그 터에다 아욱을 심었다. 그런데 가을이 되어 거둔 아욱으로 국을 끓여 내었더니 서방님이 조강지처 내쫓고 혼자 먹겠단다. 이 노릇을 어찌해야 좋을까?

16

선짓국

나라마다
좋아하는 선지도 다르다

해장국은 종류도 엄청나게 많고, 재료에 따라 특징이 달라서 입맛과 취향에 따라 골라 먹을 뿐 특별히 어느 해장국이 더 맛있다고 말하기 힘들다. 그래도 별미를 꼽으라면 소뼈를 곤 국물에 선지와 양, 우거지, 콩나물을 넣고 얼큰하게 끓인 선지해장국을 빼놓을 수 없다.

특히 서울에서 선지해장국이 유명해진 것은 지금은 재개발로 사라졌지만 청진동 해장국 골목 덕분이 아닌가 싶다. 청진동이 해장국으로 유명해진 것은 일제강점기인 1930년대부터라고 한다. 당시 종로구청 자리에는 새벽마다 나무꾼들이 모였는데 이들은 나무 한 짐을 팔고 난 후 얼큰하게 끓인 술국으로 출출한 속을 달랬다. 처음에는 나무꾼들이 이용하다가 경성의 한량들이 해장을 위해 찾으면서 청진동이 해장국 골목으로 유명해졌다.

선지해장국은 오래전부터 주당들이 간밤에 마신 술로 쓰린 속을 달래던 특효 해장국이었다. 지금이야 가정에서 직접 선짓국을 끓이는 일이 거의 없지만 예전에는 선지를 사다가 집에서도 해장국을 끓였다. 1930년대 신문에 '오늘의 요리'로 선짓국 끓이는 법이 소개될 정도였다. 당시 신문을 보면 선짓국을 소의 피로 끓였다고 해, 한자로 우혈탕(牛血湯)이라고 소개하면서 "선지는 토장국에 흔히 먹으나 젓국에 끓이는 것이 좋다. 처음에 고기와 곱창을 넣고 파와 후춧가루를 치고 새것을 익혀

함께 넣고 끓인 후에 두부를 번듯번듯하게 썰어 넣고 선지를 채반에 건져 한 덩이씩 착착 넣는다"고 했다.

피가 주는 이미지 때문인지 지금은 선짓국이라는 이름을 잘 쓰지 않지만 현재도 유명한 청진동 해장국이나 양평 해장국은 선지가 주재료이니, 여전히 많은 사람들이 속을 풀어주는 국으로 선짓국을 찾고 있다.

선지는 짐승을 잡아서 받은 피로, 인류에게 훌륭한 영양 공급원이었다. 뿐만 아니라 옛날 사람들은 선지가 나쁜 기운을 물리치는 힘이 있다고 믿었다. 고대 주나라의 예법을 적은 《주례》에는 "피로 사직에 제사를 지낸다"고 나오고 피를 뜻하는 혈(血)이라는 한자에도 동물의 피로 제사를 지낸다는 뜻이 담겨 있다. 그만큼 피를 신성시했을 뿐만 아니라 영양이 풍부해서 선지는 아주 오랜 옛날부터 인류가 먹었다.

그런데 흥미로운 것은 나라마다 그리고 민족마다 환경에 따라 선호하는 선지가 다르다는 사실이다.

우리나라 사람들은 선짓국에는 소 피를 넣고 순대에는 돼지 피를 넣는 것처럼 주로 소와 돼지의 선지를 먹지만 소, 돼지가 흔치 않은 중앙아시아 유목민들은 말의 피를 마셨고, 중국 사람들은 소, 돼지보다는 오리 선지를 좋아한다.

선지가 얼마나 유용한 양식이었는지 칭기즈칸이 이끄는 몽골군이 전격전이라는 새로운 전술로 아시아와 유럽 일부를 포함한 광활한 지역을 점령할 수 있었던 배경으로 선지를 꼽기도 한다. 선지가 훌륭한 병참 역할을 해서 병사들이 배를 곯지 않고 싸울 수 있었다는 것이다. 《음식의 역사》라는 책에 따르면 13세기 몽골군이 장거리 이동을 할 때 조달한 양식 중 하나가 말의 피였다고 하니, 전쟁에서 혈식(血食)이 차지하는 비중이 적지 않았다.

몽골군은 열흘 일정으로 출정할 때 다수의 말을 줄로 엮어 함께 끌고 다녔다. 말이 지치지 않고 계속 달릴 수 있도록 계산한 측면도 있지만 식량으로도 사용할 수 있었기 때문이다. 장거리 이동 중 휴식을 취할 때 몽골 기병은 말의 정맥에 상처를 내어 혈액을 마셨다. 보통 말 한 마리당 0.5리터의 혈액을 얻을 수 있는데 열흘 간격으로 돌아가며 마시면 말에게 해를 끼치지 않고도 병사의 체력을 유지할 수 있었다. 뿐만 아니라 무거운 식량을 수송하지 않으니 기동력을 그대로 유지할 수 있고, 이동 시 연료가 부족해 요리를 못하거나 요리 도중 불빛으로 적군에게 발각되는 위험도 막을 수 있었다. 칭기즈칸이 구사한 전격전의 배경에 선지라는

'살아 있는 병참 지원'이 있었던 것이다.

중국에서는 주로 오리 피로 선지를 만들어 먹는다. 지금도 중국 시장이나 뒷골목에 가면 오리 피로 만든 선지를 쉽게 찾아볼 수 있다. 우리는 주로 선지로 국을 끓여 해장국의 형태로 먹지만 중국에서는 주로 두부를 만들어 먹는다. 청나라 때의 《본초편독》에는 오리 선지두부가 성질이 차갑고 기운을 보충하며 해독 효과가 있다고 했는데 그 때문인지 역시 해장용으로 많이 쓰인다.

17

복국

목숨을 걸고 먹는 별미

"죽느냐, 사느냐, 그것이 문제로다."

셰익스피어의 희곡에서 덴마크 왕자 햄릿이 절규한다. 아버지를 죽이고 어머니와 결혼한 숙부에 대한 복수를 놓고 선택의 갈림길에서 고민한다. 어머니를 위해 소극적으로 현실을 회피할 것인지, 아버지를 위해 적극적으로 상황을 돌파해나갈 것인지 갈등하는 것이다.

동양의 시인과 선비들도 수백 년에 걸쳐 햄릿처럼 고민하고 망설였다.

"먹을 것이냐, 말 것이냐?"

맛은 좋지만 치명적인 독이 있는 복어 요리를 앞에 놓고 갈등하고 주저했다. 독 때문에 자칫하면 목숨을 잃을 수도 있기 때문이다.

어찌하여야 할까? 천계옥찬(天界玉饌), 신선이 먹는 음식에 버금간다는 천하진미를 맛보지 않고 평생 아쉬워하며 살 것인가? 아니면 까짓 사소한 음식 하나에 목숨 거는 어리석은 짓을 할 것인가? 선택은 각자의 몫이다.

복어 손질법이 발달한 요즘은 복어 요리가 별문제가 되지 않는다. 그러나 복어 독 때문에 죽는 사람이 많던 옛날에는 복어 요리를 놓고 고민이 많았던 모양이다. 오늘날의 시각으로 보면 복어 때문에 고민하고 갈등하는 모습이 우스울 수도 있지만 사실 복어로 상징되는 음식에 대한 욕망의 갈등은 지금도 현재 진행형이다.

맛은 있지만 성인병의 주범인 기름진 음식, 퇴근 후 딱 한 잔에서부터 시작해 과음으로 이어지는 음주, 스트레스를 날려줄 담배 한 모금의 유혹 앞에서 누구나 고민하고 갈등해본 적이 있을 것이다.

비록 사소한 음식 하나라도 원하는 것을 얻으려면 그만큼의 위험을 감수해야 한다. 하지만 순간적인 만족을 위해 또 다른 소중한 것을 버려도 좋을 만큼의 가치가 있는지도 생각해볼 필요가 있다.

지금도 복어는 고급 생선이지만 옛날 사람들은 복어에 대해 일종의 환상마저 품었다. 중국 송나라 시인 매요신은 "복어가 많이 잡히는 계절이면 다른 생선이나 새우는 음식으로 쳐주지도 않는다"고 노래했다.

우리도 마찬가지였다. 조선 후기 《동국세시기》에서는 "복사꽃이 떨어지기 전, 미나리와 기름, 간장을 넣고 끓인 복국은 진미"라고 평가했다. 중국 최고의 미식가로 꼽히는 시인 소동파는 복어를 먹으며 "목숨과 바꿔도 좋은 맛있는 음식"이라고 호들갑을 떨었을 정도다.

낭만파 시인들은 비록 먹다 죽을지언정 천하제일의 맛에 도전해야 한다고 주장했지만 실용파 실학자들은 쓸데없이 사소한 것에 목숨 걸지 말라며 복어를 경계했다. 정약용은 "복어는 독이 있으니 젓가락을 대기도 전에 소름부터 돋는다"며 복어를 멀리했고 정조 때의 실학자 이덕무 역시 "세상에서 복어가 가장 맛있다지만 잠깐의 기쁨을 얻겠다며 음식 따위에 목숨을 걸지 말라"고 말렸다.

일본 사람들도 우리 못지않게 복어를 좋아하지만 과거에는 아예 복어를 먹지 못하게 한 적도 있다. 나라에서 강압적으로 맛있는 음식에 대한 사람들의 욕망을 억누른 것이다. 주인공은 임진왜란을 일으킨 주범, 도요토미 히데요시였다. 이유는 복어 중독으로 인한 사망자가 많아 병력 손실이 적지 않았기 때문이다. 특히 사무라이들은 전쟁터가 아니라 복어를 먹다가 중독돼 죽는 것을 수치로 여겼다고 한다.

그런데 복어는 과연 목숨을 걸 가치가 있을 만큼 별미일까? 각자의 입맛에 따라 다르겠지만 옛날 사람들이 복어에 빠진 이유는 역설적으로 치명적인 복어독 때문이 아니었나 싶다. 잘못 먹으면 죽을 수도 있는 치명적인 독, 금지된 것에 대한 욕망이 식욕을 더욱 자극했을 수 있다.

복국
이미지 제공_ 농촌진흥청

예컨대 복어 알은 치명적이지만 소금에 절여 10년을 숙성시킨 복어 알젓은 별미로 꼽힌다. 독성이 완전히 사라지는 것이 아니라 약해질 뿐인데도 미식가들은 입 안이 얼얼해지는 그 맛을 즐겼다. 복어 정소인 곤이는 별미 중의 별미로 춘추시대의 경국지색, 서시를 닮은 맛이라고 했다. 자칫 목숨을 잃을 수도 있는 진미였기에 나라를 망하게 한 미인에 비유한 것이다.

지금 복어를 먹으며 '죽느냐, 사느냐'를 고민하는 사람은 한 명도 없다. 하지만 복어 논쟁은 현대에도 의미가 있다. 위험을 감수하고 원하는 가치를 얻기 위해 도전할 것인가? 아니면 욕심 부리지 않고 현재 갖고 있는 소중한 것을 지킬 것인가? 선택이 쉽지 않다.

한국인의 뿌리 깊은 미역 사랑

한국인처럼 미역을 좋아하는 민족도 찾아보기 힘들 것이다. 아이를 낳으면 반드시 미역국으로 산후 조리를 하고 생일상에도 어김없이 미역국이 오른다. 미역을 좋아하다 보니 미역으로 만든 음식도 종류가 많다. 뜨거운 미역국과 여름에 주로 먹는 미역냉국, 여기에 미역무침, 미역볶음, 생미역에 초고추장을 찍어 먹는 미역쌈, 미역자반에 미역지짐, 미역김치 등등 미역을 이용한 음식은 이루 다 헤아릴 수도 없을 정도다.

우리는 왜 이렇게 미역을 좋아하게 됐을까? 여러 이유가 있겠지만 환경과도 밀접한 관련이 있다. 여러 고문헌에 한반도에서 좋은 미역이 나온다고 적혀 있다. 품질도 좋고 산출량도 많다. 좋은 품질의 미역이 많이 생산되니 미역 요리가 발달할 수밖에 없다.

중국에서 가장 오래된 한자 사전인 《이아》에서는 푸른 실로 땋은 끈 같은 것이 동해에서 나온다고 했는데, 다산 정약용은 《경세유표》에서 바로 우리의 미역을 말하는 것이라고 풀이했다. 특히 함경도 앞바다의 미역은 맛이 좋아 중국에까지 널리 소문이 퍼졌다. 《당서》에서는 미역은 함흥 앞바다에서 채취하는데 맛이 뛰어나다고 했고, 청나라 때 문헌인 《길림외기》에서도 발해 남쪽(지금의 함경도 지방으로 추정)에 미역이 많다고 했다. 중국 고문헌 곳곳에 한반도에서 나오는 미역에 관한 이야기가 실려 있다.

식용과 관리의 역사도 깊어 고려가 건국할 무렵에 벌써 다량의 미역을 체계적으로 관리하고 채취했다는 기록이 보인다. 고려의 개국공신 박윤웅이 태조 왕건에게 건국의 공을 인정받아 지금의 울산 지역을 식읍으로 받았다. 이때 미역이 많이 나는 바위도 열두 곳을 함께 받았다고 했으니 자연산 미역밭이었던 것인데 소유주를 구분할 정도로 관리를 했다는 뜻이 된다.

1123년 송나라 사신으로 온 서긍이 쓴 《고려도경》에도 고려 사람들은 신분이 높고 낮음을 떠나서 모두 미역을 잘 먹는다고 했는데 조선의 풍부하고 질 좋은 미역은 중국에서도 유명했다. 조선시대 중국에서 사신이 오면 무역 품목으로 미역을 요구했고, 이런 사신들에게 조선을 방문한 기념으로 미역을 선물하면 좋아했다고 한다.

아무리 몸에 좋고 맛도 좋은 미역이라지만 미역에 익숙하지 않은 사람들에게 미역은 오히려 고역이 될 수 있다. 한국에 시집온 다문화 가정의 여성이 아이를 낳은 후에 가장 고역스러워하는 것이 시어머니가 끓여주는 미역국을 억지로 먹는 것이라고 한다. 멀리 외국에서 와 손자손녀 낳느라 고생한 며느리에게 산모에게 좋다며 끓여주는 음식을 거절할 수는 없고 입맛에 맞지 않아 먹기는 싫고 어려움이 많다는 것이다.

한국인은 아이를 낳으면 반드시 미역국을 먹어야 하고 그래야 제대로 산후 조리를 했다고 여긴다. 그런데 우리는 왜 출산 후에는 반드시 미역국을 먹을까?

조선의 실학자 이익은 《성호사설》에서 미역국은 임산부에게 신선의 약만큼이나 좋은 음식이라고 했다. 조선 왕실에서도 왕비나 공주가 아기를 낳으면 다른 좋은 음식 다 제쳐놓고 미역국을 끓였다고 하니 출산 후 미역국을 먹을 때는 신분의 귀천이 따로 없었다.

그렇다면 다른 나라에서는 왜 미역을 먹지 않았을까? 질 좋은 미역이 없었으니 산후 조리 음식으로 발달하지 못한 것이 아닐까 싶다. 사실 중국을 비롯한 외국에서 미역의 효과를 몰랐던 것은 아니다. 명나라 때 의학서인 《본초강목》에 미역이 아이를 낳은 산모에게 좋다는 기록이 보인다.

"(미역은) 동해의 바닷가 바위에서 자라는데 해초와 비슷한 것이 부드럽고 길다. 아이를 잘 낳게 하고 부인병 치료에 좋다"고 했다. 하지만 "미역은 고려에서 나는 것으로 쌀뜨물에 담갔다가 짠맛을 빼고 국을 끓이면 기(氣)가 잘 내린다"고 했으니 미역을 중국의 산물이 아닌 고려의 특산물이라고 분명히 밝혔다. 미역이 좋다고는 하지만 중국에서는 구하기가 쉽지 않았을 것이니 그림의 떡이다.

반면 중국의 임산부들은 닭고깃국을 먹는다. 실학자 이규경은 《오주연문장전산고》에서 중국 임산부들은 오골계로 끓인 닭고깃국을 먹는데 피가 따뜻해지고 양기를 얻기 위함이라고 했다. 우리나라 산모들이 들으면 귀여운 아이 피부를 닭살 만들 일 있냐며 기겁할 일이다. 같은 음식이라도 역사와 민속에 따라 보는 시각과 느끼는 감정이 서로 다르다는 사실이 새삼 흥미롭다.

19

추어탕

남몰래 먹던
은밀한 보양식

가을밤이 깊어갈 무렵, 양반집 마님이 사랑채에 있는 서방님께 야식으로 들여보내던 음식이 추어탕이다. 한낮에는 하인들이나 소작농이 먹는 천한 음식이라며 거들떠보지도 않는 척하다가 한밤중에 남들이 볼세라 몰래 먹던 음식이다. 드러내놓고 먹기에는 점잖지 못하고 남의 이목이 꺼려지기는 하지만 정력에 좋다니 은밀하게라도 서방님께 드리고 싶었던 것이다.

지금도 그렇지만 옛날부터 사람들은 추어탕이 정력에 좋다고 믿었다. 가을이면 살이 통통하게 올라 단백질이 풍부해진 미꾸라지가 식욕을 돋우고 기운을 보강해주기 때문에 엿새만 먹으면 줄었던 정력도 되살아난다는 속설이 생겼다. 추어탕이 특히 남자에게 좋다고 여긴 것은 단지 영양가가 높아서만은 아니다. 나름 의학적인 근거에 바탕을 둔 속설이다.

명나라 때 의학서인 《본초강목》에서는 미꾸라지는 특히 발기가 되지 않을 때 끓여 먹으면 치료가 된다며 양기를 북돋는 식품이라고 했고, 조선 후기의《오주연문장전산고》에서는 미꾸라지는 양기가 일어나지 않을 때 끓여 먹는다고 했으니 정력제에 다름 아니다.

서양의 카사노바에 버금가는 동양의 플레이보이, 서문경을 주인공으로 한 소설《금병매》에서도 미꾸라지를 정력의 상징으로 그리고 있다. 《금병매》는 선정적인 내용으로도 유명하지만 소설에 등장하는 음식과 요리법이 방대해 중국에서는《홍루몽》과 함께 당대의 요리를 연구하는 귀중한 자료로 꼽힌다.

《금병매》에서 서문경의 정력을 상징하는 것이 미꾸라지다. 서문경이 하룻밤에 열 명을 상대해도 정력이 상하지 않는 묘약을 구하기 위해 서역에서 온 중을 자신의 집으로 초대해 식사를 대접한다. 이때 나온 요리가 미꾸라지 요리였고, 집안 병풍에는 미꾸라지 그림이 그려져 있다. 미꾸라지가 서문경과 범승의 정력을 상징하는 아이콘이었던 것이다.

옛날이나 지금이나 정력에 좋다면 자다가도 벌떡 일어나 먹는 사람이 한두 명이 아닌데 조선시대 양반들은 대놓고 추어탕을 먹지는 못했던 모양이다. 양반들이 추어탕 끓여 먹었다는 기록이 전무하다시피 한데 미꾸라지가 천민들이나 먹었던 음식이었기 때문이 아닌가 싶다.

《오주연문장전산고》에 추어탕은 맛이 매우 기름진데 지금 한양에서는 성균관의 반인(泮人)들이 즐겨 먹는다고 했다. 반인은 성균관에 소속된 노비 비슷한 신분으로 백정만큼이나 천하게 여긴 조선의 최하층 계급이었다. 또 추어탕은 청계천에 살던 거지들인 꼭지가 독점적으로 팔던 음식이라는 이야기도 전해지니 하층민들이 먹던 천한 음식을 양반들이 대

놓고 먹기는 어려웠을 것이다. 이어 19세기 초반의 어류 사전인 《난호어목지》에서도 미꾸라지는 기름지고 맛이 좋아 시골 사람들이 잡아 진흙을 모두 토하게 한 후 국을 끓이는데 맛이 특이하다고 설명했으니 양반들이 먹는 점잖은 음식은 아니었고 근대 초기까지만 해도 주로 돈 없는 사람들이 먹었다.

추어탕이 빈부 차이를 떠나 대중적인 인기를 얻은 것은 1920년대 무렵이다. 근대 잡지인 《별건곤》에서 "예전 선술집은 대개 하급 노동자들만 먹는 곳이요, 행세깨나 하는 사람들은 별로 가지 않았지만 지금은 경제가 곤란한 까닭인지, 계급 사상의 타파인지 노동자는 고사하고 말쑥한 신사들도 요릿집 다니듯이 선술집을 다닌다"면서 "선술집이 많은 중에도 화동(花洞)의 추어탕 집은 술맛도 술맛이거니와 여름 휴업 시기를 제외하고는 항상 추어탕이 있고 다른 곳보다 별미여서 누구나 한번은 가려고 한다"며 경성의 맛집을 소개했다. 선술집에서 가난한 사람들이 먹던 추어탕이 말쑥한 차림의 신사들도 즐겨 먹는 음식으로 발전했음을 보여준다.

1924년에 발행된 요리책인 《조선무쌍신식요리제법》에는 추어탕 끓이는 법이 보인다. 하층민의 음식이었던 추어탕이 요리책에도 등장하고, 잘 차려입은 신사가 선술집에서 추어탕을 시켜 먹을 정도로 대중에게 사랑받기 시작한 것이다.

　이후 추어탕은 발전을 거듭해 남원 추어탕, 서울 추어탕 등 지역별로 특색이 있는 음식으로 발전했을 뿐만 아니라 전통을 자랑하는 일부 추어탕 집은 정재계 유명 인사들이 자주 찾는 곳으로 유명해졌으니 그야말로 미꾸라지가 용 됐다.

20

배춧국

북촌 양반의
가을 별미

서울 토박이들은 고향 하면 어떤 이미지를 떠올릴까? 청년이라면 빽빽한 아파트 숲 놀이터에서 어린 시절의 추억을 떠올릴 것이고, 중년 이상의 세대라면 골목길에서 고향의 향수를 느낄 것이다. 어린 시절 살던 곳이 숨을 헐떡거리며 올라가는 달동네였건, 기와집이 줄지어 늘어선 북촌 한옥마을 같은 동네였건 상관없이 말이다.

가을 해 질 무렵, 골목길에서 정신없이 뛰놀다 '아무개야 밥 먹어라'라는 부름에 집으로 달려가면 밥상에 구수한 배춧국이 놓여 있었다. 골목길에서 향수를 느끼는 것처럼 배춧국을 먹으며 고향 서울의 맛을 떠올리는 사람도 적지 않을 듯싶다.

토장을 풀어 넣고 끓인 된장국에 속이 꽉 차게 영근 배춧속을 넣어 푹푹 끓인 배춧국이 예전 가을철 서울의 별미였기 때문이다. 김장철이 지나면 일반 가정에서는 배추를 신문지에 싸서 보관했다가 배춧국을 끓였고, 예전 무교동의 배춧국은 청진동 선짓국 못지않게 서울의 한량들에게 해장국으로 이름을 떨쳤다.

그중 유명했던 것이 일제강점기에 나온 《해동죽지》라는 책에서 조선 팔도의 별미 중 하나로 꼽은 효종갱(曉鐘羹)이라는 배춧국이다. 지금은 낯선 이름이 된 이 배춧국은 경기도 광주의 남한산성 아랫마을에서 하루 종일 배춧국을 끓여 항아리에 담아서 밤새 한양으로 올려 보내면 새벽종이 울릴 무렵 북촌의 양반집에 도착했다고 해서 '새벽종이 울릴 때 먹는 국'이라는 뜻의 효종갱이라는 이름이 붙었다.

국이 담긴 항아리 뚜껑을 열면 맑고 시원한 국물과 함께 건더기로 넣은 고기의 기름진 냄새가 먹음직스럽게 풍겨 나왔다는데, 한양 북촌의 높은 벼슬아치 집에서 대놓고 먹었다고 해서 북촌갱(北村羹)이라고도 불렀다. 운송 수단이라고는 우마차밖에 없던 시절, 한양 북촌의 양반이 남한산성 아랫마을에서 대놓고 먹은 국이라면 도대체 얼마나 맛있었을까?

《해동죽지》에 있는 설명을 보면 음식 재료가 풍부한 지금 기준으로도 만만치 않다. 배추속대인 노란 고갱이를 주재료로 콩나물, 송이버섯, 표고버섯, 소갈비, 양지머리, 해삼과 전복을 넣고 토장을 풀어 하루 종일 끓인다고 했다. 이러니 지체 높은 양반집에서 질 좋은 배추가 나오는 가을 무렵, 광주의 농민들과 계약을 맺고 가을철 내내 이른 새벽마다 배춧국을 배달해 먹었던 것이다.

배춧국이 이렇게 서울의 별미로 발달한 데는 그만한 이유가 있다. 지금과 달리 옛날에는 서울과 경기도가 질 좋은 배추 생산지였기 때문이다. 남한산성 아랫마을인 경기도 광주에서 한양 북촌에 새벽마다 배춧국을 납품한 것도 그 때문이다. 특히 광주가 주요 배추 재배지였다. 이를테면 1950~1960년대 서울에서 팔리는 김장철 배추는 주로 경동시장을 통해서 공급됐는데 이곳 배추의 70퍼센트가 경기도 광주에서 재배한 것이었다.

옛날부터 한양은 배추의 주요 생산지였다. 《신증동국여지승람》의 한성부에는 동대문 밖의 왕십리가 온통 배추밭이라고 했는데 특히 동대문 근처의 훈련원 자리에서 키운 배추는 예전부터 왕실과 양반집에서도 웃돈을 얹어주고 샀을 만큼 품질이 뛰어났다고 한다.

서울에서 배춧국이 발달한 또 하나의 이유가 있다. 지금 기준으로 얼핏 생각하면 된장국에다 배추 잎사귀를 넣고 끓이는 배춧국은 고급스러울 것도 없으니 서민들의 음식이었을 것 같지만 오히려 반대였다. 배추가 흔한 채소가 아니었기 때문에 조선 초기만 해도 배추는 식용보다는 약용으로 쓰였다. 지금처럼 배추가 흔해진 것은 19세기 무렵부터인 것으로 추정된다. 그러니 배춧국 역시 돈과 권력이 몰린 한양을 중심으로 발달한 것이고, 들어가는 재료도 만만치 않아서 배춧국인지 고깃국인지 분간하기도 힘들 정도로 고급스러웠던 것이다.

물론 배춧국에도 종류가 여럿 있다. 된장을 체에 거른 후 쌀뜨물에 풀어 국물을 맑게 만들고 여기에 고기와 솎은 배추를 넣어 뭉근하게 끓인 배춧국도 있고, 가을철 속이 꽉 찬 배추의 노랗고 연한 속대를 넣고 끓인 토장 배춧국도 있으며 토장국에다 연한 배추 이파리만을 넣고 끓인 보통 배춧국도 있다.

한양 서민들의 밥상에 오르던 보통의 배춧국에서부터 북촌 양반들이 계절의 별미로 찾았다는 효종갱에 이르기까지 다양했으니 서울 사람이 배춧국에서 고향을 느낄 만하다.

한국인은 왜 보신탕을 먹을까?

나라 안팎의 많은 사람들이 한국의 보신탕 문화를 비판한다. 보신탕 식용에 대한 찬반 여부를 떠나 보신탕이 우리 전통 복날 음식이었으며, 지금도 먹는 사람이 적지 않다는 사실 자체는 부정할 수 없다. 그러니 한국에 왜 보신탕 문화가 발달했는지 이유라도 알아두자. 비난을 받아도 이유는 알아야 할 것 아닌가?

복날 보신탕을 먹는 이유는 다양한 문화와 민속이 얽혀 있어 단순하게 말하기는 어렵다. 하지만 특별히 복날, 개고기를 먹던 풍속은 춘추시대의 진나라 이전으로 거슬러 올라간다.

우리 풍속서인 《동국세시기》에는 사마천의 《사기》를 인용해 진나라 덕공(德公) 2년, 복날이 되면 제사를 지내는 사당을 짓고 개를 죽임으로써 벌레로 인한 피해[蟲災]를 막았다고 적혀 있다. 복날 보신탕의 기원을 진나라 덕공 2년으로 본 것인데 정확하게 기원전 676년이다.

《동국세시기》가 인용한 《사기》에는 복날 개를 잡았다는 기록이 두 군데나 보인다. 하나는 진나라 역사를 적은 〈본기〉에 덕공 2년, "초복에 개고기를 잡아 벌레를 막는다[禦蠱]"는 기록이 있다. 여기서 주의해서 볼 부분이 《동국세시기》에는 개고기를 잡는 것은 벌레로 인한 피해를 막기 위함이라며 곤충을 뜻하는 벌레 충(蟲) 자를 썼지만 원본인 《사기》에는 벌레 고(蠱)라고 쓰여 있다는 점이다.

같은 벌레지만 《사기》에서 말하는 벌레는 곤충이 아니라 배 속에 있는 벌레다. 그러니까 해충에 의한 피해 예방이 아니라 기생충이나 세균에 의한 전염병을 예방하기 위해 개고기를 먹었다는 뜻이다.

또 다른 기록은 《사기》의 〈십이제후연표〉에 나온다. 덕공 2년에 "처음으로 복날 제사를 지내는 사당을 짓고 개고기를 찢어 성문 네 곳에 걸었다"고 기록했다. 전염병인 역질(疫疾)을 막으려고 개고기를 걸어 나쁜 기운이 성안으로 침입하는 것을 막았던 것이다. 6세기 《형초세시기》에서도 복날 뜨거운 국을 먹는 것은 나쁜 기운을 피하기 위한 것이라고 했다. 그러니 전염병이 돌기 쉬운 여름날, 뜨거운 국과 고기로 영양도 보충하고 전염병도 예방한 것으로 보인다.

그런데 쇠고기나 돼지고기, 닭고기, 양고기 등 수많은 고기를 제치고 굳이 개고기를 복날 음식으로 삼은 까닭은 무엇일까?

주술적으로 전염병을 예방하려는 목적도 있었던 것으로 보인다. 개고기는 불[火]의 기운이 있어 복날의 음기인 금(金)의 기운을 물리친다는 화극금(火克金)의 오행 원리로도 설명한다. 하지만 가장 큰 이유는 고대에는 개고기가 좋은 식품이었기 때문이다. 춘추전국시대 왕과 귀족의 어록을 모아 놓은《국어(國語)》라는 책을 보면 알 수 있다.

월나라 왕인 구천이 오나라에 복수하려고 와신상담, 군사력을 키우면서 병력을 늘리려고 백성들에게 출산을 장려했다. 여자 열일곱, 남자 스무 살이 되도록 결혼을 하지 않으면 부모에게 죄를 물었다. 또 남자아이를 낳으면 술 두 병에 개고기를 출산 장려금으로 지급했고 여자아이를 낳으면 술 두 병에 돼지고기를 지급했다. 돼지고기보다 개고기를 더 귀하게 여겼다는 증거다.

주나라 때 예법을 적은《주례》에도 개고기가 말, 소, 양, 돼지, 닭과 함께 제왕이 먹는 여섯 가지 고기 중의 하나로 포함돼 있다. 고대 중국에서는 개가 고급 식용 가축이었던 것이다. 그러니 당시 사람들이 귀한 보신탕을 복날 음식으로 삼은 것이다.

이렇듯 보신탕은 고대 중국에선 매우 귀한 음식이었지만 작금의 중국인들은 대부분 개고기를 먹지 않는다. 일본이나 다른 동남아 국가도 보신탕을 먹지 않는다. 아시아에서 보신탕 먹는 나라는 한국과 베트남뿐이다.

여기에도 이유가 있다. 일본 사람들은 7세기부터 19세기까지 아예 육식을 하지 않았다. 육식 금지령 때문에 개고기는 물론, 쇠고기나 돼지고기도 먹지 않았다. 19세기 말부터 다시 고기를 먹기 시작했는데 뒤늦게 보신탕을 먹을 이유가 없었다.

옛날에는 개고기를 먹었던 중국에서 보신탕이 사라진 것도 이유가 있다. 중국 고문헌에서 보신탕이 사라진 것은 6세기 무렵이다. 가장 오래된 농업서인 《제민요술》에도 개고기는 보이지 않는다. 주요 가축 목록에도 개가 빠지고 대신 낙타와 오리가 들어가 있다.

중국에서 6세기는 남북조시대로 북방 유목 민족이 세력을 떨친 시기다. 유목 민족과 수렵 민족에게 개는 목축과 사냥에 필수적이기 때문에 개를 먹지 않았다. 그것이 바로 중국에서 보신탕이 사라진 이유다. 남북조시대와 원나라, 청나라를 포함한 북방 유목 민족 지배의 영향이 크다는 것이다.

반면 한국이나 베트남은 농경문화에다 전통적으로 보신탕을 제물로 쓴 유교를 숭상했다. 굳이 보신탕을 기피할 이유가 없었던 것이다. 한국과 베트남에 보신탕 문화가 살아 있는 이유다.

22

임금님 수라상에 오른
매생잇국

요즘은 매생잇국 좋아한다는 사람이 많아졌다. 날씨가 추워졌을 때 마늘로 양념하고 큼직한 굴을 넣어 끓인 매생잇국에 참기름 몇 방울 떨어트려 훌훌 떠먹으면 고소하고 향긋한 맛이 일품이다. 흔한 표현으로 입 속에서 파도가 넘치는 느낌이다.

많은 사람들이 즐겨 먹고 자주 찾으니 매생이 값도 예전에 비해 많이 비싸졌다. 비슷한 녹조류 식품인 파래와 비교해도 매생이가 더 비싸다. 예전에는 어쩌다 파래에 매생이가 몇 올 섞이면 파래 값 떨어진다고 어촌 마을에서는 질색을 했는데 이제는 상황이 완전히 역전됐다.

하지만 매생이는 1990년대 중반까지만 해도 널리 알려진 음식은 아니었다. 전라남도 해안 지방에서 주로 먹었을 뿐 전국적으로는 매생이라는 이름조차 낯설었다.

사실 매생이가 널리 알려진 섯은 김내중 대통령이 집권하면서부터가 아닌가 싶다. 호남 인사들이 권력의 중심부로 이동하면서 이들이 즐겨 먹던 고향 음식, 매생이가 사회 지도층의 식단에 퍼지기 시작했고 그 맛에 반해 대중적 인기를 얻기 시작했다.

매생이는 전남 바닷가의 특산물이다. 식품 지명도가 변방에서 중심부로 수직 상승한 것인데 그러다 보니 낯선 음식이 갑자기 하늘에서 뚝 떨어진 느낌이 없지 않다. 하지만 옛날 한양에서도 아는 사람은 그 진가를 아는 식품이었다.

조선 초기, 성종 때의 학자인 성현이 저술한 《용재총화》를 보면 매생이 이야기가 나온다. 성현의 친구 중에 김간이라는 사람이 있었다. 김간이 절에 들어가 책을 읽는데 어느 날, 밥상에 올라온 낯선 반찬을 먹어 보고는 그 맛에 반해 스님에게 이름을 물으니 전라도에서 나오는 매생이[苺山]라고 했다.

난생처음으로 매생이를 먹어본 김간이 절에서 내려와 성현의 집에 놀라갔다가 절에서 먹었던 낯선 음식을 떠올리며 혹시 매생이구이를 먹어 봤느냐고 물으면서 천하의 진미라고 자랑을 했다.

이 말을 들은 성현은 순진한 친구를 골탕 먹일 수 있는 방법이 떠올랐다. 성현은 얼른 김간의 말을 받아 아직까지 매생이를 몰랐느냐며 매생이는 임금님이 잡수시는 수라상에만 올라가는 반찬으로 궁궐 밖 사람들은 쉽게 맛볼 수 없는 음식이라고 맞장구를 쳤다. 하지만 자네가 그렇게 매생이 맛에 반했다니 친구를 위해 기꺼이 매생이를 구해다 주겠다며 몰래 하인을 시켜 숭례문(남대문) 바깥에 있는 연못에서 이끼를 떠오도록 했다. 그러고는 술상을 차려 내오며 성현 자신의 앞에는 매생이를 놓고,

매생잇국
이미지 제공_ 농촌진흥청

친구 앞에는 연못에서 건져 올린 이끼를 차려놓아 순진한 친구를 골탕 먹였다고 한다.

지금은 매생잇국이 장모님이 밉살스런 사위 골탕 먹이는 '미운 사윗국'이라는 이야기로 널리 알려져 있지만 예전에는 친구 골탕 먹이는 음식으로 유명했던 모양이다.

어쨌든 《용재총화》의 내용으로 보면 조선 초, 성종 때도 매생이가 널리 알려진 것은 아니지만 맛을 아는 사람은 매생이를 즐긴 것으로 보인다. 특히 전라남도 일부 지방에서만 나는 특산물이었기에 한양에서는 더욱 귀했을 것이다. 그러니 임금님의 수라상에만 올라가는 반찬이라는 성현의 말이 사실이었을 수도 있다.

사실 《조선왕조실록》에 매생이는 임금님께 바치던 진상품으로 나온다. 특히 조선시대 각종 지리지에는 전라남도 해안 지방의 토산품으로 매생이를 빼놓지 않고 있다. 예컨대 《세종실록지리지》에는 전라도 토산물로는 매생이가 있다고 나오고, 《동국여지승람》을 보완해 중종 때 새로 펴낸 《신증동국여지승람》에는 더욱 자세하게 전라도 장흥, 나주, 진도, 강진, 해남, 흥양 등의 특산물로 매생이를 꼽았다.

특이한 것은 매생이가 전라남도 바닷가에서만 생산될 뿐, 같은 남해안 바닷가라도 경상도 해안이나, 전라북도 해안 마을의 토산품에 매생이는 보이지 않는다는 점이다. 매생이는 지금도 전남 해안가에서 주로 채취하지만 조선시대에도 전남 해안에서만 나오는 특산품이었다.

이렇게 흔치 않은 음식 재료였으니 한양에서도 많은 사람들이 먹어보지는 못했던 모양인데 매생이 맛에 익숙한 사람에게는 그 맛이 거역할수 없는 별미였다. 선조 때 호남의 유림을 대표한 학자인 유희춘이 쓴 《미암일기》라는 문집에는 해남 수령이 매생이를 보내주었다며 좋아하는 내용이 보이기도 한다.

23

따로국밥

양반 식사 예절의 표본

보통 사골과 등뼈를 넣고 푹 고아낸 국물에 토란 줄기와 시래기, 그리고 무와 파를 넣고 끓인 해장국을 따로국밥이라고 한다. 국밥이라고 하면 문자 그대로 국물에 밥을 말아서 먹는 음식을 말한다. 지금은 어디에서 국밥을 주문해도 대부분 국과 밥이 따로 나오지만 예전 시장이나 해장국집에서 국밥을 주문하면 국물에다 밥을 말아서 나오는 것이 일반적이었다.

'따로국밥'은 국에다 미리 밥을 말아서 내오는 보통 국밥과 달리 '밥 따로, 국 따로' 나온다고 해서 생긴 이름이다. 그런데 따로국밥이라는 이름까지 생겨난 것을 보면 밥 따로 국 따로 먹는 것이 상당히 독특했기 때문인 것 같은데, 따로국밥은 우리나라 양반 문화와 식사 습관, 그리고 식사 예절이 고스란히 담겨 있는 음식이다.

우리나라 밥상은 밥과 국이 기본이다. 예전에는 밥을 가운데 놓고 오른

쪽에는 국, 왼쪽에는 떡을 놓는데 떡이 없을 경우에는 밥이 왼쪽, 국이 오른쪽이 된다. 보통 국이 없으면 밥을 먹지 못한다고 하는 것이 우리나라 사람들이지만 어디까지나 밥 따로 국 따로 먹을 때의 일이다. 양반들은 국에다 밥을 통째로 말아서 후루룩거리며 먹는 것을 상스럽다고 여겼다.

조선 후기인 철종과 고종 때 벼슬을 한 이유원의 문집인《임하필기》에 옛날 양반들이 국에다 밥을 말아서 후루룩거리며 먹는 것을 얼마나 상스럽게 여겼는지를 보여주는 글이 있다. 이유원의 친척 할아버지가 암행어사를 나갔을 때 어느 산골 마을에 묵게 됐다. 마침 주인 여자가 밤에 갑자기 해산을 하게 되었는데 남편은 외출하고 없어 할 수 없이 손님으로 머물고 있던 할아버지에게 밥과 국을 해달라고 부탁했다. 할아버지가 밥과 미역을 함께 넣고 끓여서 미역국을 주었더니 주인 여자가 할아버지를 함부로 대했다. 때마침 남편이 돌아와 이 모습을 보고 까닭을 묻고는 자초지종을 알고 난 후에 할아버지한테 "암행어사께 시골 여자가 무례를 범했다"며 사과를 했다고 한다.

《임하필기》에 나오는 이 내용은 암행어사의 신분 감추기가 쉽지 않았다는 사실을 강조하려고 쓴 글이지만, 또 다른 한편으로 아무리 산골의 아낙네라지만 뼈대 있는 집안에서는 미역국에다 처음부터 밥을 말아서 끓이는 것은 예법에 어긋나는 것으로 치

따로국밥
이미지 제공_ 농촌진흥청

부했음을 알 수 있다.

국에다 미리 밥을 말아서 내놓는 국밥은 장터에서 '상사람'들이 먹는 음식이고, 장사꾼들이 먹는 음식이었지 양반들의 식사법은 아니었다. 물론 예외도 있었다. 양반들이 과거를 보러 서울로 올라갈 때면 주막집에 들러 밥을 먹는데 이때는 할 수 없이 처음부터 국에다 밥을 말아서 국밥을 먹었다. 양반만을 상대하는 숙박 업소가 따로 없었기 때문일 것이다.

장터에서도 밥과 국이 따로따로 나오는 따로국밥이 등장한 것은 한국전쟁 때 대구에서였다고 전해진다. 당시 대구는 전국에서 피난 온 사람들이 모두 모여들어 북적대던 도시였다. 피난민들은 시장 바닥에서 국밥을 사 먹으며 한 끼를 때웠는데, 아무리 피난길이었다고는 하지만 교양 있는 양반집 출신과 여자들은 국에다 밥을 말아 함께 퍼먹는 것을 상스럽다고 느낀 모양이다. 아무래도 익숙한 음식이 아니었을테니 거북했을 것이다. 그래서 국 따로, 밥 따로 담아달라고 주문해서 먹은 것이 따로국밥의 유래가 되었다고 한다.

따로국밥의 옛날식 이름은 대구탕이었다. 물론 지금 우리가 먹는 대구로 끓인 생선 매운탕과는 다른 음식이다. 특별한 음식일 것이라고 생각할 수도 있겠지만 사실은 육개장이다. 경상북도 대구에서 발달한 육개장이라서 현지 지명을 붙여 대구탕(大邱湯)이라고 불렀다. 근대에 발행된 잡지 《별건곤》에서는 팔도 명물 음식 중 하나로 꼽았으니 꽤 유명했던 모양이다. 쇠고기를 넣고 보신탕처럼 만든 음식으로 1929년 무렵에는 본토인 대구에서 벗어나 서울까지 진출했다고 소개해놓았다.

이렇게 발달한 대구의 육개장이 한국전쟁 무렵에는 장터에서 해장국으로 인기를 모았고, 피난민들이 장터에서 밥 따로, 국 따로 먹으며 따로 국밥이라는 명칭으로 더 유명해졌다. 따로국밥 하나에 우리 음식 문화의 변화와 식사 예절 변천사가 담겨 있다.

토란국

땅속에서 자라는 달걀

토란은 한자로 흙 토(土), 알 란(卵) 자를 써서 토란(土卵)이다. 풀이하자면 땅에서 나오는 알이라는 뜻인데, 생긴 모습이 마치 흙 속에 묻혀 있는 달걀처럼 생기기도 했지만 그만큼 영양이 풍부하다는 의미에서 만들어진 이름일 수도 있다.

토란은 추석 무렵에 많이 먹는데 이때를 전후해 토란이 가장 맛있고 영양분도 많기 때문이다. 뿐만 아니라 토란은 전분의 크기가 작아서 다른 작물에 비해 소화가 잘된다. 그러니 추석 무렵 그렇지 않아도 떡과 고기를 많이 먹어 배탈이 나기 쉬운데 곁들여 토란국을 먹으면 소화를 도우니 이보다 안성맞춤인 명절 음식은 없다.

《한국세시풍속사전》에서는 한방에서 토란이 배 속의 열을 내리고 위장의 운동을 원활하게 해주는 음식이라고 소개하고 있고, 예전 민간에서도 제대로 소화를 시키지 못하거나 변비로 고생할 때는 토란을 먹기도 했으니 토란이 추석과 찰떡궁합이라는 사실을 뒷받침한다.

토란이 얼마나 영양이 풍부한 음식인지 옛날 문헌에는 토란 덕분에 굶어 죽지 않았다는 이야기가 자주 등장한다. 사마천의 《사기》 〈화식열전〉에 촉나라 민산 아래의 기름진 평야에는 토란이 지천으로 자라고 있는데, 이곳 사람들은 흉년이 들어도 굶어 죽지 않는다고 했다. 토란만 먹고도 가뭄을 견딘다는 이야기인데 민산은 지금의 중국 쓰촨성과 간쑤성 사이에 있는 산으로 지형이 상당히 험난한 곳이다.

토란을 먹고 흉년을 극복했다는 이야기는 또 있다. 중국 각조산에 위치한 어느 사찰에 이상한 중이 살고 있었다. 이 중은 불공을 드리는 때 이외에는 온 힘을 다해 토란 농사를 지었다. 그리하여 해마다 엄청난 양의 토란을 수확했는데 토란을 거두면 모조리 삶아서 절구에 찧어 벽돌처럼 네모지게 만들고, 그 토란 벽돌로 절을 짓고 담장을 쌓으니 사람들이 모두 정신 나간 이상한 땡중이라고 손가락질했다.

그러던 어느 해, 그 지방에 심한 흉년이 들어 굶어 죽는 백성이 한둘이 아니었다. 각조사 사찰에 머물던 40여 명의 스님들도 먹을 것이 없어 굶어 죽기 직전이었다. 그때 앞서 이야기한 이상한 중이 토란을 삶아 만든 벽돌을 허물어 사찰 스님과 인근 마을 백성들에게 먹이니 모두가 토란 벽돌을 먹고 굶주림을 면했다. 그때서야 비로소 사람들이 그 중이 비범한 스님인 것을 알아봤다.

우리 옛 선인들도 토란을 무척 좋아한 것 같다. 허균도 자신의 문집인 《성소부부고》에 토란 예찬론을 남겼는데 "우유로 만든다는 하늘나라의 '수타'라는 음식이 어떤 것인지는 잘 알지 못하지만 땅 위에서는 이보다

맛있는 음식은 없을 것이다"라고 했다. 송나라 시인 소동파의 시를 인용해서 한 말인데 소동파는 "향기는 용연(龍涎)과 비슷하지만 하얗기는 더 하얗고, 맛은 우유와 같지만 맑기는 더 맑구나. 감히 남쪽의 농어회인 금제옥회(金虀玉膾)를 놓고 함부로 동파의 옥삼갱(玉糝羹)과 비교하지 말라"고 노래했다.

수타, 용연, 금제옥회, 옥삼갱 등 대부분의 현대인들은 듣지도 보지도 못한 음식 이름이 등장하니 몇 가지 해설을 하지면 '수타'는 천축국 인도에서 전해졌다는 음식으로 우유로 만든다고 하는데 맛과 빛깔이 기가 막히게 아름다운 것으로 소문난 음식이다. '용연'은 먼 옛날부터 전해져 내려오는 향의 이름으로, 용이 흘리는 침을 모아 만들었다는 용연향(龍涎香)이다. 그러니 수타와 용연에 비교한 것은 빛깔이 곱고 향기롭기 그지없다는 뜻이다.

'금제옥회'는 수양제가 먹어보고는 감탄을 금치 못했다는 송강에서 잡은 농어회다. 가을 농어회는 맛이 더할 나위 없이 좋기에 고향의 농어회가 생각나 벼슬도 버리고 낙향을 했다는 고사까지 전해지는 음식이다. '옥삼갱'은 소동파의 고향 집에서 끓였다는 토란국을 말한다. 토란 알갱이가 마치 옥을 삶아놓은 것 같아서 생긴 이름인데, 정리하자면 맛은 금제옥회와 비교가 안 될 정도고 향기는 용의 침으로 만든 용연보다 향긋하며 빛깔은 인도에서 전해진 수타보다 맑다는 뜻이다. 쉽게 말해 '하늘의 음식에 버금가는 식품'이니 감히 지상에서 좋다고 하는 어떤 음식 따위와도 비교하지 말라는 의미다.

우리나라의 옛날 그림을 보면 토란을 그려놓았거나 혹은 토란 문양으로 장식한 그림을 종종 볼 수 있는데 토란이 무병장수를 상징하기 때문이라고 한다. 왜 토란이 무병장수를 의미하는지 전해지는 정확한 설명은 없지만 옛사람들이 남긴 이야기를 보면 굳이 설명하지 않아도 이해할 수 있을 것 같다.

3장

쫄깃한 면발의 매력

| 면류 |

잔치국수

국수가
잔치 음식이 된 까닭

분식집이나 시장에서 가장 싼값에 먹을 수 있는 음식이 잔치국수다. 이름 그대로 잔치국수는 잔칫날 먹던 국수다. 그것도 예전에는 부모님의 장수를 축하하는 환갑잔치와 결혼잔치 혹은 아이 돌잔치 때 준비하던 특별한 음식이다. 그런데 왜 잔칫날 국수를 먹었던 것일까?

잔치국수에 대해 잘못 이해하고 있는 사람들이 있다. 값도 싸고 준비하기도 간편하고 쉽기 때문에 잔칫날 국수를 준비했다는 것이다.

일생에 한 번뿐인 환갑잔치, 결혼잔치, 돌잔치에 값싸고 준비하기 쉽다고 국수를 내놓았다면 그것은 손님에 대한 결례다. 또한 스스로에 대한 모독이다. 무슨 놀부 심보도 아니고 손님에게 허접한 음식을 내놓고 잔치의 주인공은 남몰래 좋은 음식을 먹는다는 건 말이 안 된다.

잔치국수는 밀가루가 귀하던 시절엔 그 어떤 음식보다 귀하고 훌륭한 음식이었기에, 잔칫날 축하객으로 온 손님을 접대하는 음식으로 내놓은 것이다. 지금은 국수가 너무나 흔해졌기 때문에 잔칫날 국수를 내놓은 집은 거의 없어졌을 뿐이다.

잔치국수는 역사가 깊은 음식이다. 최초의 잔치국수라고 부를 수 있는 음식은 6세기 때 처음 문헌에 보인다. 중국 북제(北齊)의 황제 고양(高洋)이 아들을 낳은 것을 기념해 잔치를 열고 손님을 초대했다. 북조시대의 역사를 기록한 《북사》에서는 이 잔치의 이름을 탕병연(湯餠宴)이라고 기록했다. 탕병은 밀가루로 만든 음식이라는 뜻으로 국수의 원형이 되는 음식이다. 국수는 국수인데 지금처럼 면발이 기다란 국수가 아니라 짧게 끊어진 칼국수나 수제비에 가까웠을 것이다. 당시에는 지금처럼 국수 면발을 길게 뽑지 못했기 때문이다.

이후 황제가 고관대작의 생일잔치 때 탕병, 즉 국수를 먹었다는 기록이 자주 보인다. 당나라 역사를 기록한 《신당서》와 《자치통감》에도 당 현종이 생일날 국수를 먹었다는 기록이 실려 있다. 8세기 무렵, 황제의 생일잔치에 국수를 준비했으니 잔치국수는 이때 부자들 사이에 이미 유행했다고 볼 수 있다.

그런데 잔칫날 특별히 국수를 먹은 이유는 무엇일까? 우리가 알고 있는 것처럼 국수를 먹으면 오래 살 수 있다고 믿었기 때문이다. 당 현종의 생일잔치에 국수를 먹은 것도 황제의 만수무강을 기원하는 의미가 담겨 있다.

사람들이 국수를 장수를 비는 식품으로 여기게 된 것은 당나라 때부터인데, 여기에도 까닭과 유래가 있다. 남송 때의 학자 주익은 《의각료잡기》라는 책에 당나라 사람들은 생일에 다양한 국수를 먹는데 세상에서는 이를 보고 장수를 소원하는 음식이라서 장수면(長壽麵)이라고 부른다고 했다.

　이보다 앞선 북송 때 사람 마영경도 《나진자》라는 책에서 당나라 시인 유영경의 시를 인용하며 “젓가락을 들어 국수를 먹으며 하늘의 기린만큼 오래 살기를 기원하노라”라고 읊었다. 기린은 아프리카 초원에 사는 기린이 아니라 하늘에 사는 전설의 동물로 거의 영생을 산다. 당나라 때부터 사람들이 국수를 먹으며 오래 살기를 기원했다는 증거다.

　그렇다면 국수에다 오래 살게 해달라는 소원을 담아서 먹게 된 이유는 무엇일까. 그 해답은 국수의 면발에 있다. 다만 상식적으로 생각하는 것처럼 국수 면발이 길기 때문에 국수 가락처럼 오래 살게 해달라는 미신적인 소망이 아니라 과학적인 이유 때문이다.

　국수의 면발이 길어진 것은 당나라 무렵이다. 실크로드가 번창하면서 서역으로부터 수차를 이용한 제분 기술이 도입된다. 밀을 곱게 빻을 수 있게 되면서 밀가루 반죽으로 기다란 국수를 뽑을 수 있게 된 것이다. 그러니 평소 수수나 기장처럼 거친 음식을 먹고 살던 사람들이 고운 밀가루로 만든 국수를 먹으면서 좋은 음식을 먹으니 오래 살 수 있겠다는 믿음을 갖게 된 것이다.

　한편 중국 사람들은 생일날 장수를 기원하며 국수를 먹는다. 이른바 생일에 먹는 장수면인데 우리는 왜 잔칫날 국수를 먹었을까? 하나는 미역국이라는 우리 고유의 생일 음식이 있었기 때문이다. 또 하나는 밀가루가 귀했기 때문이다. 조선시대만 해도 밀가루는 진짜 가루라는 뜻으로 진가루[眞末]라고 부를 만큼 귀한 식품 재료였다. 그래서 회갑이나 돌잔치 같은 특별한 잔칫날에나 밀가루 국수를 먹으며 장수의 소망을 빈 것이다. 지금은 가장 값이 싼 음식 중 하나인 잔치국수지만 예전에는 정말 귀하신 몸이었다.

26

평양냉면

밍밍한 듯하면서도
중독성 강한 찬 국수

한국을 대표하는 가장 특징적인 국수는 냉면이 아닌가 싶다. 다른 어느 나라에서도 찾아보기 힘든 독특한 국수이기 때문인데 우리처럼 일부러 국수를 차갑게 만들어 먹는 민족도 드문 것 같다. 물론 일본에도 차갑게 먹는 메밀국수인 냉소바가 있지만 우리 냉면처럼 그렇게 차갑지는 않다. 여름철 중국 음식점 메뉴로 등장하는 중국식 냉면은 한국인의 입맛에 맞도록 현지화한 것이다. 원래 중국의 차가운 국수인 량몐은 사실 차가운 것이 아니라 뜨겁지 않을 뿐이다.

우리는 언제부터 이렇게 국수를 차갑게 만들어 먹었을까? 냉면의 기원을 찾기란 쉽지 않다. 먼저 문자 그대로 차가운 국수라는 뜻의 냉면(冷麪)이 문헌에 보이는 시기는 조선시대 중반이다. 17세기 초반, 인조 때 활동한 문인 장유의 《계곡집》에 처음으로 냉면이라는 단어가 보인다.

냉면을 먹으며 쓴 시인데, 자줏빛 육수의 냉면을 먹으면서 독특한 맛[異味]이라고 표현해놓았다. 글자 뜻 그대로 보면 평소에 먹지 못했던 색다른 맛이라는 의미겠는데, 시 한 편을 놓고 단정적으로 말하기는 어렵지만 독특하다는 표현, 그리고 냉면이라는 단어가 처음 등장했다는 사실에서 조선 중반까지만 해도 냉면이 그다지 널리 보급되지는 않았을 가능성이 있다.

물론 이전에도 차가운 국수가 없었던 것은 아니다. 냉도(冷淘)라는 음식이 있었는데 고려 말기의 목은 이색은 냉도를 먹으니 시원하다는 내용의 시를 읊은 적이 있고, 조선 후기의 실학자 이긍익도 고려의 환관들이 유두절이면 더위를 피해서 머리를 감으며 냉도를 먹었는데 그 맛이 수단(水團)과 비슷하다고 말했다는 기록을 남겼다. 냉도는 중국에서 먹는 차가운 밀가루 국수 내지는 찬 수제비 종류였으니 여름철 시원하게 먹을 수는 있지만 메밀로 만든 우리 냉면과는 차이가 많다.

그렇다면 지금과 같은 냉면은 언제 만들어진 음식일까? 조선시대 문헌에서 냉면이라는 음식이 본격적으로 보이는 것은 18세기 이후다. 다산 정약용은 면발이 긴 냉면에다 김치인 숭저(菘菹)를 곁들여 먹는다고 했다. 정약용과 같은 시대를 산 실학자 유득공역시 평양을 여행하면서 가을이면 평양의 냉면 값이 오른다고 했다. 이때면 벌써 겨울철에 접어들 무렵이라 수요가 공급을 초과해서 냉면 값이 오를 정도로 평양 사람들은 냉면을 많이 먹었음을 알 수 있다.

평양냉면은 냉면이 널리 보급되며 바로 유명세를 탄 모양이다. 《동국세시기》에도 겨울철 계절 음식으로는 메밀국수에 무와 배추김치를 넣고 돼지고기를 얹은 냉면을 먹는다고 소개했는데 그중에서도 관서(關西) 지방의 국수가 제일 맛있다고 했으니 바로 평양냉면을 가리키는 말이다.

뿐만 아니라 다산 정약용과 유득공보다 두 세대 뒤의 인물인 실학자 이규경은 평양의 명물로 감홍로와 냉면, 그리고 비빔밥을 꼽았는데 감홍로는 계피와 생강을 꿀에 버무려 소주를 붓고 밀봉해 담그는 술이다. 40도가 넘는 독주로 감홍로 중에서는 평양에서 담근 것이 유명했다. 평양에서는 고기 안주에 감홍로를 마신 후 취하면 냉면을 먹으며 속을 풀었기에 선주후면(先酒後麵)이라는 말이 생겼다.

시원한 동치미 국물을 베이스로 해 만든 육수에 메밀국수를 말아 먹는 평양냉면은 감칠맛과 구수한 맛이 일품이다. 평양냉면의 특징은 꿩고기나 양지머리를 삶아 기름기를 걷어낸 후 잘 익은 동치미 국물을 같은 양으로 섞어 시원하고 감칠맛이 도는 냉면 국물에 있다.

요즘 우리가 먹는 평양냉면은 현대인의 식성에 맞도록, 또 서울 사람들의 입맛에 맞도록 바뀌어 전통 평양냉면의 맛과는 차이가 있다는 것이 본래의 맛을 기억하는 연세 드신 평양 출신 인사들의 한결같은 이야기다. 다행히 서울에도 전통 평양냉면 집이 몇 집 남아 있다.

현대인의 입맛에는 밍밍하기 짝이 없는 전통 평양냉면이지만 평양 출신들에게는 중독성이 꽤 강했던 모양이다. 평양 사람들은 고향을 떠나서도 고향에서 먹은 냉면 맛을 죽을 때까지 잊지 못한다고 한다. 예전 한국인이 외국에 나가면 김치를 가장 그리워했던 것처럼 평양 사람들도 타향에서 살 때면 문뜩문뜩 떠오른 것이 겨울에 먹는 평양냉면 맛이라고 하니까, 냉면의 맛이 그리운 것인지 고향을 그리는 향수가 짙은 것인지 그 선후를 알 수 없다 하겠다.

27

함흥냉면

쇠심줄보다 질겨야
함흥냉면

　우리나라 냉면을 대표하는 고장은 평양과 함흥이다. 예전에는 황해도 해주냉면과 경상도 진주냉면도 유명했다지만 지금은 거의 명맥만 잇는 수준이고, 평양과 함흥 두 곳의 냉면이 전국 냉면 시장을 평정했다.

　평양냉면과 함흥냉면은 확연히 다르다. 평양으로 상징되는 관서 지방과 함흥으로 대표되는 관동 지방의 특색이 모조리 반영된 만큼 뚜렷이 구분된다.

　일반적으로 물냉면은 평양냉면, 비빔냉면은 함흥냉면으로 알고 있지만 그것이 본질적인 차이는 아니다. 아주 틀린 말은 아니지만 평양냉면을 비벼서 먹기도 하고 함흥냉면을 물냉면으로 먹기도 한다. 하지만 평양냉면은 비벼 먹기에는 그다지 어울리지 않고, 반대로 함흥냉면은 비벼 먹어야 제맛을 느낄 수 있다.

　평양냉면과 함흥냉면을 구분하는 본질적 차이는 국수를 만드는 면의 재료다. 원칙대로 만들자면 평양냉면은 메밀로 면발을 뽑는 반면 함흥냉면은 메밀이 아닌 감자 전분으로 국수를 뽑는다. 지금은 평양냉면에도 메밀에 전분을 섞고, 함흥냉면 역시 감자 전분이 아닌 고구마 전분으로 만든다고 하니 원초적인 평양, 함흥냉면에 비해 진화했다.

평양냉면은 순메밀로 만들기 때문에 구수하고 담백하며 툭툭 끊어지면서도 쫄깃한 맛이 특징이다. 반면 감자녹말로 만든 함흥냉면은 쇠심줄보다 질기면서 오들오들한 맛이 매력이다.

차가운 국수인 냉면은 원래 겨울철에 먹었기 때문에 늦가을에 추수하는 메밀로 국수를 뽑아야 제격이다. 실제로 함흥냉면을 제외한 다른 지역의 냉면들, 이를테면 해주냉면이나 진주냉면도 모두 메밀국수로 만들었다.

그런데 유독 함경도에서만 감자녹말로 국수를 뽑은 까닭에 독특한 맛의 함흥냉면이 발달했다. 이유는 함경도에서는 메밀을 대량으로 재배하지 않았기 때문이다. 함경도 출신 어른들의 회고에 따르면 함경도는 지형이 험한 탓에 메밀조차 재배하기 어려웠다고 한다. 메밀이 부족하다 보니 상대적으로 풍부한 감자를 갈아서 녹말로 만든 후에 국수를 뽑았는데, 따지고 보면 우리나라에서 최초로 감자를 재배한 지역 역시 함경도다.

조선 후기의 실학자 이규경은《오주연문장전산고》라는 책에서 1824년과 1825년인 순조 갑신년과 을유년 사이에 만주의 심마니들이 두만강을 넘어 함경도 땅에 감자를 심었다고 적었다. 남미가 원산지인 감자가 우리나라에 전해진 최초의 기록이다. 그리고 함경도 회령군 수성천에 사는 사람들은 감자를 심어 양식으로 삼는다고 했다. 감자가 함경도를 통해서 우리나라에 전해진 까닭에 함경도 음식 중에서는 감자로 만든 음식이 유독 많다. 함흥냉면 역시 그중 하나다.

함흥냉면은 정확하게 말하자면 냉면은 아닌 것이다. 본고장인 함경도에서도 냉면 대신, 녹말국수 또는 농마국수라고 불렀다고 한다. 지금도 북한에서는 농마국수라고 하지 함흥냉면이라는 용어를 쓰지 않는다고 한다.

함흥냉면이라는 이름이 생겨난 것은 해방 이후, 그리고 한국전쟁 이후 남한에서 평양냉면이 크게 유행을 했기 때문이다. 평안도에서 내려온 피난민들이 만들어 파는 평양냉면이 인기를 끌자 함경도 출신들도 농마국수라는 향토색 짙은 이름 대신 함흥냉면이라는 이름으로 국수를 팔았다. 심심한 맛의 평양 물냉면과 혀가 얼얼할 정도로 맵게 양념을 한 비빔냉면인 함흥냉면이 동시에 인기를 얻었다.

함흥냉면의 또 다른 특징은 냉면에 회를 얹는 것이다. 냉면에 홍어회나 가자미식해, 또는 명태식해를 얹어 비벼 먹는 것인데 사실 회냉면의 역사는 생각보다 길지 않다. 함경도 어르신들의 기억에 따르면 회냉면이 함경도에 처음 등장한 것은 1910년 전후라고 한다. 비교적 역사가 짧은 편인데 따지고 보면 함흥냉면 자체도 그다지 역사가 오래된 음식이 아닐 수 있다.

감자가 우리나라에 최초로 전해진 시기를 1824년으로 보지만 종자 개량을 통해 널리 보급된 것은 1900년 전후다. 따라서 감자녹말로 국수를 만들던 함흥냉면 역시 20세기에 들어서며 발달한 음식일 것으로 짐작된다. 18세기에 이미 명성을 떨친 평양냉면에 비하면 많이 늦은 편이지만 1세기 만에 전 국민의 입맛을 사로잡았다.

28

우무냉국

임금님의
여름 음식

　가만히 앉아만 있어도 땀이 줄줄 흐르는 한여름, 먹는 것만으로도 더위를 식힐 수 있는 음식 중 하나가 우무냉국이다. 얼음 동동 띄운 시원한 콩국에 우무를 말아 먹어도 좋고, 젤리처럼 맑고 투명한 우무를 콩국수와 함께 씹는 것도 별미다. 혹은 채 친 오이와 함께 매콤새콤하게 비벼 먹는 우무냉채 한입이면 더위를 잊을 수 있다.

　우무냉국은 무더위가 한창일 때 특히 어울리는 음식으로, 조선 후기 정조 임금 역시 속을 식힐 때 우무 요리를 즐겨 드셨다.

　"요즘 아침과 낮의 날씨가 고르지 못해 감기가 극성인데 이럴 때 건강을 조심해야 합니다. 요즘 내의원에서 올리는 석화채는 성질이 몹시 차서 날마다 드시는 것은 담체증에 적합하지 않습니다"라고 하자 정조는 "담이 몰려 답답한 증세는 열이 많아 생기는 것이니 찬 성질의 음식이 해가 될 것이 없다"고 대답했다.

열이 올라 속이 답답하다며 찬 음식인 석화채(石花菜), 즉 우무 요리를 날마다 먹었다는 것이니 한여름의 물리적인 더위뿐만 아니라 몸속에서 일어나는 열불을 가라앉힐 때도 우무로 만든 냉국이나 냉채가 제격이었다.

요즘 우무냉국과 냉채는 집에서 특별히 만들어 먹지 않는 한, 주로 분식집이나 재래시장에 가야 먹을 수 있다. 사실 우무로 만든 반찬이 특별히 고급스러워 보이지는 않는 것처럼 고급 음식점보다는 서민들이 즐겨 찾는 식당에서 맛볼 수 있다.

하지만 조선시대에는 우무가 무척 고급 음식이었던 것으로 짐작된다. 일제강점기

우무냉국
이미지 제공_ 농촌진흥청

에 발행된 《해동죽지》에서도 우뭇가사리를 원료로 만드는 우무는 남해안의 명물로 여름철이면 임금님도 즐겨 드시던 청량 식품이라고 소개했다.

해마다 여름이면 남해안에서 생산되는 우뭇가사리로 투명한 우무묵을 만들어 궁궐에 진상하는데, 묵을 가늘게 썰어 초장을 쳐서 냉탕으로 만들어 마시면 상쾌하기 때문에 더위를 씻을 수 있고 갈증도 덜어낼 수 있다고 했다. 지금의 우무냉국이나 우무냉채처럼 더위를 식히는 여름 별미였던 것이다. 여름에 먹는 우무냉국이 얼마나 시원했던지 저자인 최영년은 시까지 한 수 읊었다.

해천(海天)은 소털처럼 생긴 풀로/ 끓여서 묵을 만들면 흰 기름 같아서/ 국물과 함께 마시면 가슴까지 시원해/ 탄성이 나무꼭대기까지 올라간다

조선 후기, 우무는 양반들의 별미였다. 순조 때 실학자 이규경은 여름에 먹는 우무는 수정처럼 맑고 차가운데 국수처럼 초장에 말아 먹으면 몹시 상쾌하다고 했다. 들깨탕이나 콩국에 말면 여름 더위를 막을 수 있고, 초장이나 겨자장에 무쳐 먹어도 좋은 밥반찬이 된다고 했으니 지금 우무로 만든 반찬과 크게 다르지 않다.

우무는 바닷가에서 자라는 해초인 우뭇가사리를 끓인 후 굳혀서 묵처럼 만든 식품이다. 조선 중기인 광해군 무렵에도 만들어 먹던 식품으로 《홍길동전》을 쓴 허균은 전국의 유명 음식을 품평한 《도문대작》에서 바닷가에서 나는 해초 중에 우모(牛毛)라는 것이 있는데 열을 가하면 녹는 성질을 이용해 묵으로 만든다고 적었다. 소털이라는 뜻의 우모는 생김새가 마치 소털처럼 생겼다고 해서 붙인 이름이다.

참고로 우무를 동결건조 한 것이 한천인데 아이스크림, 또는 양갱의 원료로 쓰인다. 한천이라는 이름은 일본에서 비롯됐다고 하는데, 추운 겨울날 햇볕에 우무를 집 밖에 내놓고 말리다 우연히 동결건조 된 우무를 얻게 되어 한천(寒天)이라는 이름을 얻었다. 영어로는 아가(agar)로 어원은 말레이어이며 현지어로 젤리라는 뜻이라 한다.

그런데 따지고 보면 옛날 우무가 귀한 대접을 받은 데는 그럴 만한 이유가 있다. 지금은 별 맛이 없는 심심한 음식이라서 큰 인기가 없지만 예

전에는 우무 자체가 귀했으니 대접이 남다를 수밖에 없었다. 우무는 한 철에 그것도 먼 남해안 바닷가에서 채취하는 우뭇가사리를 끓여 만드는 식품이니 교통이 발달하지 못한 옛날, 도성인 한양까지 보내온 우무는 희소가치가 대단했을 것이다.

그러다 어느 때부터인가 우무는 만들기도 힘들고 맛도 밋밋해서인지 도토리묵이나 메밀묵에 밀려 한양 도시민들의 밥상에서 사라졌다. 이런 우무가 최근에는 낮은 칼로리 덕분에 다이어트 식품으로 인기를 끌고 있다. 특히 젊은 여성을 중심으로 수요가 크게 늘고 있다고 하는데, 음식에 대한 선호도 시대에 따라 돌고 도는 모양이다.

29

수제비

옛날 양반의
고급 음식

수제비는 애증이 엇갈리는 음식이다. 가슴을 저미는 것 같은 그리움과 어려웠던 시절 떠올리고 싶지 않은 기억이 동시에 담겨 있다. 수제비에는 어머니의 손맛과 고향에 대한 기억, 어린 시절의 추억이 한데 어우러져 있다. 된장찌개가 언제든지 다시 돌아가 안기고 싶은 그리움을 자아낸다면 수제비는 마음 시리고 그립지만 되돌리고 싶지는 않은 추억에 잠기게 한다.

중장년층에게는 특히 그렇다. 수제비에는 밀반죽을 손으로 뚝뚝 떼어내 끓는 국물에 넣어주던 어머니의 모습이 투영돼 있다. 우리들 기억 속에서 어머니는 언제나 "짜장면이 싫다"고 말씀하시던 분이다. 자식한테는 싫다는 짜장면을 먹이고 당신께서는 수제비를 드셨다.

한국인이 수제비 하면 떠올리는 이미지의 뿌리는 가난이다. 힘들었던 시절의 상징이다. 한국전쟁을 전후해 먹을 것이 없을 때 끼니를 잇게

130

해준 음식이 수제비다. 어머니 아버지 할머니 할아버지는 원조 물자로 들어온 밀가루를 반죽해 끓인 수제비로 힘든 시기를 넘겼다. 그래서 배고픈 시절을 직접 겪지 않은 세대에게도 수제비는 마음 찡한 추억이 서린 음식이다.

한 시절, 민족과 고난을 함께 겪었지만 사실 수제비는 역사가 무척 오래된 전통 음식이다. 기원을 따져보면 국수의 전신이라고 할 수 있을 만큼 뿌리가 깊다. 뿐만 아니라 일반 상식을 깨는 음식이다.

옛날 수제비는 형편 어려운 사람들이 끼니를 때우려고 대충 만들어 먹던 음식이 아니었다. 양반들의 잔칫상에도 올랐던 고급 요리였다. 근대 초기까지만 해도 양반집에서는 별식으로 수제비를 만들어 먹었다. 밀가루가 흔치 않던 지역에서는 밀가루 대신 쌀가루로 수제비를 끓여 잔칫상에도 올렸다. 지금도 그 시절을 추억하는 노인들이 생존해 계시니 아득히 먼 옛날의 이야기만은 아니다.

쌀 수제비라고 하면 낯설게 느껴지지만 추수가 끝났으니 쌀은 넉넉한데 밀가루는 없고, 그렇다고 밀가루를 살 만한 현금도 없으니 굳이 쌀을 팔아 밀가루로 바꾸는 대신 쌀가루를 반죽해 수제비를 끓였다. 쌀 수제비는 농촌에서 추수 무렵, 한철에만 먹을 수 있었던 별미 중의

별미였던 것이다.

근대 요리책인 《조선요리학》의 저자인 홍선표가 1938년 신문에 발표한 글에서도 수제비를 가난한 사람들이 먹던 음식이 아니라 특별한 날 먹는 별식으로 그리고 있다.

"여름 중에도 삼복에 먹는 음식으로 증편과 밀전병, 수제비라는 떡국이 있는데 여름철 더위를 물리치는 데 필요한 음식"이라면서 "수제비는 닭국이나 곰국에다 만들어 먹을 때도 있지만 미역국에 많이 만들어 먹는다"고 했다. 그러면서 "여름철 삼복의 복놀이 잔치에 수제비가 없으면 복놀이 음식이 아니 되는 줄로 알고 누구나 다 수제비를 만들어 먹는다"고도 했다.

사실 조선시대 문헌을 보면 곳곳에서 수제비에 대한 묘사를 발견할 수 있다. 영롱발어(玲瓏撥魚), 또는 산약발어(山藥撥魚)라는 전통 음식이 일종의 수제비다. 다소 어려운 한자지만 발어(撥魚)란 물고기가 뒤섞이는 모습을 표현한 단어다. 숟가락으로 떼어 넣은 밀가루 반죽이 끓는 물에 둥둥 떠 있는 모습이 마치 물고기가 어우러져 헤엄치는 것 같다고 해서 생긴 이름이다.

《산림경제》에 영롱발어라는 음식에 대한 설명이 자세하게 나온다. 메밀가루를 풀같이 쑨 후에 잘게 썬 쇠고기나 양고기와 함께 수저로 팔팔 끓는 물에 펴 넣으면 메밀수제비는 뜨고 고기는 가라앉는데 그 모습이 영롱하다고 했다. 여기에다 표고버섯, 석이버섯을 넣고 소금, 장, 후추, 식초로 간을 맞추어 먹는다고 했으니 지금 기준으로 봐도 고급 메밀수제비다.

산약발어는 메밀가루에 콩가루와 마를 섞어서 수저로 떼어 끓는 물에 넣은 후 익기를 기다렸다가 먹는다고 했다. 지금이라면 참살이 식품으로 각광받을 마수제비였으니 역사 속에 보이는 수제비는 양반과 부잣집에서 별미로 먹던 음식이었다.

지금 우리는 수제비를 별식으로 먹으며, 흘려보낸 것에 대한 그리움을 담아 먹는다. 한때 원조받은 밀가루를 반죽해 주린 배를 채웠던 수제비 역시 마찬가지 아니었을까? 당장의 몸과 마음은 고달파도 여유롭던 시절의 고급 수제비를 떠올리며 마음의 위안을 삼지 않았을까 싶다. 따지고 보면 한국인에게 수제비는 영혼을 자극하는 솔(soul) 푸드다.

30

콩국수

그리움이 깃든
서민들의 여름 별미

한여름 무더위를 씻어주는 별미로 콩국수만 한 음식도 드물다. 시원한 콩국에 채 친 오이를 올려놓고 얼음 동동 띄우면 흐르던 땀도 쏙 들어간다. 콩국수는 냉면과 쌍벽을 이루는 여름철 대표 음식이지만 냉면과는 정서적으로 차이가 있다.

냉면은 사실 집에서 만들어 먹는 음식이 아니다. 북한에서 발달한 평양냉면, 함흥냉면은 주로 밖에 나가 음식점에서 사 먹는 외식 음식이다. 반면 콩국수는 여름철 어머니가 직접 콩을 갈아 말아서 주던 어머니표 국수다. 부모님 고향이 이북인 사람이 아니라면 냉면보다 콩국수에서 향수를 느끼는 이유다.

더군다나 서민들의 여름 별미였기에 많은 사람들이 콩국수에는 설명하기 어려운 어떤 그리움 같은 것이 깃들어 있다고 말한다. 고향이 시골이건 도시건, 고향의 맛이랄까 아니면 어머니의 손맛 같은 것이 콩국수에 녹아 있는 느낌이다.

그런데 우리 모두가 즐겨 먹고, 또 만들기에 그다지 어렵지도 않을 것 같은 콩국수가 옛날 기록에는 잘 보이지 않는다. 콩국수가 언제부터 서민들의 여름철 별미가 됐는지는 정확히 알 수 없지만 기록에는 19세기 말의 조리서인《시의전서》에 나온다. 발간 연대를 19세기 말이라고 했지만 현재 전해지는 것은 1911년 발행본이니 지금으로부터 약 100년 전에 나온 책이다.

콩을 물에 불린 후 살짝 데치고 갈아서 소금으로 간을 한 후, 밀국수를 말아 깻국처럼 고명을 얹어 먹는다고 했다. 지금의 콩국수와 크게 다를 것이 없다. 그런데 주목할 것은 "깻국처럼 고명을 얹어 먹는다"는 부분이다. 양반들의 여름 별미인 깻국처럼 먹는다는 설명이니 콩국수 만드는 법이 익숙하지 않았기 때문에 이런 설명을 한 것은 아니었을까?

양반들이 먹은 깻국은 19세기 중반《동국세시기》에 그 모습이 보인다. 여름철 계절 음식으로 밀가루 국수를 만든 다음 거기에 오이와 닭고기를 넣어 백마자탕(白麻子湯)에 말아 먹는다고 했는데, 백마자탕이 바로 들깨를 갈아 만든 깻국이다. 깻국의 형태가 지금의 콩국수와 비슷하다.

그렇다면 왜 옛 문헌에 콩국수가 보이지 않는 것일까? 조리서는 물론이고 양반들의 문집에서도 콩국수 관련 기록은 찾기 힘든데, 콩국수가 철저하게 서민들의 음식이었기 때문이 아닐까 싶다.

콩국수의 주재료인 콩국은 먼 옛날부터 우리 조상들이 자주 마시던 음료였다. 다만 지금 두유(豆乳)를 마시는 것처럼 건강 음료로 마시는 것이 아니라 콩을 갈아 국물을 만들어놓고 배고플 때마다 부족한 양식 대신

수시로 콩국을 마시며 영양을 보충했다.

실학자 이익은 《성호사설》에서 자신은 친지들과 콩 먹는 모임인 삼두회(三豆會)를 만들어서 콩 음식을 즐겨 먹는다고 했다. 이익이 주로 먹었다는 콩 음식이 콩죽 한 사발, 콩국 한 잔에 콩나물 한 쟁반이다. 그럴듯한 이름의 삼두회란 가난한 살림을 아름답게 묘사한 수사적 표현에 다름 아니다. 다산 정약용 역시 봄철 춘궁기가 되면 곡식 뒤주 비는 일이 잦아서 콩국 마시는 것으로 만족하며 지낸다고 했으니 콩국수의 주재료인 콩국은 이렇게 청빈한 선비들이 절개

콩국수
이미지 제공_ 농촌진흥청

를 지키며 먹는 음식이었고, 살림이 넉넉지 않은 서민과 농민들이 양식 대신에 마시던 음식이었다.

지금은 콩값이 쌀값의 약 두 배가 될 정도로 비싸졌기에 콩으로 만든 음식이 전혀 싸구려처럼 느껴지지 않지만 옛날에는 감옥에서 콩밥을 먹였을 정도로 콩은 흔해빠진 곡식이었다.

콩국수는 콩국에 국수를 말아 먹는 것인데 상식적으로 옛날에 가난한 사람들이 곡식 대신에 끼니를 때우려고 마셨던 콩국에 귀한 밀가루 국수를 말아 먹지는 않았을 것이다. 진가루로 불린 밀가루는 역시 귀한 깻국에 말아 먹었으니 깻국에 국수 말고 오이와 닭고기를 얹은 백마자탕은 양반들의 여름철 별미가 됐다.

반면 평민들은 평소 마시던 콩국에 메밀이나 감자로 만든 국수를 말아 여름철 별미로 삼았을 것이니, 이것은 양반들의 요리책에 레시피를 올릴 만한 음식은 아니었을 것이다. 그래서 20세기가 다 되어서야 《시의전서》에 깻국처럼 먹는다는 설명과 함께 오른 것이 아닐까 싶다.

지금은 영양이 넘치는 시대다. 그러니 양반들의 별미인 기름진 깻국은 사라지고 평민들이 먹던 콩국을 주재료로 하여 깨, 잣, 땅콩을 곁들여 먹게 됐다. 세월이 흐르면서 음식에도 엄청난 지각변동이 일어난 것이다.

31

칡국수

한명회가 퍼트린
칡국수

쌉쌀한 칡국수는 메밀국수와는 또 다른 맛의 별미다. 칡 특유의 맛과 향이 입맛을 당기는 데다 소화도 잘돼 많은 사람들이 좋아한다. 요즘에는 칡즙이 건강 음료로 주목받고 칡을 활용한 식품도 많아 참살이 음식으로 인기가 높다. 그렇지만 중장년 세대한테 칡은 군것질거리가 없던 시절 주전부리였을 뿐이고, 더 옛날에는 배고픔을 면하려고 마지못해 먹던 식품이다. 그런데 이런 칡으로 누가 국수를 만들어 먹을 생각을 했을까?

우리나라 야산에 지천으로 널린 것이 칡이니 자연스럽게 칡뿌리를 이용해 국수도 뽑고 다양한 음식을 만들었을 것 같지만 칡을 음식으로 활용한 역사는 생각보다 길지 않은 듯하다.

《조선왕조실록》에 우리가 칡을 먹게 된 과정이 자세하게 나온다. 세종 때 가뭄이 심하게 들자 조정에서 가뭄 대책을 논의하는데 일본어 통역인

왜통사 윤인보, 윤인소 형제가 "일본인들은 칡뿌리와 고사리 뿌리를 먹는데 이것을 이용하면 흉년을 구제할 수 있을 것"이라고 건의한다. 이 말을 그럴듯하게 여긴 세종이 윤인보를 경상도로, 윤인소를 전라도와 충청도로 내려보내 칡뿌리 캐 먹는 방법을 알리도록 했다는 기록이 보인다.

흉년에 대비해 칡뿌리 식용법을 보급했지만 거부감이 심했는지 널리 퍼지지는 못한 모양이다. 성종 때 또다시 가뭄이 들자 이번에는 한명회가 다시 칡뿌리를 보급하자고 제안했다.

"왜인들은 칡을 많이 먹는다고 하고, 우리나라에서도 간혹 칡뿌리를 캐어 먹는 자가 있다고 하니 칡뿌리를 시험하여 먹을 만하면 백성들에게 널리 알려 기근에 대비하도록 하소서."

이듬해 또 가뭄이 들자 이번에도 한명회가 칡뿌리 식용을 제안한다. 그사이 자신도 칡뿌리를 먹어본 모양이다.

"지금은 조선 팔도에 모두 가뭄이 들었는데 듣자 하니 왜인들이 칡뿌리를 먹는다고 하기에 시험 삼아 칡뿌리를 캐다가 껍질을 벗기고 말려서 가루로 만든 후 쌀 싸라기와 섞어 죽을 끓여 먹으니 배를 채울 만했습니다. 솔방울 역시 가루로 만들어 싸라기와 섞어서 먹으니 매우 좋았습니다."

이 말을 들은 성종이 칡뿌리와 솔방울은 자신이 생각하기에도 좋다고 여겨지니 즉시 시험을 하자면서 즉각 실천에 옮겼다. 이때 한명회가 다섯 가구를 한 통(統)으로 만들어서 통 단위로 인구의 많고 적음과 음식이 있고 없음을 살펴서 양식을 나누어 주면 때맞춰 구황을 할 수 있을 것이라고 제안했다. 이것이 오가작통법(五家作統法)으로 우리나라 지방행정의 기초가 되는 통반 조직의 기원이다. 우리나라 동 조직의 기초가 엉뚱하게 칡뿌리와 관계가 있다.

칡뿌리를 비상식량으로 활용하는 방안은 이렇게 세종 때부터 시작돼 성종 무렵까지 이어지는데 이 과정에서 칡뿌리와 곡식 싸라기를 섞어 죽을 쒀 먹기도 하는 등 다양한 이용법이 논의되다가 마침내 칡가루와 전분을 섞은 칡국수가 탄생한다.

칡국수는 한참 후인 숙종 때 기록에 보인다. 《산림경제》에 칡국수 만드는 법이 적혀 있는데 칡국수는 강원도 간성에서 나오는 칡가루로 만드는 것이 가장 좋고, 녹두 녹말과 섞어서 국수를 만들면 갈증을 없애준다며 모래땅에서 나는 칡가루가 더욱 좋다고 했다. 칡가루의 품질을 따질 정도가 됐고 여름에 더위를 잊게 한다고 했으니 조선 중기에 접어들면서 칡국수를 양식으로, 또 여름철 별미로 즐긴 것으로 보인다.

이때쯤 우리나라는 칡국수 만드는 법이 상당한 수준에 이른 모양이다. 당시 일본 기행문인 《해유록》에 "왜인은 칡가루를 잘 만든다면서 칡뿌리를 물에 담가 두들겨서 가루를 만들면 부드럽고 가늘며 깨끗한 가루가 만들어지는데 희고 맛이 달면서 성질이 차가워 국수를 만들면 훌륭하다고 했다. 하지만 (왜인들은) 녹두가루를 만드는 것은 우리처럼 정밀하지 못해서 해마다 대마도에서 에도에 바치

칡국수
이미지 제공 _ 농촌진흥청

는 것은 조선의 녹두가루라고 한다"는 기록이 있다.

칡국수를 만들려면 칡가루와 녹말가루를 적당하게 섞어야 하는데 왜인들은 칡가루는 잘 만들지만 녹두 가루는 정밀하게 만들지 못한다는 것이니, 두 가지를 제대로 섞어야 맛이 나는 칡국수는 조선 것이 맛있지 않았을까 짐작된다.

칡국수는 옛날이나 지금이나 여름철 별미로 꼽히는데 아마 칡의 성질도 한몫하기 때문일 것이다. 《본초강목》에서 칡은 해독 작용을 하며 열을 내려주기 때문에 더위를 막을 수 있다고 했으니, 여름철 별미 국수 재료로 딱 어울리는 성질이다.

32

칼국수

여름에는 왜
칼국수가 당길까?

한여름 햇볕이 하얗게 내리쬐는 날이나, 장맛비가 주룩주룩 내리는 날에는 햇감자를 큼직하게 썰어 넣고 송송 썬 애호박으로 고명을 얹은 칼국수가 입맛을 당긴다. 윗도리 흠뻑 젖도록 땀 뻘뻘 흘리며 칼국수 한 그릇 비우고 나면, 한여름 더위가 땀과 함께 모두 씻겨 나간 것처럼 몸과 마음이 한껏 개운해지는데, 왜 하필 뜨거운 여름날 먹는 칼국수가 더 맛있을까?

찬바람 몰아치는 겨울에 먹는 칼국수도 맛있지만 사실, 칼국수는 여름에 먹는 별미다. 여름에 뜨거운 칼국수를 먹는 것은, 더위는 뜨거운 음식으로 극복해야 한다는 이열치열의 전통도 작용했겠지만 칼국수가 밀가루 음식인 것도 중요한 이유 중 하나다.

동양에서는 전통적으로 여름이면 별식으로 밀가루 음식을 먹었다. 우리는 여름철에 칼국수, 수제비를 먹었고 특히 비 오는 날에는 기름에 지진 밀가루 부침개가 별미였다. 중국도 마찬가지여서 속담에 '여름에는 국수, 겨울에는 만두'라고 했는데 쌀밥인 입식보다 밀가루인 분식을 주식으로 삼는 중국 북방에서도, 여름이면 특히 더 국수를 즐겨 먹었다.

사람들은 여름에 왜 칼국수를 찾는 것일까? 여러 가지 이유가 있겠지만 전통 의학에서도 단서를 찾을 수 있다. 우리나라 《동의보감》을 비롯해 동양의 의학서들은 하나같이 밀은 성질이 차가운 곡식으로 번열(煩熱), 그러니까 가슴이 답답하고 괴로운 신열, 무더위 때문에 생기는 열기를 없애준다고 했다. 동시에 조갈(燥渴), 즉 입 안이 몹시 마르는 갈증을 해소해주고, 위와 장뿐만 아니라 오장을 튼튼하게 해준다고 했다. 더위를 식혀주고 갈증을 없애주는 데다 소화에도 좋다니 더운 여름날 먹기에 딱 좋은 음식이다.

밀은 또 가을에 심고 겨울에 자라서 봄에 이삭이 패고 여름에 추수를 하는 곡물이므로 밀가루 음식은 갓 추수한 여름이 제일 맛있다. 게다가 우리나라는 밀보다는 보리를 주로 심은 까닭에 밀가루를 '진(眞)가루'라고 부를 정도로 밀이 귀했으니 오랜 세월 여름에 어쩌다 먹는 칼국수나 수제비는 여름철 진미로 한국인의 유전자 속에 깊숙이 자리매김했을 듯싶다.

그렇다면 우리는 칼국수를 언제부터 먹었을까? 우리 조상들이 국수를 먹은 것은 12세기 이전으로 추정된다. 송나라 사신 서긍이 쓴 《고려도경》에 국수 이야기가 나오기 때문인데 이 무렵, 어떤 형태로든 칼국수가 존재했을 가능성이 높다. 하지만 당시 문헌에는 어떤 형태의 국수였는지 자세한 묘사가 없으니 정확한 실상을 알 수는 없다. 칼국수라는 명칭은 조선 중기인 17세기 무렵부터 보인다. 옥담 이응희의 〈국수〉라는 시에 "어느 누가 국수를 만들었나/ 그 맛이 무엇보다도 좋네/ 반죽을 눌러 천 가락을 뽑고/ 칼로 썰어 만 가락을 만든다/ 손님 대접해 배를 실컷 채우니/ 능히 군자의 배를 헤아릴 수 있어라"라는 구절이 있다.

반죽을 눌러 천 가락을 뽑는 것은 메밀국수를 뽑는 방식이고, 칼로 썰어 만 가락을 만들었다는 것은 바로 칼국수인데 당시에는 밀가루보다는 주로 메밀가루로 칼국수를 만들었을 것이다.

비슷한 시기, 현존하는 가장 오래된 음식 조리서인 《음식디미방》에도 칼국수가 보이는데 메밀가루를 국수틀에 눌러 만들어도 좋고 메밀가루를 내어 물에 반죽해 칼로 썰어 국수를 만들어도 좋다고 했으니 이응희의 노래에 나오는 국수와 비슷하다. 조선 중기에 최소한 양반 사회에서 만큼은 칼국수가 대중화된 것이 아닐까 싶다.

그런데 왜 하필이면 칼로 국수를 썰었을까? 사실 칼국수가 맛있는 것은 칼로 썰었기 때문이다. 전통적으로 유명한 국수는 대부분 수제 국수인데, 국수가 발달한 동양에서 손을 써서 밀반죽을 음식으로 만드는 방법은 여러 가지로 발달했다. 예컨대 수타면처럼 반죽 덩어리를 바닥에 때리며 늘리는 방법[抻], 중국의 라멘처럼 공중에 던져서 길게 늘이는 방법[拉], 도삭면처럼 칼로 깎는 방법[削], 우리처럼 손으로 뜨는 수제비[扯], 수저로 떼어내는 발어[撥], 손으로 눌러 펴는 추면[揪], 칼로 자르는 칼국수 절면[切], 메밀국수처럼 구멍에 반죽을 밀어넣는 압면[壓] 등이 있다. 밀가루를 어떻게 반죽하는지, 그리고 어떻게 뽑는지에 따라 면발이 세밀하거나 거칠어지고, 길거나 짧아지며, 얇거나 두꺼워지는데 그 형태에 따라 당연히 맛에도 차이가 생긴다. 대충 만드는 것처럼 보이는 칼국수 역시 정교한 국수 만드는 방법 중 하나인 것이다.

33

라면

한중일 국민의
눈물로 끓인 라면

우리나라 사람은 라면을 좋아한다. 세계 최대 라면 소비국은 중국이지만 1인당 라면 소비량으로 따지면 한국이 최고다. 한 사람이 1년에 68개를 먹는다고 하니까 적어도 1주일에 한두 번은 라면을 먹는 셈이다.

라면이 국내에서 처음 생산된 것이 1963년이니까 벌써 50년이 됐다. 인스턴트 라면이 처음 개발된 해로 따지면 55년이다. 라면, 이 위대한 음식은 어떻게 탄생했을까?

반백 년 라면의 역사는 시련에서 출발한다. 그 탄생사는 전쟁의 고통, 그 혼란에 내동댕이쳐진 개인의 눈물, 그리고 힘든 세월을 이겨내는 인간의 의지로 점철되어 있다. 그래서 라면의 역사는 고난 극복의 궤적이며 인간 승리의 기록이라 해도 과언이 아니다. 그것도 한국인, 일본인, 중국인의 땀과 눈물이 모두 스며 있다.

인스턴트 라면은 1958년 안도 모모후쿠라는 사람이 처음 개발했다.

제2차 세계대전이 끝난 후 패전국 일본 국민들 대다수는 미군이 제공하는 밀가루로 연명했다. 뒤집어 보면 국수 장사로 큰돈을 벌 수 있는 상황이었다. 마침 직장을 잃은 안도는 장기간 보관해도 원래의 맛을 살릴 수 있는 국수를 대량 생산해 사업화할 생각을 했다. 하지만 사업이 생각처럼 잘 진행되지 않았다. 거의 10년 동안 국수 개발에 매달린 안도는 마침내 가진 돈을 모두 날려버리고 가정은 파탄나기 일보 직전까지 갔다. 나이도 이미 40대 중반에 접어든 안도는 좌절한 나머지 모든 것을 포기하고 죽기로 결심했다. 죽기 전 마지막으로 술이나 한잔하자며 포장마차를 찾았다가 새로운 전기를 맞이한다.

넋 나간 사람처럼 멍하니 음식 만드는 모습을 보던 안도는 포장마차 주인이 어묵에 밀가루를 입혀 기름에 튀기는 모습을 보고 아이디어를 얻는다. 젖은 국수를 기름에 튀기면 밀가루 반죽에 포함된 수분이 빠르게 증발하면서 밀가루에 숱한 구멍을 남긴다. 이 구멍에 뜨거운 물이 들어가면 국수가 다시 부드러운 상태로 되돌아가는 것이다. 죽어야겠다는 생각을 버리고 다시 집으로 돌아간 안도는 연구에 매달린 끝에 1958년, 최초의 인스턴트 라면을 만들어내는 데 성공한다.

간편하게 먹는 즉석 라면은 선풍적인 인기를 끌었다. 당연히 라면 생산 업체가 우후죽순처럼 생겨났는데 안도가 라면 제조 방법을 특허로 등록하지 않았기 때문이다. 덕분에 우리도 쉽게 라면을 만들 수 있었다.

한국에서 라면을 처음 생산한 것은 1963년이다. 경쟁이 치열한 일본 라면업계에서 한국에 라면 제조 기술을 이전했기 때문이다. 지금은 1인당 라면 소비량이 세계 최고지만 라면이 처음 국내에 선보였을 때는 그

다지 인기를 끌지 못했다.

밀가루 음식에 익숙하지도 않았고, 느끼한 국물에 값도 싼 편이 아니었기 때문이다. 최초의 라면은 가격이 10원으로, 당시 식당에서 사 먹는 백반이 30원이었으니 대중의 사랑을 받지 못했다. 라면이 널리 보급된 것은 정부의 혼분식 장려 정책 덕분이다. 쌀을 아끼려고 라면 보급을 장려한 것인데 대통령까지 관심을 보였다. 대통령이 우리 국민은 맵고 짠 것을 좋아하니 느끼한 국물 대신 고춧가루를 이용한 수프를 개발해보라고 제안하면서 개발 자금까지 지원했을 정도다.

일본 라면이 패전의 허기를 이겨내는 과정에서 발달했다면, 한국 라면은 산업화 도중 식량 자급을 위해 노력하는 과정에서 발전했다고 할 수 있다.

우리는 라면이라고 하면 인스턴트 라면부터 떠올리지만 라면은 사실 생라면을 기름에 튀기는 과정에서 만들어졌다. 그렇다면 생라면은 어디서 비롯된 음식일까?

일반적으로 생라면의 뿌리는 중국으로 보고 있다. 1870년대, 요코하마의 부두에서 일하던 화교 노동자들이 먹었던 국수를 원조로 본다. 이들이 고향에서 먹던 '라멘(拉麵)'이 일본의 생 '라멘(らめん)'의 뿌리라고 하는데, 라멘이란 쉽게 말해서 수타국수다.

수타국수가 밀가루 반죽을 바닥에 때리며 늘리는 것과 달리 라멘은 공중에서 그대로 잡아 늘리는 것이 다르고 수타국수보다 면발이 훨씬 가는 것이 특징이다. 우리는 수타국수를 주로 짜장면으로 비벼 먹지만 중국은 라멘을 쇠고기 국물에 말아 먹는다. 때문에 겉보기에도 일본의 생라면과 비슷하다. 일본에서는 생라면을 예전에는 지나(支那)소바, 또는 주카(中華)소바라고 불렀다. 생라면에는 이렇게 격변의 시대에 고향을 떠나 요코하마에 와서 돈을 벌어야 했던 중국 쿠리(부두 노동자)의 눈물이 배어 있다.

라면은 지나치게 먹으면 건강에 바람직하지 않다. 하지만 배고픈 사람에게 라면은 싼값에 허기를 잊도록 해주는 구원의 음식이다. 옛날에도 그렇고 지금도 마찬가지다. 그리고 이런 라면에는 극한의 가난을 견디어낸 중국 부두 노동자들의 질곡과 패전의 고통을 극복하려는 일본인의 노력, 산업화 과정에서 잘살아보겠다고 허리띠를 졸라맨 한국인의 의지가 반영돼 있다.

4장

얼큰 시원 담백한
국물의 유혹

| 탕류 |

민물매운탕

고려인은
매운탕 애호가

무더위를 물리치는 가장 지혜로운 방법은 여름 자체를 즐기는 것이다. 땡볕이 내리쬐는 여름날, 개울에 천막 치고 물고기를 잡으며 물놀이를 즐기면 더위쯤은 까맣게 잊는다. 따가운 햇살과 시원한 물보라에 지쳐 피로가 몰려올 무렵, 가마솥에 쏘가리, 붕어, 메기, 피라미까지 갖은 물고기를 적당히 손질해 넣은 후 고춧가루 풀어 끓여 먹는 매운탕은 여름철 최고의 보양식이었다.

지금은 천렵 자체도 어렵고 하천 오염의 위험도 있어 바람직하지도 않거니와 여름이면 주로 해변으로 또 해외로 피서를 떠나니 어릴 적 고향에서 느낀 천렵의 낭만을 맛보기가 쉽지 않다.

사실, 우리나라 전통 피서법과 피서 음식 중 으뜸은 천렵 놀이와 잡은 물고기로 끓인 생선국이었다. 숙종 때의 문인 김창엽이 친구들과 함께 시냇물에 술잔을 띄우고 매운탕 끓여 먹는 즐거움을 노래한 것처럼, 서민은 물론이고 점잖은 양반들도 여름이면 개울가에서 물놀이를 즐겼다.

따지고 보면 한국인처럼 매운탕 좋아하는 민족도 드물다. 지금도 민물고기부터 바다 생선까지 각종 물고기로 매운탕을 즐기지만 조선과 고려 때도 마찬가지였다. 심지어 임금님 수라상에도 생선국이 자주 올랐다. 조선 말기인 고종 때 대왕대비와 왕비의 수라상에 쏘가리탕이 올랐다는 기록이 보인다. 고려인들이 매운탕을 좋아한다는 소문은 13세기, 원나라까지 퍼졌는데 원나라 황제가 특별히 언급했을 정도다.

고려 충렬왕 때 원나라와 고려가 함께 일본 정벌을 준비했다. 고려군 지휘관은 김방경 장군으로 원정 직전, 원나라로 건너가 황제였던 세조, 쿠빌라이에게 중선대부관령고려국도원수라는 칭호를 받으니 여몽(麗蒙) 연합군의 고려 사령관 정도에 해당된다. 그리고 출정 장병을 위한 잔치를 열었는데 김방경 장군을 각별히 챙겼다. 좌석도 원나라 승상 다음 자리에 배정했고, 갖가지 귀한 음식을 차린 가운데 장군을 위한 특별 음식을 별도로 장만했다. 그러면서 황제가 직접 '고려인들이 좋아하는 음식'이라며 하얀 쌀밥에 생선국을 따로 준비했다는 기록이 《고려사》에 보인다.

쿠빌라이는 황제이자 칭기즈칸의 손자다. 이렇게 기세등등한 인물이 고려인의 식성까지 거론하며 특별히 생선국, 그러니까 매운탕을 별도로 차려준 이유는 출정을 앞둔 장수를 격려하는 세심한 배려였을 것이다. 그만큼 원나라가 고려군의 일본 원정을 중요시했다는 말도 되겠고, 다른 한편으로 미세한 부분까지 신경을 쓴 원나라의 정보력도 돋보인다. 그러나 무엇보다 원나라 황제가 소문으로 알고 있었을 정도로 당시 고려 사람들이 매운탕을 즐겨 먹었다는 사실 또한 새삼스럽다.

이렇듯 고려인은 매운탕을 많이 먹었던 모양이다. 김방경 장군과 같은 시대를 살았던 인물로 추적(秋適)이 있는데 우리에게 잘 알려지지 않은 낯선 인물일 것 같지만 사실은《명심보감》의 저자로 널리 알려진 유명한 학자다.

《고려사》에는 추적이 성격이 활발하고 막힘이 없을 뿐만 아니라 식성이 좋아서 나이가 들었음에도 여전히 음식을 맛있게 먹었다고 적혀 있다. 그러면서 사람들에게 언제나 "손님을 대접할 때면 부드러운 쌀밥과 생선을 넣고 끓인 국이면 충분하지 어찌하여 많은 돈을 쓰면서 팔진미를 차릴 것인가?"라고 말했다고 한다. 생선국이 그만큼 평범하면서도 많이 먹은 보통 음식이었다는 반증이 된다.

사실, 고려인들이 좋아했다는 생선국이 매운탕인지 혹은 맑은 탕인지는 알 수 없다. 문헌에는 모두 생선국[魚羹]으로만 나온다. 하지만 고려 때 생선국이라면 지금 매운탕과는 거리가 멀다고 생각할 수도 있다. 임진왜란 때에야 고추가 전해졌으니 고려 말 김방경 장군이나 학자 추적이 생선국을 먹은 때는 고추가 들어오기 300년 전이기 때문이다.

그러니 고려 때 생선국은 대개 맑은 생선탕이었을 것 같지만 사실 당시에도 우리 조상들은 매운탕을 즐겨 먹었던 것으로 보인다. 다만 고추가 전해지기 전이었으니 지금의 매운탕과는 다르게 조리했을 것인데, 고려 말기의 학자 목은 이색의 시에서 그 흔적을 찾을 수 있다.

임금님이 내려주신 생선국, 향긋하고 매운맛에 배불리 먹었다.

향긋하고 매운맛[香辣]이라고 했으니 고추 대신 후추나 산초를 넣고 끓인 매운탕이었을 것으로 짐작된다. 다만 고려 때 후추는 수입 향신료로 값이 엄청나게 비쌌으니 주로 옛날부터 양념으로 사용해온 산초 가루를 넣은 매운탕이었을 것이다. 고추가 없던 시절에도 이렇게 매운탕을 즐겼으니 우리의 매운탕 사랑은 뿌리가 꽤 깊다 하겠다.

장작더미보다
흔했던 명태

찬바람이 불기 시작하면 얼큰한 생태찌개가 구미를 당긴다. 생태, 동태, 북어 등 여러 이름으로 불리는 명태는 가장 한국적인 생선이다. 때문에 생태찌개, 북어구이, 명란젓 등등 한국인의 밥상에서 결코 빼놓을 수 없는 음식이 됐다.

명태가 서민의 사랑을 듬뿍 받게 된 것은 우리나라에서 많이 잡혔기 때문이다. 얼마나 흔했는지 고종 때 영의정을 지낸 이유원은《임하필기》라는 문집에 "함경도 원산을 지나다 명태 쌓여 있는 것을 보았는데 마치 한강에 땔나무를 쌓아놓은 것처럼 많아서 그 숫자를 헤아릴 수조차 없다"고 적었다.

원산에 명태가 산더미처럼 쌓인 것은 동해안에서 명태가 엄청나게 잡히기도 했지만 원산이 명태의 집산지였기 때문이다. 예전에는 동해안에서 잡힌 명태의 상당수가 원산시장을 통해 전국으로 퍼져나갔으니 명태

쌓은 모습이 산더미처럼 보였을 것이다.

고종 때 《일동기유》를 쓴 김기수 역시 "살아 헤엄치는 명태가 물에서 활발하게 노는 것조차 구경거리가 되지 못할 정도고 너무 많이 잡히고 값이 싼 까닭에 우리나라 사람들은 산골짜기에 사는 노인과 여자, 아이들까지도 명태를 모르는 사람이 없다"고 적었을 정도다.

너무 흔해서 가난한 사람도 매일 반찬으로 먹었을 정도라고 하지만 우리나라 사람들은 이 크지 않은 물고기의 온갖 부위를 알뜰하게 먹었다. 껍질에서부터 아가미, 내장, 심지어 눈알까지 빼내어 요리로 만들었다. 살코기인 몸통은 물론이고 내장으로는 창란젓, 알로는 명란젓, 아가미로는 아가미젓을 담근다. 껍질은 벗겨서 어글탕을 끓이거나 쌈을 싸먹고 눈알로는 명태 눈 초무침을 만든다. 내장을 꺼내어 창란젓을 담그고 난 후 빈자리에는 고기와 채소, 두부 등 양념해 다진 소를 넣고 명태순대를 만든다.

어른 팔뚝만 한 크기의 명태를 이용해 만드는 음식이 모두 36가지가 넘는다고 한다. 사실 그중에서도 많은 사람들이 어렸을 적 향수와 어머니의 손맛을 진하게 느끼는 것은 생태찌개, 동태찌개인 것 같다.

명태가 너무 흔했기 때문인지 맛있게 먹으면서도 사람들은 명태를 천하게 취급했고 남을 흉볼 때는 명태에다 비유해 욕을 했으니, 명태 입장에서 볼 때는 뒷담화도 이런 뒷담화가 없다.

속담에 "명태 만진 후 손 씻은 물로 사흘 동안 찌개를 끓인다"는 말이 있는데 인색한 사람을 탓할 때 쓰는 말이다. 그렇지 않아도 흔해 빠진 명태이니 자린고비보다 더하다. "북어 한 마리 부조한 놈이 제사상 엎는다”는 말은 하찮은 것을 주고서 지나치게 생색낸다는 말이 되겠고 "명태 한 마리 놓고 딴전 본다"는 속담은 겉으로는 별 볼 일 없는 명태 장사를 하는 척하면서 다른 장사를 한다는 뜻이다.

"북어 껍질 오그라들듯 한다"는 말은 재산이 점점 적어진다는 의미다. 말이 많거나 거짓말을 할 때 쓰는 '노가리 깐다'는 속어도 명태가 한꺼번에 많은 새끼를 낳는 것에 빗대어 생긴 말이다. 노가리는 명태의 치어다. 그렇지 않아도 흔한 생선인데 거기에 새끼까지 엄청나게 많이 낳으니 반가울 것도 없다.

먹는 것만으로도 모자라 명태는 다양한 용도로 쓰였다. 예전 함경도를 비롯한 해안가 마을에서는 명태의 내장을 꺼내 그 기름으로 등잔불을 밝혔고 껍질은 물건을 붙이는 접착제로 사용했다. 머리는 지져서 체기를 내리는 소화제로 사용했고 기름을 짜내어 기가 허해진 사람이나 산후 복통에 약으로 사용했다.

이렇게 흔했던 생선인데 지구온난화의 영향으로 한류성 어종인 명태를 더 이상 우리나라 바다에서는 예전처럼 찾아볼 수 없으니 안타깝다. 사실 지금 우리가 먹는 명태의 90퍼센트는 러시아에서 잡은 것으로, 예전에는 명태가 북해에서 경상도 울진까지 내려왔지만 지금은 원산까지만 내려왔다 다시 북상한다.

그런데 옛 문헌에 흥미로운 내용이 보인다. 이유원의 《임하필기》에 민정중(閔鼎重)이라는 사람이 "지금은 명태가 땔나무처럼 많지만 300년 후에는 이 생선이 지금보다 귀해질 것"이라고 예견했다는 기록이 있다. 민정중은 숙종 때 좌의정을 지낸 인물로 1692년에 사망했다. 민정중이 말한 300년 후가 우리가 살고 있는 현대이니 명태가 사라질 것이라는 예언이 절묘하게 맞아떨어졌다.

36

어복쟁반

평양시장의
겨울나기 음식

맛있는 음식을 찾아다니며 먹는 미식가들이 날씨가 추워지는 겨울철에 특별히 제맛을 느낄 수 있다고 추천하는 음식이 어복쟁반이다. 놋 쟁반에 양지머리와 편육, 소 젖가슴살인 유통, 소의 혀를 배, 파, 미나리, 버섯 등의 각종 채소와 함께 넣고 육수를 부어가며 끓여 먹는다. 고기를 다 건져 먹은 후 만두나 냉면 사리를 넣어 먹는 맛이 일품이다.

미식가들 사이에서는 맛난 음식으로 널리 소문이 나 있지만 어복쟁반이 어떤 음식인지 모르는 사람도 적지 않다. 냉면, 어죽과 함께 평양을 대표하는 음식이었기에 쭉 남한에서 살아온 사람들에게는 이름조차 생소한 음식이다.

남북이 분단된 지 반세기를 훨씬 넘긴 지금 평양냉면은 이름에만 지역명이 남아 있을 뿐 대한민국의 대표 국수가 됐고, 어죽도 전국적으로 퍼졌지만, 어복쟁반은 그 맛에 비해 널리 자리를 잡지 못했다. 아마도 서울에 설렁탕이라는 강력한 라이벌이 있었기 때문이 아닐까 싶다.

쇠고기 중에서 팔다 남은 잡고기와 잡뼈를 넣어 만든 음식으로 평양에 어복쟁반이 있었다면 서울에는 설렁탕이 있었다. 어복쟁반은 잡고기로, 설렁탕은 잡뼈로 끓인 음식인데 둘 다 시장에서 먹는 서민 음식으로 발달했다. 설렁탕은 곰탕을 물리치고 대중의 사랑을 받게 됐고, 어복쟁반은 고향을 떠나 서울에서 고급 요리로 변신했다.

어복쟁반은 평양시장의 상인들이 만들어 먹던 음식에서 유래했다고 한다. 북한의 추운 겨울 아침, 상인들이 시장에서 흥정을 하면서 커다란 놋 쟁반에 소의 젖통을 비롯해 각종 고기와 야채를 넣고 끓여 먹던 것에서 비롯된 음식이라는 것이다.

어복쟁반은 평양시장에서도 이른 아침에만 파는 음식이어서 조금만 늦으면 먹고 싶어도 먹을 수가 없었다고 한다. 나중에는 전문점도 생겨났지만 처음엔 평양시장 상인들이 해장을 겸해 아침에 먹던 음식이었기 때문이다.

어복쟁반의 기원과 유래에 대해서는 여러 설이 있지만 따지고 보면 어복쟁반이라는 이름에서 시장 상인들이 먹던 음식이라는 흔적을 찾을 수 있다.

어복쟁반은 원래 우복(牛腹)쟁반이었다가 나중에 이름이 바뀐 것이라고 말하기도 한다. 우복은 한자 그대로 소의 뱃살이라는 뜻이다. 정확하게는 소 뱃살 중에서도 젖가슴살로 만든 음식으로 어복쟁반에는 유통(乳筒), 그러니까 젖가슴이 반드시 들어가야 제맛이 난다.

소의 젖가슴살은 별로 값이 나가지 않기 때문에 평양의 시장 상인들이 큰돈 들이지 않고도 쉽게 구할 수 있어, 젖가슴살로 어복쟁반을 끓였다. 사실 소 젖가슴살은 평소 쉽게 접하기 어려운 부위지만 어복쟁반을 먹으며 맛보는 젖가슴살은 평소 먹는 쇠고기와는 다른 독특한 맛이 있다.

어복쟁반의 또 다른 기원으로는 원래 생선 내장으로 끓였기 때문에 어복(魚腹)장국으로 부르다 나중에 소의 내장에다 소의 골수를 섞어 만들면서 현재의 쇠고기를 넣은 어복쟁반으로 발전했다는 이야기도 있다. 어복쟁반의 기원을 다룬 1926년의 신문 기사에서는 평양 사람들조차 여러 말들을 하고 있으니 그 뿌리가 확실치 않다고 했다.

어쨌든 서울에서는 암소의 연한 가슴팍살로 편육을 만들어 어복쟁반을 만들지만 평양에서는 값비싼 골수를 넣어 만든다고 했으니 당시에도 지역에 따라 약간의 변형이 이뤄진 모양이다.

전통적인 어복쟁반의 특징은 맛도 맛이지만 먹는 그릇과 먹는 방법에서도 찾을 수 있다. 예전 세숫대야만큼이나 큰 크기의 넓적한 쟁반에 장국을 말아놓고 팔뚝을 걷어붙이며 고기를 집어 먹다가 쟁반 한 귀퉁이를 들어 국물을 마시는 것이 제맛이라는데 서울의 음식점에서 그렇게 먹기는 힘드니 아쉽다.

다만 몇몇 어복쟁반 전문점에서는 세숫대야 크기의 놋그릇에 담아 내오기도 하는데 그 맛이 더 특별하게 느껴지니, 음식은 맛이라는 내용 못지않게 그릇이라는 형식도 중요하다는 생각이 든다.

상상력을 조금 보태 추정해보건대, 어복쟁반은 유난히 추웠을 겨울철 평양시장 바닥에 장작불을 피워놓고 쟁반을 올린 후 소 젖가슴살과 채소를 넣고 끓이며 한편으로는 먹고 흥정하고, 또 한편으로는 계속 육수를 부어가며 정을 다지던 음식이었을 것이다. 지금은 잘 꾸민 식당에서나 어복쟁반을 먹을 수 있지만 어쩐지 어복쟁반 속에는 재래시장의 정감이 물씬 녹아 있는 것 같다.

37

우렁된장찌개

지극한
모성의 상징

언제 먹어도 질리지 않는 우리 토종 음식이 된장찌개다. 여기에 우렁이까지 넣어 보글보글 끓인 우렁된장찌개는 구수한 국물 맛이 특히 일품이다. 쫄깃쫄깃한 우렁이를 건져 된장이나 쌈장을 듬뿍 발라 상추에 쌈 싸 먹으면 거의 밥도둑 수준으로, 잘 차린 요리가 부럽지 않다. 사실 밥은 이렇게 먹어야 더 맛있는데, 우렁된장찌개는 덤으로 어머니의 손맛까지 떠오르게 만드는 추억의 음식이니 맛도 맛이지만 음식 속에 담긴 진한 향수 때문에 더 애틋하다.

우렁된장찌개는 현대를 사는 우리한테도 남다른 음식이지만 옛날 우리 조상님들은 우렁이를 넣은 음식을 각별하게 여겼다. 바로 우렁이 때문인데 사람들은 우렁이에 대해 남다른 애정을 갖고 있었다.

우렁이 껍데기 속에서 예쁜 각시가 나와서 일도 도와주고 결혼까지 하지만 못된 원님 때문에 결국은 사랑을 이루지 못하고 죽어 새가 됐다는 전래 동화 우렁 각시 이야기가 그렇다.

우렁이는 또 자식을 위해 희생하는 어머니를 상징한다. 우렁이는 자기 몸속에 알을 낳고 그곳에서 부화시켜 새끼가 될 때까지 키운 후에 세상 밖으로 내보낸다. 새끼들은 그동안 어미 몸을 뜯어 먹고 자라므로 결국 새끼가 나올 무렵이면 어미는 빈껍데기만 남아 물 위에 둥둥 떠다니게 된다.

그래서 옛날 조상님들 중에는 우렁이 먹기를 거부한 선비들도 있었다. 18세기 초반 유학자인 권상하가 그의 문집인 《한수재집》에 '우성서'라는 진사의 행장을 적었는데 내용은 이렇다.

어느 날 집에서 우렁이로 된장국을 끓였다. 식구들이 모두 맛있게 먹는데 오직 우공만이 홀로 상을 물리며 밥을 먹지 않겠다고 했다. 안사람이 이유를 묻자 우공이 말하기를 "우렁이는 어미의 살을 뜯어 먹고서야 세상에 나온다고 하니 차마 입에 댈 수가 없다"고 했다. 이 말이 퍼지면서 사람들이 우공을 하늘이 낸 효자라고 칭찬했다는 것이다.

옛사람들은 우렁이를 자식들에게 퍼주기만 하는 모정(母情)의 상징으로 삼은 것이다. 우리들이 지금 우렁된장찌개나 우렁쌈밥을 먹으면서 특별히 어머니의 손맛을 떠올리는 것 역시 우렁이가 상징하는 지극한

우렁된장찌개
이미지 제공_ 농촌진흥청

모성이 무의식적으로 입 속에 전달되기 때문은 아닐까.

된장국에다 우렁이를 넣고 끓여 먹은 역사는 꽤 깊다. 우리나라뿐만 아니라 중국에서도 우렁된장국에 대한 이야기가 나오니 논농사 지역에서는 옛날부터 우렁이가 중요한 단백질 공급원 중 하나였던 모양이다. 13세기 중국 송나라 때도 당시 수도였던 항저우의 야시장에서 우렁잇국을 팔았다는 기록이 있으니 한국이나 중국이나 우렁이 사랑이 남다르다.

동양에서는 옛날부터 우렁이가 몸에 좋다고 여겼다. 우리 의학서인 《동의보감》에서도 우렁이는 열독을 풀어주어 갈증을 멈추게 하며 부은 것을 낫게 하고 대소변을 잘 보게 하여 배 속에 열이 몰리는 것을 없앤다고 했다. 그러면서 요리법까지 적었으니, 우렁이는 논밭에서 사는데 생김새는 둥글고 빛깔은 푸르스름한 것이 가을에 잡아서 쌀뜨물에 담가 진흙을 뺀 후에 삶아 먹는다고 설명했다. 《동의보감》은 광해군 무렵에 나온 의학서이니 조선 중기에도 우리 조상들의 밥상에는 우렁된장국이 자주 오른 모양이다.

명나라 의학서인 《본초강목》 역시 우렁이는 황달과 숙취에 좋으며 먹으면 효과가 있다고 했으니 《동의보감》에 있는 내용과 비슷하다. 부은 것을 낫게 하고 술로 인한 열을 식혀준다는 것이니 우렁된장국을 해장국으로 먹는 근거가 되기도 한다.

그러고 보면 옛날 사람들은 우렁이를 아예 약으로 생각한 모양이다. 《조선왕조실록》에도 우렁이가 자주 등장하는데, 연산군은 음력으로 8월 말에 경기관찰사에게 약으로 쓸 우렁이 40개를 연달아 바치라는 전교를 내리기도 했다. 추수가 끝나 물이 빠진 논에서 우렁이를 잡으러 돌아다니는 농부들의 어려움이 눈에 보이는 것 같다.

　조선의 임금 중에서는 종기에 시달린 왕이 많은데 정조 역시 그중 한 명이다. 그런데 우렁이로 고약을 만들어 종기가 난 곳에 붙였더니 붓기가 가라앉았다는 기록이 역시《조선왕조실록》에 보인다.

　우렁이는 농부 남편을 돕는 헌신적인 사랑과 자식을 위해 몸을 버리는 살신성인의 모정을 상징하는 생물인 동시에 종기도 낮게 하고 숙취도 없애준다. 이처럼 우렁이는 동화와 현실을 넘나들며 사람들의 사랑을 받았다. 게다가 우렁된장찌개와 우렁쌈밥은 잃었던 입맛까지 되살려주니 진짜 우렁 각시가 따로 없다.

38

전쟁 때 만들어서
청국장이다?

김치와 두부 송송 썰어 넣고 기름기 있는 쇠고기를 함께 넣어 끓인 청국장찌개는 맛있다. 마치 행주 삶을 때처럼 퀴퀴한 냄새가 나서 질색을 하는 사람도 많지만 청국장찌개에 맛을 들이면 그 냄새까지도 식욕을 자극하는 향기로 바뀐다.

청국장은 빠르면 하룻밤에라도 만들 수 있다. 그래서 전쟁이 일어났을 때 만들어 먹던 된장에서 비롯됐다는 이야기가 입에서 입으로 전해진다. 청국장은 과연 어떻게 만들어진 음식일까?

사전을 찾아보면 한자로 맑을 청(淸)에 누룩 국(麴) 자를 써서 청국장(淸麴醬)이라고 하는데 청국장의 제조 과정이 반영된 이름으로 짐작된다. 청국장은 콩으로 메주를 띄워 곰팡이, 효모, 고초균, 젖산균, 유산균 등 다양한 미생물로 복잡하게 발효시키는 된장과 달리 호기성 세균인 고초균이라는 단일 미생물로 발효시킨다. 된장에 비해 제조 과정이 단순하기 때문에 맑을 청, 누룩 국을 써서 청국장이라고 한 것이 아닐까 짐작해 보는데 정확한 근거가 있는 것은 아니다.

사실, 옛 문헌에서는 '淸麴醬'이라는 한자 이름조차도 찾아보기 어렵다. 그래서 '淸麴醬'이라는 이름은 한글 청국장을 한자로 음역한 것으로 추정할 수 있다.

옛날 문헌들에서는 청국장을 주로 전국장(戰國醬)이라고 표기한다. 그래서 전국장의 발음이 변해서 청국장이라고 바뀌었다고도 하는데, 한자 이름 때문에 전쟁 때 먹던 음식이라는 이야기가 만들어진 것일 수도 있다.

병자호란 때 청나라 병사들이 군용 식량으로 가지고 다니던 장에서 비롯됐다는 이야기가 전해지는데 청국장의 '청'과 전쟁을 연결 지어 억지로 만들어낸 이야기가 아닐까 싶다. 사실 청나라와의 연관설을 뒷받침할 만한 기록은 문헌에 보이지 않는다.

하지만 전쟁 때 만들어 먹은 것에서 비롯됐다는 이야기는 조선시대 문헌 여러 곳에서 발견할 수 있다. 조선 후기인 19세기 초반의 실학자 이규경은 "나라에 전쟁이 일어났을 때 군중에서 쉽게 만들어 먹을 수 있기 때문에 전국장이라고 부른다"면서 상고할 만한 근거는 없는 소문이라고 덧붙였다. 이규경보다 두 세대를 앞선 인물로 숙종 때 주로 활약한 김간 역시 "사람들이 콩을 볶아 으깬 후 소금물을 섞어서 끓이는데 이를 전국장이라고 한다. 칠웅전쟁(七雄戰爭) 때 만들었다고 하는데 어디서 나온 이야기인지는 알지 못한다"는 기록을 남겼다.

칠웅전쟁이 언제 어디에서 벌어진 전쟁을 말하는 것인지는 정확히 알수 없지만, 추정하자면 중국의 춘추전국시대 말기에 일곱 나라가 싸운

칠웅쟁패를 말하는 것이 아닌가 싶다. 기원전 3~4세기 무렵으로 전국 (戰國)시대 때 군대에서 만들었다고 해서 '전국장'이 됐다는 소문이 있다는 것인데 어쨌든 뒷받침할 만한 근거는 없는 이야기라는 것이다.

그렇다면 왜 전쟁 때 만들어 먹던 식품이라는 이야기가 나왔을까? 전쟁 때 급하게 만들 수 있다는 사실 이외에도 굳이 관련을 짓자면 전쟁과 연결되는 부분이 있다. 이규경은 강서인(江西人)들은 상처를 치료하고 한질에 걸렸을 때 청국장을 끓여 먹는데, 먹고 난 후에는 땀이 흐르며 치료가 된다고 했다. 상처를 치료하는 데 청국장을 썼다니까 혹시 군인들이 전쟁 때 지니고 다녔기 때문에 생긴 이야기는 아니었을까 싶지만 역시 상상일 뿐이다. 다만 옛날 문헌에 청국장을 열병을 치료하는 약으로 썼다는 기록이 자주 보이는데, 청국장이 노화 방지를 비롯해 성인병 예방에 좋다는 최근의 연구 결과들과 서로 통하는 부분이 있다.

청국장에 대한 의문점이 또 하나 있다. 청국장, 즉 전국장이라는 이름이 비교적 늦은 시기에 보인다는 점이다. 우리나라는 숙종 무렵 문헌에서 전국장이라는 이름이 처음 등장한다. 물론 청국장은 기원전부터 먹던 장류의 한 종류인 두시(豆豉)라는 된장 종류에 가깝지만, 전국장이라는 명칭은 조선시대 중후반에 나타난다.

일본도 비슷하다. 일본의 낫토는 우리의 청국장과 비슷한 음식이다.

낫토 역시 전쟁이 일어나자 피난민이 삶고 있던 콩을 짚으로 만든 가마니에 넣어 도망가다

만들어진 것이라고 하니까 그 유래를 전쟁과 관련해서 설명하고 있다. 그것도 14~16세기 무렵인 무로마치시대 때 낫토가 만들어졌다고 하니까 역시 우리의 청국장과 닮은 꼴이다.

냄새는 독하지만 맛은 좋은 청국장의 뿌리는 과연 무엇일까?

39

부대찌개

부대찌개가
부끄럽다고?

어려운 시절에 먹은 음식이 향수로 남아 사람들에게 사랑을 받는 경우가 있다. 아픈 과거를 추억으로 채색하게 만드는 그런 음식이다. 하지만 경우에 따라 그 추억은 실제가 아니라 마음속에서 만들어낸 기억이고 연민일 수도 있다.

부대찌개는 흔히 한국전쟁이 끝난 후 한국에 주둔한 미군 부대에서 흘러나온 햄과 소시지를 조리해서 먹기 시작한 음식으로 알고 있다. 그리고 부대찌개의 유래를 말하는 우리들 마음속 밑바닥에는, 전후 힘들게 살던 시절 미군 부대에서 빼내 온 고기를 먹고 살았다는 조금은 자존심 상하는 느낌과 지금은 먹고살 만해서 그때 그 시절을 추억으로 떠올린다는 자부심 등등의 감정이 복합적으로 얽혀 있는 것은 아닐까?

곰곰이 생각해보면 부대찌개에 대해 우리가 잘못 알고 있는 부분이 적지 않다. 부대찌개는 어려운 시절에 먹은 음식이 아니다. 그 시절 햄과 소시지를 넣은 부대찌개를 먹었다면 그 사람들은 특권층(?)이다. 미군 PX 물품인 햄이나 소시지, 베이컨은 경제적으로 상당히 여유가 있는 사람이나 미국 물건을 파는 암거래상, 미군 부대 주변에서나 먹을 수 있는 음식들이었기 때문이다. 양담배 한 갑 얻으면 몰래 자랑하고 아껴 피우던 시절이었으니 하물며 햄이나 소시지를 구하기란 더욱 힘들었다.

기억을 되돌려보면 부대찌개가 널리 퍼진 때는 1980년대다. 우리나라 경제가 한창 발전하기 시작할 때고 더 이상 미군 PX에서 빼내 온 물건을 보며 탐내지 않던 시기였다.

사실 이전까지는 '부대찌개'라는 음식 이름은 존재하기조차 어려웠다. 부대찌개라는 실체는 있었지만 이름이 없었다. 미군 PX에서 몰래 빼내 온 고기로 만든 음식이라고 공공연하게 광고를 할 수는 없었기 때문이다. 미제 물건을 엄격하게 단속하던 시절이니 부대 고기로 끓인 찌개라는 사실이 적발되면 고기도 압수당하고 벌금까지 물어야 했다. 그러니 부대찌개라는 이름을 쓰기 시작한 것은 역설적으로 찌개에 국산 햄과 소시지가 들어가기 시작한 1980년대 이후다. 이 무렵, 국산 햄과 소시지의 질도 좋아졌고 시장이 연평균 25퍼센트 이상 성장할 정도로 육가공 산업이 발달했다.

그렇다면 부대찌개는 어떻게 생겨난 걸까? 물론 우리가 아는 것처럼 전쟁 후 미군 부대에서 흘러나온 햄이나 소시지를 한국식으로 김치찌개에 넣어 먹은 것에서 비롯됐다. 미군 PX에서 흘러나오는 고기로 만든 음식을 존슨탕이라고 불렀는데 부대 고기도 여기에 포함된다. 존슨탕이라고 한 이유는 당시 미국 대통령이 린든 존슨이었기 때문이다. 존슨 대

통령 재임 기간이 1963년부터 1969년까지고, 한국을 방문한 해가 1967년이니까 존슨탕이라는 이름도 그 무렵에 생겨났을 것이다. 미군 부대 주변에서 부대 고기로 만든 찌개가 퍼진 것을 1960년대로 보는 이유다.

부대찌개는 어쨌든 미군 부대에서 몰래 빼낸 고기로 만든 음식이었으니까 사실 자존심이 상하는 음식일 수도 있다. 그래서 부대찌개라는 이름을 쓰지 말자는 의견도 있지만 엄밀하게 따지고 보면 부대찌개라는 이름에는 정반대되는 생각이 내재해 있는 것은 아닌가 싶다. 어려운 시절을 딛고 일어선 사람들이 느낄 수 있는 자부심이랄까, 고생할 때 먹던 음식에 대한 향수랄까……. 왜 뒤늦게 부대찌개라는 이름이 생겼는지 정확한 이유는 알 수 없지만 일종의 향수 때문이 아닌가 싶다.

사실, 없이 살던 시절에 어쩌다 먹어본 미군 음식은 기가 막히게 맛있었다. 개인적으로 1960년대 말에 미군 부대에서 아이스크림을 처음 먹어봤는데 1980년대에 나온 국산 아이스크림이 바로 그때 그 맛이었다. 그러니 맛에 대한 향수 같은 것이 작용했을 수도 있다.

이탈리아에도 비슷한 음식이 있다. 우리도 즐겨 먹는 카르보나라라는 크림 파스타인데 부대찌개와 마찬가지로 미군이 주둔하면서 생겨난 음식이라는 설이 있다. 제2차 세계대전이 끝난 후 로마 시민들이 이탈리아 주둔 미군 부대에서 흘러나온 우유와 계란과 베이컨으로 만들었다고 한다. 물론 진실 여부는 알 수 없다. 카르보나라가 미군의 주둔과 관련이 있다는 설이 나온 것 역시 1980년대 이후니, 이 역시 부대찌개와 비슷하다. 어쨌든 우리도 자주 먹는 파스타가 부대찌개와 그 유래가 비슷하다는 사실이 흥미롭다.

40

어묵탕

어묵과 오뎅의 차이를
아시나요?

어묵과 오뎅은 어떻게 다를까? 보통 오뎅은 어묵의 일본 말로 알고 있는데, 사실 어묵과 오뎅은 분명히 다른 음식이다. 어묵은 으깬 생선살을 반죽해 튀기거나 찌거나 구운 음식이다. 반면 오뎅은 어묵을 무, 곤약 등과 함께 꼬치에 꿰어 국물에 끓이는 요리다. 그러니까 어묵은 음식인 동시에 오뎅이라는 요리의 재료가 되는데 일본 말로는 가마보코라고 하고, 오뎅은 우리말로는 어묵꼬치라고 부르는 것이니 된장과 된장찌개 정도의 차이가 있다.

우리가 지금 먹는 어묵은 일본의 오뎅을 원형으로 발달했지만 오늘날에는 어른과 아이, 남녀노소 가릴 것 없이 거리와 식당에서 그리고 집에서도 즐겨 먹으니 사실상 우리 음식이 됐다. 그러니 앞에서 어묵과 오뎅의 차이를 애써 구분했지만 어묵과 오뎅의 진정한 차이는 한국과 일본의 음식 문화 차이라고 하는 것이 더 정확하지 않을까 싶다.

일본 음식인 오뎅은 어묵인 가마보코와 두부, 곤약, 무 등을 꼬치에 꿰어 간장으로 간을 한 국물에 끓인 음식으로 알려져 있지만 사실 오뎅은 종류가 더 다양하다. 일본에서는 두부에 된장을 발라서 꼬치에 꿰어 구운 전통 음식 역시 오뎅이라고 부른다.

오뎅은 사실 꼬치에 두부를 꿰어 된장을 발라 굽는 요리법에서 시작해, 재료가 다양해지면서 어묵과 두부 등 갖가지 재료를 꽂아 굽는 음식으로 발달했고, 이후 꼬치구이를 간장 국물에 조리거나 삶는 요리로 발전한 것이라고 한다.

그런데 재미있는 것은 오뎅의 어원이다. 밭 전(田) 자인 '뎅'에 존칭 접두어인 '오'를 붙인 것이 오뎅이다. 글자 그대로 보면 밭을 높여 부르는 말이겠는데, 오뎅은 농사를 지으며 부르는 노래와 춤, 그러니까 농악을 뜻하는 '뎅가쿠(田樂)'에서 비롯된 이름이다.

농악과 전혀 관계가 없을 것 같은 오뎅이라는 이름이 왜 일본 전통 농악인 뎅가쿠에서 비롯된 것일까? 두부와 어묵을 꼬치에 꿰어놓은 모습이 농부들이 풍년을 빌면서 농악에 맞추어 노래하고 춤추는 모습을 닮았기 때문이다. 별생각 없이 먹는 오뎅에 풍년을 기원하며 춤추는 농부의 염원이 담겼다는 사실이 다소 엉뚱하지만 가족을 배불리 먹이고 싶은 농부의 심정이 엿보이는 것 같아 찡한 기분도 든다.

어묵꼬치의 재료가 되는 어묵은 일본 고유의 전통 음식으로 알려져 있지만 사실 생선살을 으깨서 만드는 어묵은 세계 어느 나라 요리에도 있다. 다만 일본 요리가 유행하면서 다양한 어묵 중에서도 일본 어묵이 유명해진 것이다.

으깬 생선살을 꼬치에 말아 구운 일본 어묵은 육식을 금기시하던 옛날, 사무라이들의 중요한 단백질 공급원이었다. 그런 이유 때문인지 일본인들이 어묵을 대하는 자세는 남다른 것 같다. 예컨대 사무라이 결혼식에 도미는 행운을 부르는 생선으로 빼놓아서는 안 되는 음식인데, 도미를 준비할 수 없을 때는 어묵으로 도미 모양을 만들어놓았다고 한다. 임진왜란을 일으킨 주범인 도요토미 히데요시의 아들, 도요토미 히데요리를 비롯해 일본 지배 계층이 모두 어묵을 좋아했다니까 옛날 일본인에게 어묵인 가마보코는 특별한 의미가 있는 고급 음식이었던 것 같다.

어묵은 중국에서도 발달했다. 완즈(丸子)라고 부르는 생선 완자가 바로 어묵인데, 특히 상하이와 푸젠성, 광둥성 등 바닷가를 낀 지역의 생선 완자 요리가 유명하다. 전라도에서 잔칫상에 홍어가 빠지면 차린 게 없다는 타박을 듣는 것처럼 중국 푸젠성에서는 생선 완자가 없으면 잔치가 아니라고 했을 정도다.

생선 완자의 탄생은 진시황과 관련이 있다. 진시황은 생선을 좋아했는데, 생선 요리를 먹다 가시가 목에 걸리면 요리사를 처형했다. 이렇게 죽은 사람이 여럿이었다. 어느 날 또 생선 요리를 만들라는 주문에 담당 요리사가 두려움에 떨면서 칼등으로 도마 위의 생선을 툭툭 내리치며 고민에 빠졌다. 그런데 그러다 보니까 생선살이 부드럽게 으깨지며 가시가 저절로 발라지는 것이었다. 그리하여 생선살에 전분을 섞어 경단을 빚은 후 생선 완자탕을 만들어 올리자 진시황이 매우 기뻐하며 푸짐한 상을 내렸다고 한다. 죽을 각오를 하면 역시 길이 열리게 마련인가 보다. 요리사가 목숨 걸고 만들었다는 생선 완자와 진시황 이야기는 사실 근거 없이 떠도는 말이지만 야사에 이런 이야기가 전하는 것을 보면 중국인들 역시 어묵의 한 종류인 생선 완자를 특별한 요리로 여긴 것 같다.

지금은 서민적이고 대중적인 음식이지만 따지고 보면 어묵도 뼈대 있는 음식인 것이다.

41

연포탕

낙지가 없는
두부장국

　일반적으로 연포탕이라고 하면 맑은 육수에다 살아 있는 낙지를 넣고 살짝 데쳐 먹는 낙지탕을 말한다. 특별히 양념을 하지 않아도 낙지의 담백한 맛과 쫄깃한 식감을 생생하게 맛볼 수 있어 별미로 꼽힌다. 뿐만 아니라 낙지는 갯벌에 사는 산삼이라고 했으니 낙지 국물이 우러난 시원한 육수만 마셔도 힘이 절로 솟는 느낌이다.

　그런데 이상한 점이 있다. 낙지탕을 왜 연포탕이라고 부르는 걸까? 국어사전은 물론이고 옛 문헌을 아무리 찾아봐도 낙지를 연포라고 불렀다는 기록은 없다. 연포탕은 낙지와는 전혀 관련이 없는 음식으로, 두부장국을 가리키는 말이었다고만 나온다.

　그러니까 맑은 장국에 두부와 무, 쇠고기, 북어, 다시마 등을 넣고 끓인 두붓국이 바로 연포탕이다. 조금 더 부연해서 말하자면, 요즘에는 초상집에 문상을 가면 육개장이 나오지만 예전에는 두부장국을 내왔는데,

그것이 바로 연포탕이다.

한자로 뜻을 풀어보면 연포탕이 어떤 음식이었는지 더 분명해진다. 연포탕은 연포(軟泡)로 끓인 국[湯]이라는 뜻인데 연포란 다름 아닌 두부를 가리키는 말이다. 정약용이 우리말의 어원을 밝혀 쓴 《아언각비》에 우리나라 사람들은 예전에 두부를 포(泡)라고 불렀다고 나온다. 그러니 연포는 부드러운 두부라는 뜻이다.

조선 후기 문헌인 《고사십이집》에 지금의 낙지탕과 다른 본래의 연포탕에 대한 설명이 보이는데, 가늘게 자른 두부를 꼬챙이에 꿰어 프라이팬인 번철에다 지진 후 닭 국물을 넣고 끓인다고 했다. 홍만선의 《산림경제》에도 연포탕 끓이는 법이 적혀 있다. 두부를 잘게 썰어 꼬치에 서너 개를 꽂아 새우젓과 함께 물에 넣고 끓이는데 굴과 다진 생강을 넣은 후 두부꼬치와 함께 먹으면 부드럽고 맛이 월등하게 좋단다.

연포탕은 기본적으로 두부를 꼬챙이에 꿰어서 주로 닭고기 국물이나 새우젓 국물에 담가서 끓여 먹는 음식임을 알 수 있다. 조선시대 문헌 곳곳에 연포탕 끓이는 법이 나오는 것으로 봐서 당시 양반들이 즐겨 먹던 음식이었음을 짐작할 수 있다.

요즘 직장인들이 퇴근 후에 모여 회식을 하는 것처럼 예전 선비들도 친한 친구들끼리 모여 음식을 먹고 술 한잔 기울이며 시를 읊고 세상사를 이야기하는 모임을 자주 가졌던 모양이다. 정약용은 자신의 문집인 《여유당전서》에서 친한 친구들끼리 모여 두부를 꼬치에 꽂아서 닭고기 국물에다 지져서 먹는 것을 연포회(軟泡會)라고 했다.

그런데 일종의 두부장국인 연포탕이 왜 전혀 관련도 없는 낙지탕을 가리키는 용어가 됐을까? 중장년층이 기억하는 상가에서 먹던 두부장국, 즉 연포탕은 주로 쇠고기를 넣고 끓였고 쇠고기가 흔치 않던 조선시대에는 주로 닭 국물이나 새우젓 국물을 넣고 끓였는데, 옛날 바닷가 해안 마을에서는 쉽게 잡을 수 있는 낙지를 대신 넣고 끓인 두부장국을 '낙지 연포탕'이라고 했다. 그러다 두부 값은 싸지고 갯벌에 지천으로 널려 있던 낙지는 오히려 비싸졌으니 두부는 사라지고 낙지만 남은 것이다. 그러나 이름에서는 정반대로 낙지가 빠지고 두부를 가리키는 연포만 남았으니 참 묘한 작명이 됐다.

연포탕과 관련해 흥미로운 사실이 또 있다. 문자 그대로 두부꼬치로 끓인 조선시대의 연포탕은 지금 우리가 먹는 어묵탕, 그러니까 일본의 오뎅과 여러 면에서 아주 비슷하다는 점이다. 사실 일본의 오뎅도 그 기원을 따지고 올라가면 어묵을 꽂는 대신에 두부에 된장을 발라서 꼬치에 꽂아 굽거나 혹은 두부꼬치를 넣은 장국을 끓여 먹은 것에서 비롯됐다고 한다.

낙지연포탕
이미지 제공_ 농촌진흥청

우리의 두부꼬치인 연포탕과 일본의 두부꼬치, 어묵꼬치인 전통 오뎅이 서로 영향을 주고받았는지는 알 수 없다. 연포탕과 오뎅 모두 임진왜란 이후에 발달하고 유행한 음식으로 추정되는데, 두 나라의 연포탕과 오뎅이 서로 교류를 통해 발

달한 것일 수도 있고 혹은 양국에서 독자적으로 발달한 음식이 우연히
비슷해진 것일 수도 있다.

5장

바다가 선사한
진미

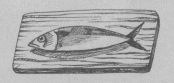

| 어패류 |

도루묵

말짱 도루묵의
진실은?

통통하게 살찐 도루묵구이는 별미다. 얼근한 도루묵조림과 찌개는 밥 한 공기를 뚝딱 비우게 만드는 밥도둑이고 막걸리에 소주를 부르는 술도둑이다. 게다가 겨울철 동해안 바닷가에서 먹으면 맛에다 낭만까지 더해진다. 강원도 바닷가 출신이라면 다른 곳에서는 좀처럼 맛보기 힘든 도루묵회에 도루묵깍두기, 도루묵식해까지 곁들여 향수를 맛볼 수도 있다.

따지고 보니 도루묵이 그렇게까지 형편없는 생선은 아니다. 사람 따라 입맛이야 제각각 다르겠지만 '말짱 도루묵'이라는 말을 들을 정도로 맛없는 물고기가 아니다. 나름 특별한 맛과 멋이 있다.

도루묵이 맛없다는 오명은 이름 때문에 생긴 선입견이다. 누명 때문에 형편없는 생선이라는 오명을 쓴 채 몇백 년을 보냈는데 우리가 알고 있는 도루묵의 어원은 과연 진실일까?

임진왜란이 일어나자 선조가 북쪽으로 피난길을 떠났다. 배가 고팠던 선조가 수라상에 올라온 생선을 맛있게 먹은 후 그 이름을 물었다. '묵'이라는 생선이라고 하자 맛있는 생선에 어울리는 이름이 아니라며 즉석에서 은어(銀魚)라는 이름을 하사했다. 전쟁이 끝난 후 환궁한 선조가 피난지에서 맛보았던 은어가 생각나 다시 먹어보았더니 옛날 그 맛이 아니었다. 형편없는 맛에 실망한 임금이 역정을 내면서 "도로 묵이라고 불러라"라고 해서 도루묵이라는 이름이 생겼다.

도루묵은 주로 강원도와 함경도, 그리고 경상북도 바닷가에서 잡히는 생선이다. 그런데 선조는 도루묵을 먹을 수 있는 곳으로 피난을 간 적이 없다. 임진강을 건너 평양을 거쳐 의주로 갔으니 실제 피난길에서 도루묵을 먹었을 가능성은 거의 없다. 실제로 도루묵의 유래가 적힌 조선시대 문헌에도 선조가 도루묵을 먹었다는 기록은 보이지 않는다.

도루묵의 유래는 《홍길동전》의 저자인 허균이 광해군 시절에 귀양을 갔을 때 쓴 전국 팔도 음식 평론서인 《도문대작》에 실려 있다. 은어를 설명하는 대목에서 "동해에서 나는 생선으로 처음에는 이름이 목어(木魚)였는데 전 왕조에 이 생선을 좋아하는 임금이 있어 이름을 은어라고 고쳤다가 너무 많이 먹어 싫증이 나자 다시 목어라고 고쳐 환목어(還木魚)라고 했다"고 했다. 한자어 환목어를 우리말로 풀이한 것이 바로 도루묵이다. 허균이 전 왕조(前朝)라고 했으니 도루묵이라는 이름을 만든 주인공은 선조가 아니라 바로 고려 때의 어느 임금이다.

비슷한 이야기가 역시 광해군 때 벼슬을 산 택당 이식(李植)의 시에 나오지만 도루묵의 주인공이 선조 임금이라는 말은 없다. "임금님이 왕년에 난리를 피해 황량한 (동해안) 해변에서 고난을 겪다가" 도루묵이라는 이름이 유래했다고 적었다.

선조가 아니라면 동해안 쪽으로 피난을 가서 도루묵을 먹은 임금은 과연 누구일까? 고려와 조선대에 서울인 개성이나 한양을 버리고 피난을 떠난 임금은 모두 다섯 명이다. 11세기 때 고려 현종이 거란족의 침입을 피해 전라도 나주까지 피난을 간 적이 있다. 그리고 13세기에 고려 고종이 피난은 아니지만 몽고군의 침입에 대비해 수도를 개성에서 강화도로 옮겼다. 14세기에 고려 공민왕은 홍건적의 난을 피해 경상도 안동으로 피신했다.

조선시대에는 16세기 말, 선조가 임진왜란 때 피난을 갔는데 함흥으로 갈까 의주로 갈까 망설이다 결국 의주로 떠났다. 그리고 17세기 인조가 세 차례에 걸쳐서 한양을 비웠는데 정묘호란 때는 강화도로, 병자호란 때는 남한산성, 그리고 이괄의 난 때는 충청도 공주로 몸을 숨겼다. 그러니 고려 이후 도루묵이 잡히는 고장인 동해안으로 피난을 떠난 임금은 한 명도 없다.

도루묵의 또 다른 이름인 은어도 그렇다. 배고픈 임금이 너무나 맛이 좋아 은빛이 도는 물고기라는 뜻에서 은어(銀魚)라는 이름을 하사했다고 하지만 조선 후기 정조 때의 실학자 서유구가 쓴 《난호어목지》에는 이름의 유래가 다르게 적혀 있다. "물고기의 배가 하얀 것이 마치 운모 가루와 같아 현지 사람들이 은어라고 부른다"고 했으니 은어는 임금이 하사한 명칭이 아니라 현지인들이 부르는 이름이었다.

그렇다면 왜 화장실 갈 때와 나올 때가 다른 것처럼 전쟁의 와중에 쓸데없이 음식 투정이나 부린 임금으로 선조를 지목한 것일까? 선조와 도루묵이 왜 누명을 썼는지 정확한 까닭은 알 수 없지만 굳이 짐작하자면 전란에 시달린 백성들이 임금님에 대한 원망을 도루묵 이야기와 연결 지은 것이 아닐까 싶다.

도루묵의 유래로 인해 도루묵은 으레 맛이 없다고 생각하지만 사실 옛날 문헌을 보면 도루묵은 동해안의 특산물이었다. 지금은 경상북도인 울진 이북의 강원도와 함경도에서 두루 잡히는 생선이었는데 《조선왕조실록》에는 조정에 공물로 바치는 지역 특산물이었다고 나온다.

도루묵감자조림
이미지 제공_ 농촌진흥청

43

간장게장

신선들의
술안주

간장게장을 흔히 밥도둑이라고 한다. 노르스름한 장이 담긴 게 등딱지에 밥을 비비면 다른 반찬 필요 없이 밥 한 공기를 뚝딱 먹을 수 있기 때문이다. 게장이 얼마나 맛있는지 고려 때 문인 이규보는 게장을 먹으면 굳이 신선이 되는 약을 찾을 필요가 없다고까지 했다. 신선의 특징 중 하나는 죽지 않고 장수하는 것이다. 신선이 되는 약이 바로 불로초인데 게장을 불로초 못지않다고 본 것이다.

아이 불러 새 독을 열어보니
하얀 거품 솟으며 향기를 풍긴다
게는 금빛 액체, 술은 봉래주(蓬萊酒)
어이하여 약 먹고 신선을 구하랴

노랗게 익은 게장을 보며 신선을 부러워할 것이 아니라 게장을 먹으며 술 한잔 먹는 것이 바로 신선놀음이라고 노래했다.

게장은 먼 옛날부터 맛있는 음식의 대명사였다. 기원전 7세기 이전인 주나라 때부터 하늘에 제사를 지낼 때 바쳤다는 맛있는 음식으로 '청주의 해서(靑州之蟹胥)'를 꼽았다. 해서는 게장이라는 뜻으로 한나라 때 사전인 《석명(釋名)》에서는 게를 잡아서 장을 담그면 뼈와 살이 녹아서 젓이 되는 것이라고 풀이했다.

게장 중에서도 청주에서 잡힌 게로 담근 것이 가장 맛이 좋다는 것이다. 고대 중국에서는 세상이 모두 아홉 개의 주[九州]로 이루어졌다고 믿었는데 청주도 그중 한 곳이다. 청주는 지금의 중국 산둥성 태산의 동쪽 발해만에 위치한 지역으로 우리나라에서 보면 서해안이다. 그러니까 산둥성과 한반도 사이의 서해에서 잡히는 게로 담근 게장이 옛날부터 이름을 떨친 것이다.

게장은 임금도 즐겨 먹은 음식이다. 간장게장으로 인해 조선의 정치 판도까지 바뀌었으니, 영조 때의 일이다. 영조의 선왕이자 형님인 경종이 게장을 무척 좋아했다. 경종은 왕에 오른 지 4년째인 1724년 승하했는데 죽기 전날에도 게장으로 수라를 들었다. 《조선왕조실록》에 사망 원인이 나온다.

어제 임금이 게장과 생강을 드셨는데 밤새도록 가슴과 배가 뒤틀리는 것처럼 아팠다. 게와 감을 함께 먹는 것은 의사가 꺼리는 일이다.

공식 기록에는 경종이 계장을 먹다가 체해 승하했다고 나온다. 그러나 당시 세간에는 경종이 독살당했다는 소문이 파다하게 퍼졌다. 독살설에서 피의자로 지목된 이는 당시 동궁이면서 이복동생인 영조였다.

숙종과 장희빈 사이에서 태어난 경종은 짧은 재임 기간 동안 극심한 당쟁에 휘말렸다. 경종을 지지하는 소론과 세제인 영인군, 즉 영조의 지지 세력인 노론이 임금과 동궁을 사이에 두고 격렬한 당파 싸움을 벌인 것이다.

임금의 자리에 오른 영조는 당쟁을 없애려고 탕평책을 펴는데, 영조를 반대했던 소론 일부와 급진 남인 세력이 자신을 제거하려 들자 소론과 남인을 대대적으로 숙청한다. 이때 빌미가 된 것이 바로 계장이다. 소론 인사인 이천해가 경종이 동궁전에서 보낸 계장 때문에 사망했다는 소문을 내자, 영조가 임금을 모함한다며 역적죄를 물어 소론 일파를 제거한 것이다.

영조는 이후에도 계속 경종을 독살했다는 소문에 시달렸는데 왕이 된 지 31년이 지난 후에도 소문에서 자유롭지 못했던 모양이다. 《영조실록》에 관련 이야기가 나온다.

"역적 신치운의 계장에 관한 심문 기록을 보면 가슴이 섬뜩하고 뼈가 시려서 차마 들을 수가 없다. 황영(경종)에게 진어한 계장은 동궁전에서 보낸 것이 아니고, 주

방에서 올린 것"이라고 했는데, 31년 전의 사건을 다시 거론할 정도로 시달린 것이다.

한편 조선 후기의 실학자로 정조 때 이름을 떨친 이덕무는 선비들은 게장을 먹을 때 각별히 조심해야 한다고 당부했다. 선비들이 일상생활에서 지켜야 할 예절을 적은 《사소절(士小節)》이라는 글에 실려 있는데, 게 등딱지에 밥을 비벼 먹지 말라고 강조했다. 보기 흉하기 때문이라는 것인데, 이는 거꾸로 말하면 체면을 중시한 조선시대에도 선비들조차 모양새 빠지건 말건, 밥을 게 등딱지에 비벼 먹었다는 이야기가 된다.

'맛있는 음식을 놓고 보기 흉할 정도로 지나치게 탐하지 말라'는 교훈이니 모든 일에서 절제의 미덕을 강조한 것이다.

44

준치를 맛보면
다른 생선은 모두 가짜

'썩어도 준치', '썩어도 도미'.

준치와 도미가 너무나 맛이 있어 썩어도 값어치가 나간다는 속담까지 생겼다. 썩어도 준치는 우리나라 속담이고, 썩어도 도미는 일본 속담이다. 도미는 일본에서 모든 물고기의 제왕이라고 떠받드는 생선이니 다른 물고기와는 품격 자체를 달리한다. 반면 우리는 도미 대신 준치를 최고로 여겼는데 준치의 한자 이름을 보면 준치가 얼마나 맛있는 생선인지를 알 수 있다.

준치의 한자 이름은 여럿이 있지만 그중 하나가 진짜 생선이라는 뜻의 진어(眞魚)다. 글자 그대로 준치와 비교하면 다른 물고기들은 모두 가짜에 지나지 않는다는 뜻이다. 맛으로 보면 준치만이 진짜 생선이라는 것이다.

또 다른 이름은 시어(鰣魚)다. 물고기 어(魚) 변에 때 시(時) 자를 쓰는

194

데 제철이 지나면 완전히 사라졌다 이듬해가 되어야 다시 나타나기 때문에 생긴 이름이다. 정약전은《자산어보》에서 시어는 살이 통통하여 맛은 좋으나 가시가 많다고 했다.

맛이 좋은 데다 아무 때나 맛볼 수 없는 생선이니 귀한 대접을 받는 것이 당연하다. 그래서 중국에서는 시어를 고대의 산해진미인 팔진미 중 하나로 꼽았다. 산해진미는 시대와 지역에 따라 다르지만 흔히 곰 발바닥, 낙타 등, 사슴 꼬리, 바다제비 집, 상어 지느러미, 시어를 꼽았다.

중국에서는 시어를 미녀에 빗대어 비유하기도 했다. 중국의 4대 미인은 양귀비, 서시, 초선, 왕소군을 꼽는데 시어가 얼마나 맛있는지 서시에 비유해 '물속의 서시'라고도 한 것이다. 생김새가 아닌 맛을 기준으로 꼽은 것인데 황하에서 잡히는 잉어, 이수의 방어, 송강의 농어, 그리고 양자강의 시어다. 하지만 팔진미에 포함되는 양자강의 시어는 지금은 멸종됐다고 하니까 지금 우리가 먹는 준치와는 약간 다른 종자였던 모양이다.

중국에서는 양자강의 시어를 최고라고 했지만 우리나라에서는 한강의 시어를 가장 맛있다고 했다. 허균은《도문대작》에서 웅어가 바로 시어인 준치라고 했는데, 사실 웅어와 준치는 같은 생선이 아니라 사촌쯤 된다.

양자강의 시어가 얼마나 맛있었는지 청나라 때는 살아 있는 채로 시어를 운송하기 위해 백성들이 엄청나게 고생을 했다. 우리가 양자강이라고 부르는 남쪽의 장강에서 황제가 사는 북경의 자금성까지는 거리가 약 1300킬로미터로 3000리가 넘는데 쉬지 않고 말을 달려 이틀 안에 살아 있는 시어를 실어 날랐다고 한다.

그런데 시어를 운송하는 과정이 거의 군사작전을 방불케 했다. 올라가는 길목 15킬로미터마다 대형 수족관을 만들어놓은 후 낮에는 깃발을 꽂고 밤에는 불을 피워 위치를 알려가며 시어를 날랐다. 이때 동원된 말만 3000마리가 넘었고, 사람도 수천 명을 동원해 시어를 날랐으니 도중에 수많은 사람과 말이 죽었다고 한다. 이런 과정을 거쳐서 북경까지 수송한 시어는 운송 도중에 죽거나 신선도가 떨어져 실제로 황제가 먹을 수 있는 생선은 1000마리 중에서 불과 서너 마리에 불과했다고 한다. 그래서 황제가 하사한 신선하지 않은 시어를 맛본 청나라 관리가 강소성을 여행하면서 진짜 신선한 생선을 맛보고는 "이것은 시어가 아니다"라고 우겼다는 이야기가 전해진다.

준지만두
이미지 제공_ 농촌진흥청

장강의 시어가 우리가 먹는 준치와 똑같은 생선인지는 확실하지 않으나 어쨌든 여러 문헌을 종합해보면 준치 종류의 생선임은 틀림없는 것 같다.

예쁜 장미에는 가시가 있는 것처럼 썩어도 맛있다는 생선인 준치는 맛은 좋지만 잔가시가 많아서 잘못 먹으면 목에 걸릴 수 있다. 그래서 생겨난 말이 시어다골(鰣魚多骨)이다. 권력이나 명예, 재물을 탐내면 불행이 닥칠 수 있으니 조심해야 한다는 교훈인데 요즘도 유효한

교훈이다.

　예전에는 초여름이 준치회, 준치찜, 준치만두의 제철이었다. 지금은 준치가 흔치 않아 준치회나 준치찜을 먹으려면 일부러 맛집을 찾아다녀야 하지만, 미식가가 아니더라도 어쩌다 한번쯤은 썩어도 맛있다는 생선을 맛보며 인생을 즐기면서 마음의 여유를 찾는 것도 좋지 않을까 싶다.

45

전복

걱정 근심도 날려주는
산해진미

엉뚱한 상상인지도 모르겠다. 지금 보통 사람들이 먹는 음식이 더 고급일까 아니면 옛날 임금님 수라상이 더 훌륭할까? 둘 중 하나를 골라야 한다면 어떤 밥상을 선택하는 것이 현명할까?

망설일 필요도 없이 현대를 사는 중산층의 식탁이 더 좋을 것 같다. 음식의 다양함은 물론이고 식재료의 고급스러움을 감안한다면 우리가 임금님보다 더 잘 먹는 것이 아닐까 싶다. 결론적으로 먹을 때만큼은 임금님보다 행복하다고 느껴도 좋을 것이다.

감히 옛날 제왕보다 잘 먹는다고 망상을 품어본 이유는 전복 때문이다. 요즘은 양식 덕분에 가격이 많이 내려갔지만 얼마 전까지만 해도 전복은 고급 해산물이었다. 고대로 거슬러 올라갈수록 전복은 산해진미로 꼽혔다.

산해진미도 시대와 장소에 따라 여러 종류가 있지만 한때 중국에서는 남방의 굴, 북방의 곰 발바닥, 동방의 전복, 서역의 말젖을 천하의 맛있는 음식으로 꼽았다. 지금 시각으로 보면 공감하기 쉽지 않지만 고대에는 모두 쉽게 구할 수 없는 식재료였다. 그래서 황제가 먹는 요리였고 부자들이나 맛볼 수 있는 해산물이었다.

《삼국지》의 영웅 중에서 조조가 특히 전복을 좋아했다고 한다. 조조가 죽은 후 셋째 아들인 조식이 부친을 추모하며 바친 글이 〈구제선주표(求祭先主表)〉다. 조식은 이 글에서 선주, 즉 돌아가신 임금인 조조가 전복을 무척 좋아해서 자신이 서주에 근무할 때 전복을 200개나 구해서 바쳐 올렸다고 회고했다. 자신이 얼마나 효자였는지를 은근히 자랑한 것인데 어쨌든 당시 중국에서 전복은 바닷가 마을에서 황제가 있는 중앙으로 바치는 귀중한 공물이었다. 그것도 왕에게 200개나 바쳤다고 과시하고 있으니 전복을 얼마나 귀하게 취급했는지 짐작할 수 있다.

조조의 뒤를 이어 왕이 된 장남 조비는 이후 스스로 황제의 자리에 오른다. 조비는 오왕 손권에게 황제의 위엄을 과시하는 한편 유화책으로 엄청난 선물을 보냈는데 여기에 전복 1000개가 포함돼 있었다는 기록이 《태평어람》에 보인다. 2세기 때 이야기다.

유방이 세운 한나라, 그러니까 전한을 멸망시킨 인물이 왕망이다. 왕망은 1세기 때 한나라에 이어 신(新)나라를 세우고 황제가 됐지만 사방에서 반란이 일어나 결국 16년 만에 망하고 만다. 나라가 망하기 직전, 안으로는 신하들이 끊임없이 반란을 일으키고 밖에서는 전쟁에서 모조리 패하니 걱정 근심으로 식욕을 잃었다. 그리하여 술이 없으면 잠에 들지 못했고 음식은 아예 입에도 넣지 못했는데 왕망이 그나마 유일하게 먹은 음식이 전복이다. 역사책 《한서》 〈왕망전〉에 나오는 이야기로 이후부터 전복은 걱정 근심에 빠져서 식욕을 잃은 사람의 입맛마저 당기게 만드는 진미의 상징으로 꼽혔다. 앓고 난 후 입맛을 잃었을 때 전복죽을 먹는 것과 통하는 부분이 있다.

중국 송나라 때 미식가로 유명한 소동파는 전복을 먹고는 그 맛에 반해 '전복의 노래'라는 뜻의 〈복어행(鰒魚行)〉이라는 시를 남겼다.

> 고기와 영지, 석이버섯, 요리 수는 많지만
> 식초 바른 전복회 껍데기 속을 장식하니
> 귀인들이 그 맛을 진귀하게 여기는데
> 기름 살짝 바르면 맛이 더욱 오래간다네

전복을 좋아한 소동파는 전복 중에서도 맛있기로는 발해만에서 잡히는 전복이 으뜸이라고 했다. 고대 산해진미로 꼽힌 전복 역시 동방의 것을 최고로 꼽았으니, 바로 발해만을 포함한 우리 서해 바다에서 나오는 것이다. 17세기 조선의 시인 이응희 역시 "어패류가 수만 종류가 있지만 그중에서도 최고는 우리 동방의 전복"이라고 했으니 고금을 통해서 전복은 우리나라 것이 가장 맛있었던 모양이다.

비교적 바다가 가까운 우리나라 사람들도 전복을 귀하게 여기기는 마찬가지였다. 선조 때 세자의 스승을 지낸 유몽인은 밤늦게까지 세자를 가르친 후 야참으로 임금님께서 하사한 전복 한 접시를 받았다.

옥잔에 내온 술 한 잔과 쟁반에 놓인 삶은 전복 한 접시를 보며 "하늘

나라의 진수성찬을 내어주
신 임금님 총애가 감격스러워
눈물이 갓끈을 적신다"는 내용
의 시를 썼다.

　전복이 왜 그렇게 귀했
을까 싶지만 해녀들이 바
닷속으로 직접 잠수해
물속 바위에 단단히 붙은 전
복을 채취해야 했을 뿐만 아니라 도성까지 전복을
운반하는 것도 쉽지 않았다. 그러니 먹는 사람은 맛있게 먹었겠지만 잡
는 사람들의 고생은 이만저만이 아니었다. 조선시대 전복 따는 해녀의
애환을 읊은 시도 있다.

　　관리가 득달같이 달려와/ 신선하고 살찐 것은 회로 뜬다며/ 급
　　하게 관아 주방으로 가져가고/ 황금빛 나는 것은 꼬치에 꿰어/ 서
　　울 벼슬아치에게 올려보내니/ 무더기로 쌓인 석결명만/ 해녀 그
　　릇을 채울 뿐

석결명(石決明)은 전복 껍데기다. 한방에서는 눈병 치료에 좋아 약재로
쓴다고 하지만 바닷속으로 들어가 힘들게 딴 전복은 모두 빼앗기고 껍데
기만 가득 남은 바구니를 서글프게 바라봤을 해녀의 모습이 참담하다.

46

전어구이

계절에 따라
대접이 달라지는 생선

나는 맛있지만 다른 사람은 싫어하는 음식이 있다. 하기는 가족끼리도 입맛이 다르고 지방마다 선호하는 음식이 다르니 나라와 민족에 따라 좋고 싫은 음식이 극단적으로 엇갈릴 수도 있다. 생선 굽는 냄새에 며느리가 돌아온다는 전어가 이런 음식에 해당한다. 한일 간 미각과 시각에 큰 차이가 있다.

굽는 냄새에 과연 며느리가 돌아올 정도로 전어구이가 맛있는지에 대해서는 이견이 있을 수 있겠지만, 우리나라 사람들이 옛날부터 가을 전어구이를 좋아한 것은 분명하다. 전어라는 이름 자체가 증거다.

정조 때 우리나라에서 잡히는 생선의 종류와 특징을 기록한 《난호어목지》에 물고기 이름의 유래가 적혀 있다.

전어는 고기에 가시가 많지만 육질이 부드러워 씹어 먹기가 좋으며 기름이 많고 맛이 좋다. 상인들이 소금에 절여서 서울로 가져와 파는데 신분의 높고 낮음을 떠나서 모두 좋아하므로 사는 사람이 값을 생각하지 않고 사기 때문에 전어(錢魚)라고 한다

가을 전어의 공급이 수요에 크게 미치지 못했으니 수요공급 이론에 따라 당연히 값이 오를 수밖에 없다. 어느 정도로 올랐는지는 선조 때 의병장으로 활동한 학자 조헌의 《동환봉사》라는 문집에 나오는 사례를 보면 알 수 있다. 경주에서는 가을 전어를 명주 한 필을 주고 바꾸고 평양에서는 겨울 숭어를 정포 한 필로 바꾼다고 했으니 전어 값이 비단 한 필 값이고 숭어 값이 잘 짠 무명 한 필 값과 맞먹는다는 것이다.

이런 말을 한 의도는 전어 값이 비싸다는 사실을 강조하려는 것이 아니고 생선의 유통 구조가 잘못됐음을 지적하려 한 것이다. 전에는 경상도에서 전어가 많이 잡혔기에 경주에서 전어를 진상했는데 지금은 전어가 잡히지 않는데도 진상 품목에 들어 있는 까닭에 비단 한 필 값을 지불하면서라도 시장에서 전어를 사다가 한양으로 진상을 해야 하는 실정을 비판한 것이다.

실제로 전어가 주로 잡히는 곳은 서해안이다. 지금도 가을철이면 충남 서천의 홍천항, 전남 광양의 망덕포구, 전남 보성의 율포항 등에서 전어 축제가 열리는데 《조선왕조실록》 〈지리지〉 등에서 모두 전어를 특산물로 꼽은 지역이다. 그런데 공물로 전어를 바친 곳은 엉뚱하게 경상남도 경주였으니 현지의 전어 값이 비단 한 필 값까지 치솟은 것이다.

전어만큼 계절에 따라 대접이 달라지는 생선도 드물다. 전어는 다른

어종에 비해 단백질 함량이 높아 22.4퍼센트나 되고, 지방 함량은 2퍼센트 내외지만 계절에 따라 함량이 달라진다. 한여름인 7~8월에는 기름기가 적고, 겨울에 들어서는 11월이 되면 잔가시가 억세져 먹기 힘들다. 그래서 9~10월에 잡히는 전어를 최고로 친다.

그러니 가을 전어는 돈을 아끼지 않고 사 먹지만 여름에 잡히는 전어는 개나 돼지도 먹지 않는다고 했다. 전어가 많이 잡히는 남도 섬 지방에서는 강아지도 전어를 입에 물고 다닐 정도였는데 잡은 전어를 처리하지 못해 밭에 거름으로 뿌렸다. 북미 대륙 개척 초기에 바닷가재가 너무 많아 퇴비로 쓴 것과 비슷하다.

우리는 전어구이 냄새가 고소하다고 느끼지만 일본인은 다른 모양이다. 일본 말로 전어는 고노시로다. 일본 역시 가을 전어를 최고로 여기고 주로 젓갈이나 식초에 절여 먹지만 우리처럼 구워 먹지는 않는다. 일본 사람들은 전어구이 냄새를 좋아하지 않기 때문이다. 이와 관련해서 전해지는 이야기가 있다.

옛날 일본 중부 지방에 예쁜 외동딸을 둔 부부가 살았는데 영주가 딸의 미모에 반해 첩으로 삼으려고 하자, 부모가 '딸이 병들어 죽었다'고 소문을 냈다. 그러고는 화장을 한다며 물고기를 관에 넣어 태웠다. 딸 대신 넣은 물고기가 바로 전어인데, 생선 타는 냄새를 맡은 영주의 신하가 딸이 진짜 죽었다

전어구이
이미지 제공_ 농촌진흥청

고 보고했다는 것이다. 이때부터 자식 대신에 태운 물고기라는 뜻의 '고노시로(子の代)'라는 이름이 생겼고 일본 사람들이 전어구이를 먹지 않는 풍속도 여기서 비롯됐다고 전해진다.

《일본어 어원사전》에 실린 고노시로의 유래로, 후세에 만들어진 이야기로 추정된다는 설명도 덧붙였다. 하지만 1924년에 발행된 일본의 풍속서인 《아키다풍속문답(秋田風俗問狀答)》에서도 아이 태반을 전어와 함께 땅에 묻는 풍속이 있는데 그래야 아이가 잘 자란다고 믿었기 때문이라고 했다. 딸 대신 전어를 태웠다는 전설이 태반과 함께 전어를 매장하는 풍속과 관련 있는 것이 아닌가 싶다. 어쨌든 우리와 달리 일본 사람들은 전어 굽는 냄새가 고소하게 느껴지지 않는 모양이다.

47

대하구이

새우구이로
백년해로를

예전에는 결혼식 피로연에 새우를 많이 준비했다. 특히 한때 유행한 뷔페식에는 빠지지 않고 등장하는 단골 메뉴였다. 음식 차린 곳에 삶은 새우를 수북이 쌓아놓았는데 결혼 잔치에 새우를 내놓은 이유가 무엇일까? 값도 적당하고 하객들도 좋아했기 때문일까, 아니면 새우에 상징적인 의미가 있는 것일까?

새우는 우리뿐만 아니라 일본, 대만의 결혼식 피로연에도 자주 등장한다. 특별하고 중요한 날 준비하는 음식에는 대개 상징과 소원이 담겨 있다. 예를 들어 수험생은 엿을 먹으며 합격을 기원한다. 생일날 한국인이 먹는 미역국, 중국의 생일국수, 서양의 케이크에도 모두 소원이 담겨 있다.

옛날 사람들은 새우를 먹으며 부부가 함께 행복하게 오래 사는 꿈을 꾸었다. 부부 해로의 염원을 담은 것인데, 새우의 굽은 등과 긴 수염에서 검은 머리 파뿌리 되도록 평생을 함께한 노부부의 모습을 떠올렸기 때문이다.

바다새우가 대하인데 별명이 있다. 바다 해(海)와 늙을 로(老) 자를 써서 해로라고 한다. 긴 수염과 구부러진 허리가 바다에 사는 노인을 닮았다고 해서 생긴 별명이다. 우리나라보다는 주로 일본에서 많이 쓰는 별칭이다. 우리말도 그렇지만 일본 말에서도 바다의 노인이라는 '해로(海老)'와 부부가 함께 오래 살며 늙어간다는 '해로(偕老)'가 발음이 같다. 그래서 일본에서는 옛날부터 결혼 잔치 때 새우를 많이 먹었다.

우리 풍속에도 비슷한 흔적이 있기는 하다. 조선 후기 그림 중에는 뜬금없이 바다새우를 그려 넣은 그림이 있는데 부부한테 행복하게 해로하라는 덕담을 담은 것이라고 한다. 주로 결혼 잔치나 회갑연을 기념하는 그림에서 보인다. 조선 후기 일본의 풍속과 음식 문화가 전해지며 생긴 상징이라고 한다.

전통적으로 우리 조상님들은 일본 사람들처럼 새우를 먹으며 부부 해로를 꿈꾸지는 않았던 것 같다. 동방예의지국이니만큼 좀 더 형이상학적으로 풀이했으니, 새우를 군자가 갖춰야 할 예절의 상징으로 보았다.

물고기도 조개도 아닌 새우, 바다에서 나는 것이 어여쁘다. 껍질은 붉은 띠를 두른 것 같고 엉긴 살결 눈처럼 하얗다. 얇은 껍질은 종이 한 장 두께지만 기다란 수염은 몇 자나 된다. 몸을 굽혀 서로 예절을 차리니 맛을 보면 오히려 도(道)가 살찌겠구나 고려 말의 충신 목은 이색의 시로, 새우의 등이 굽은 것을 허리 굽혀 인사하는 것으로 봤으니 바다에서 나는 미물이지만 예절을 아는 생물이라고 여겼다. 그래서 대하를 먹으면 맛이 좋아 살이 찌는 것이 아니라 수양이 깊어져도가 살찌겠다고 노래한 것이다.

대하는 이렇게 군자의 예를 갖춘 해산물이었으니 연말연시 선물로 제격이었다. 예의를 다해 대하를 선물로 보냈는데 기품 있는 집안에서는 성의를 생각해 연하장만 받았다고 하니 품격 있는 예절에 멋까지 더해졌다.

중국인은 현실적이어서인지 새우를 정력의 상징으로 여겼다. 속설에는 한무제 때 궁궐에 후궁이 넘쳐났는데 한무제가 새우를 즐겨 먹었기 때문이라고 한다. 《한무제내전》이라는 소설에서는 곤륜산에 산다는 선녀인 서왕모가 불로장생약을 찾는 한무제에게 신선들이 먹는 갖가지 약을 소개해주는데, 그중에는 새우 기름으로 만든 약도 있다.

새우를 마치 불로장생의 명약 혹은 정력제로 생각한 것인데 새우가 한번에 수십만 개의 알을 낳기 때문에 새우를 생명력의 상징으로 여긴 것이다. 실제 의학서에도 기록을 남겼으니, 청나라 때 나온 의학책으로 주로 민간에서 널리 쓰이는 약재를 기록한 《강목습유》에서는 새우는 양어기운을 보충해주고 양기가 위축되는 것을 막아준다고 했다. 한무제가 새우를 먹고 정력이 강해졌다는 민간에서 떠도는 속설과 통하는 부분이 있다.

새우를 보는 한국과 일본, 중국의 시각이 비슷하면서도 약간 차이가 있는 것이 흥미로운데, 새우를 먹으며 한중일의 소망이 모두 실현될 수 있다면 더 바랄 나위가 없겠다.

대하를 먹으며 우리 조상님들처럼 부부 사이에도 예절을 다해 서로 존중하고 아끼는 마음을 되새기고, 중국인처럼 양기도 보충하고 장수를 꿈꾸며, 일본인처럼 새우에서 부부 해로의 의미를 되새길 수 있다면 맛에다 의미까지 곁들였으니 바로 금상첨화다.

48

장어구이

동서양 공통의
여름 보양식

　장어는 힘이 무척 센 물고기다. 생명력도 강해서 잡아도 잘 죽지 않는다. 그래서 사람들은 장어를 보며 강한 생명력을 느꼈고 장어를 먹으면 그 힘이 자신의 몸으로 전해질 것이라 생각한 모양이다. 장어는 한국, 일본, 중국 삼국에서 공통으로 여름 보양식으로 발달했다. 추어탕이 농민들의 여름 별식이었다면, 장어는 중산층의 하절기 보양식이었다.

　일본 사람들은 여름 장어를 즐겨 먹는다. "여름에 장어를 먹으면 더위를 타지 않는다"는 속설까지 있을 정도다. 특히 우리가 복날에 삼계탕을 먹는 것처럼 일본 사람들은 복날 장어덮밥을 먹는다. 일본 고전인《만엽집》에도 보이니까 여름 보양식으로 장어를 먹은 역사가 꽤 깊다.

　중국에서도 장어는 여름 보양식이다. 송나라 때《태평광기》라는 책에 "어느 여름날 전염병에 걸려 죽어가는 여인이 있었다. 며칠 동안 장어를 고아 먹였더니 기적적으로 살아났다"는 이야기가 실려 있다.《태평광기》

는 전하는 이야기를 모아 적은 책이다. 중국인들이 장어를 어떻게 인식했는지를 알 수 있다. 영양이 풍부한 여름 장어를 죽어가는 사람도 살리는 보양식으로 보았던 것이다.

우리나라 사람들에게도 여름 장어는 어떤 음식과도 견줄 수 없는 영양식이었다. 뿐만 아니라 더위에 잃어버린 입맛을 되찾게 해주는 식욕 촉진제 역할을 했다. 숙주와 고사리를 넣고 끓인 장엇국을 먹고 나면 다른 것은 맹물에 조약돌 삶은 국 맛이 난다는 속설이 있을 정도니 그 이상으로 입맛을 당기는 음식을 찾기가 어렵다.

장어구이는 고려 때부터 왕실에서 즐겨 먹었다. 옛날에는 임진강 장어가 유명했다. 고려시대에는 임진강에서 다양한 물고기가 풍부하게 잡혔는데 이 중에서도 여름에 잡히는 장어는 가장 먼저 송도의 왕궁으로 보내졌다.

임진강 장어는 근대까지만 해도 계속 명성을 유지했다. 경성의 어시장에서 팔리는 임진강 장어는 조석 간만의 차이가 큰 곳에서 잡혀 진미와 풍미를 모두 갖춘 덕분에 일류 요릿집으로 팔려 나갈 정도로 이름값이 높았다. 옛날만큼 명성이 드높지는 않지만 아직도 임진강 하류의 파주와 강화도 일대에 장어를 파는 집이 많은 이유다.

오늘날 장어로 유명한 고장은 전북 고창이다. 강과 바다가 만나는 곳이고 밀물과 썰물의 차이가 커서 힘이 좋고 맛있는 장어가 많이 잡힌다. 다산 정약용도 〈탐진어가〉라는 시에서 봄이 되면 물 좋은 장어가 많아 어선이 푸른 물결 헤치고 나가 장어를 잡는다고 했으니 다산이 귀양을 살던 순조 무렵에도 고창과 영광 일대의 칠산 앞바다에서 장어가 많이 잡힌 모양이다.

　장어는 남자에게 특히 좋은 것으로 알고 있지만 옛 문헌에는 오히려 여자에게 좋다고 나온다. 선조 때 차식이라는 송도 사람이 조선 제2대 임금인 정종의 무덤인 후릉의 관리를 맡았다. 평소 초라했던 능을 정성껏 돌봤더니 정종이 꿈에 나타났다. 정결한 음식을 제물로 바친 뜻이 가상하다면서 "네 어미가 지금 대하병(대하증)을 앓는다고 하니 내가 좋은 약을 주겠다"고 했다. 꿈에서 깨니 마침 매 한 마리가 날아가다 큰 생선 한 마리를 하늘에서 떨어뜨렸다. 길이가 한 자가 넘는 힘이 펄펄 넘치는 장어였다. 꿈속 일이 생각나 장어를 집으로 가져와 어머니께 드렸더니 병이 씻은 듯이 나았다.

　한국과 중국 문헌에 등장하는 장어 이야기의 공통점은 장어를 먹어서 병이 나았고 그 주인공은 모두 여자라는 점이다. 옛날 의학서를 보면 하나같이 장어는 전염병과 부인병에 좋다고 했다.

　흥미로운 것은 서양에서도 여름이면 장어를 먹는다는 점이다. 보신이라는 개념이 동양과는 다르니까 특별히 보양식이라고 규정짓기는 어렵겠지만 독일 북부 함부르크 지방에서는 여름 별식으로 알주페라는 음식을 즐

겨 먹는다. 독일어로 알(Aal)은 장어, 주페(Suppe)는 수프라는 뜻이니까 장어수프로, 한국식으로 표현하자면 장어탕에 다름 아니다. 독일 사람들도 장어를 먹으면 힘이 솟는다고 느끼는 모양이다. 사실 유럽에서는 독일 이외에도 여름 별식이나 해장 음식으로 훈제 장어를 먹는 나라가 여럿 있다고 하니까 동양이나 서양이나 장어를 바라보는 느낌은 비슷한 것 같다.

49

어두일미의
기원

도미는 봄철이 맛있다. 추운 겨울이 지나고 봄이 시작될 무렵 도미의 맛이 오르는데 물고기에 관한 한 전문가라고 할 수 있는 낚시꾼들은 한 술 더 뜬다. "도미는 1월을 최고로 치는데 정월이 아니면 맛이 떨어진 다"고 할 정도다. 더위지기 시작할 무렵인 "5월에 잡히는 도미는 소가죽 씹는 것만도 못하다"고 했으니 계절에 따라 혀끝에 느껴지는 도미 살의 감각이 달라진다.

조선 후기의 풍속을 적은 《동국세시기》에서도 복사꽃 필 무렵이면 한강에 복어가 나오는데, 독이 있다고 복어를 싫어하는 사람은 대신 도미로 국을 끓여 먹는다고 했다. 복어를 보고 중국 송나라의 시인 소 동파는 너무나 맛이 좋아 먹다가 죽어도 좋은 생선이라고 했지만 도미 역시 복어에 버금가는 최고의 생선으로 여겼다. 그래서 예전부터 서울 에서는 봄이 되면 궁중에서부터 일반 가정에 이르기까지 모두 도미를 즐겨 먹었다.

사실 우리나라도 도미를 고급 어종으로 치지만 일본에서는 도미를 '생선의 제왕'이라고 했다. 맛도 맛이고 생긴 것도 준수하기 때문인데, 사실 생선은 머리가 제일 맛있다는 어두일미(魚頭一味)라는 말도 도미에서 비롯됐다. 모든 생선이 다 머리가 맛있는 것은 아니지만 조상님들이 하나같이 도미만큼은 머리가 가장 맛있다고 했다.

조선 후기의 실학자 유득공은 "도미는 머리가 제일 맛있다"고 했고, 이규경은 "도미는 기름진 맛이 특징인데 특히 머리가 최고"라고 했으며 《증보산림경제》 같은 책에서도 "도미의 감칠맛은 머리에 있다"고 했다.

사실 지금도 전문 음식점이나 고급 일식집에서는 도미찜이나 도미조림과 함께 도미머리구이를 별도로 요리해서 내놓는 곳이 많다. 가격은 오히려 다른 음식보다도 비싸고 대중적이지 않으니 옛날이나 지금이나 도미는 머리가 맛있다는 증거가 되겠다.

하지만 도미는 머리도 맛있지만 오히려 회로 더 많이 먹는다. 요즘은 싱싱한 생선은 우선 횟감으로 많이 쓰는데, 특히 참돔이나 감성돔 같은 도미 종류는 회로도 인기가 높다. 살이 탱글탱글하고 찰지니까 회로 먹기에 딱 좋다.

우리는 '썩어도 준치'라고 하지만 일본 사람들은 '썩어도 도미'라고 한다. 도미는 죽은 후 살이 경직되는 시간이 다른 물고기보다 길어 좋은 맛이 오래 지속되기 때문에 생긴 말이다. 특히 숙성된 회를 더 즐기는 일본 사람의 입맛에는 썩어도 도미라는 말이 어울릴 수도 있겠다.

사실 도미를 진짜 좋아하는 사람들은 일본인들이다. 일본에서는 도미가 최고급 생선이어서 옛날 일본 서민들에게 도미는 그림의 떡이었다. 평소에는 비싸서 사 먹지도 못하니까 도미빵이라는 이름을 붙인 생선처럼 생긴 빵을 먹으며 대리 만족을 느꼈다고 한다.

우리가 물고기 모양의 빵에다 가장 흔한 물고기인 붕어의 이름을 붙인 것과는 달리, 일본에서는 평소 먹지 못하는 생선인 도미의 이름을 붙여 도미빵, 다이야키라고 했다. 처음 도미빵이 나왔을 때 일본 서민들은 이 빵을 먹으면서 마치 진짜 도미를 먹는 것처럼 행복해했다는 이야기도 있다.

일본 사람들은 도미가 행운을 불러오는 생선이라고 믿는다. 길한 생선이라서 예전에는 결혼식이나 환갑잔치 때 도미 요리를 빼놓지 않았다. 사실 일본뿐만 아니라 우리나라에서도 잔칫상에 많이 오르는 생선인데 역시 고급 어종이라서 그렇기도 하지만 도미를 경사스런 생선이라고 여기기 때문이다.

도미를 행운의 생선으로 보는 것은 한중일의 공통점이다. 도미는 다른 물고기보다 수명이 긴 데다 철저하게 일부일처제를 지키는 생선이다. 그래서 장수를 빌고 부부가 해로하라는 의미로 도미를 잔칫상에 올린 것이다.

도미는 또 꼬리가 붉은색인데 경사스런 색이라고 해서 길어(吉魚)로 꼽았다. 실제 도미의 옛날 한자 이름이 가길어(加吉魚)이니 길한 일을 더 한다는 뜻이다. 어두일미라는 도미 머리를 먹으며 행운을 빌어보는 것은 어떨까?

천덕꾸러기에서
전국적인 인기 식품으로

먹을 것이 부족하던 시절에도 못생긴 데다 맛까지 없다며 외면당한 음식이 있다. 아무리 배가 고팠을 때도 천덕꾸러기 취급을 당하던 음식이었는데 먹을 것이 풍부해지고 영양이 넘치는 현대에는 오히려 값도 비싸고 인기 식품이 됐으니 사람 입맛 간사하기가 이루 말할 수도 없고, 세상일이란 것이 알다가도 모를 일이다. 겨울철 별미로 꼽히는 아귀찜 이야기다.

콩나물 넣고 찐 아귀찜은 흐물흐물하고 물컹물컹한 껍질을 씹었을 때의 식감, 퍽퍽하면서 담백한 고깃살이 콩나물과 조화를 이루며 내는 맛이 묘미다. 여기에다 씹으면 톡하고 터지는 미더덕이 아귀찜의 맛을 더한다.

전국적으로 아귀찜은 마산 아귀찜이 널리 알려져 있다. 하지만 지역에 따라 아귀찜도 특징이 있다. 마산 아귀찜도 유명하지만 군산 아귀찜도 유명하고 요즘은 전남 남해안의 여수에도 아귀찜 거리가 생겼을 정도로 여수 아귀찜이 떠올랐다. 맛의 미묘한 차이를 구분할 수 있고, 또 식도락을 즐기는 사람이라면 지역별로 아귀찜을 맛보며 맛의 차이를 음미해보는 것도 재미있을 것이다.

마산 아귀찜은 말린 아귀를 쓰는 것이 특징이다. 겨울에 잡은 아귀를 차가운 눈바람을 맞히며 꾸덕꾸덕하게 말려서 콩나물을 얹어 찌는 것이다. 얼마나 잘 말리는지가 아귀찜 맛을 좌우한다고 하는데 바닷바람에 잘 말린 아귀는 생선 비린내가 전혀 없고 쫄깃쫄깃 씹는 맛이 좋으며 깊은 맛이 난다.

반면 군산 아귀찜은 말린 아귀가 아니라 생아귀를 써서 요리한다. 그리고 마산 아귀찜과 달리 콩나물이 아니라 미나리를 함께 내놓은 것이 특징이다. 하지만 전국이 하나의 생활권으로 통합된 요즘에는 마산, 군산, 여수 등 지역 특산이라는 간판을 내걸었어도 지역적인 특징은 점차 사라지는 것 같다. 물론 아귀찜만 그런 것은 아니다.

아귀찜은 지금 많은 사람들이 겨울철에 즐겨 찾는 인기 식품이 됐지만 사실 아귀는 잘 먹지 않던 생선이다. 예전에는 어부들이 그물에 아귀가 걸려 올라오면 재수 없다며 바로 바다에 던져버렸다. 그래서 일부 지방에서는 아귀를 물텀벙이라고 부르는데, 어부가 아귀를 바다에 던져버릴 때 '텀벙' 소리가 난다고 해서 생긴 별명이다.

오죽하면 생선 이름이 아귀일까. 조선 후기의 정약전은 《자산어보》에서 아귀어(餓鬼魚), 혹은 조사어(釣絲魚)라고 했는데 모두 생김새에 빗대어 부른 이름이다. '조사어'는 낚싯줄 닮은 물고기라는 뜻으로, 아귀는 머리에 낚싯줄 같은 촉수가 달려 있어서 헤엄칠 때 좌우로 흔들어 먹이를 혼란시킨다고 한다.

아귀는 불교 경전에 나오는 굶주림과 목마름의 형벌을 받은 귀신의 이름이다. 입이 비정상적으로 크고 흉하게 생긴 모습과 아무것이나 닥치는 대로 먹는 먹성이 아귀를 연상시켜 생긴 이름인데, 얼마나 먹성이 좋은지 '아귀 먹고 가자미 먹고'라는 속담까지 생겼다. 아귀는 입이 엄청나게 크니까 큰 물고기도 통째로 집어삼킬 수 있다. 그래서 아귀 배 속에 통째로 집어삼킨 값비싼 생선이 들어 있는 경우도 있다고 한다. 바로 아귀가 가자미, 도다리를 잡아먹은 경우다. 천덕꾸러기 아귀를 잡았는데 도다리, 가자미를 얻었으니 뜻밖의 횡재를 했다는 뜻으로도 쓰인다.

아귀는 인기 없는 물고기였던 만큼 향토 음식으로 개발된 지도 그다지 오래되지 않는다. 일각에서는 아귀를 널리 먹게 된 것은 한국전쟁 때문이라는 이야기도 한다. 잘 먹지 않던 생선인데 전쟁 때 피난민이 마산, 부산 지역으로 몰리면서 먹을 것이 턱없이 부족해지자 아귀까지 먹게 됐다는 것이다. 하지만 아귀찜이 만들어진 것은 1960년대라고 한다. 원래는 주로 아귀를 손질해 탕으로 끓여 먹었는데 안주로 만들어달라는 손님의 요구에 따라 콩나물을 넣어 찐 것이 마산 아귀찜의 시작이라는 것이다. 찜으로 만든 아귀 조리법이 사람들의 입맛을 끌면서 향토 음식에서 전국적인 인기 식품으로 발전한 것이다.

옛날에는 구박받던 천덕꾸러기였지만 요즘은 남부럽지 않은 인기를 누리는 음식들이 꽤 있다. 남해에 아귀찜이 있다면 동해에는 도루묵이 있다. 그리고 서해의 짱뚱어는 스태미나 식품으로 소문이 나면서 수요가 크게 늘었다. 미꾸라지 대신 아귀가 용이 됐다.

51

산해진미야?
포장마차 안주야?

내가 하면 로맨스고 남이 하면 스캔들이라는 말은 음식에도 적용된다. 내가 먹는 음식은 산해진미에 버금가는 맛있는 요리지만 남이 먹을 때는 엽기 식품으로 느껴질 때가 많다. 엽기까지는 아니지만 해삼도 나라에 따라 선호도가 극명하게 엇갈리는 해산물이다.

우리나라에서 해삼은 그다지 고급 식품은 아니었다. 지금은 값이 비싸진 만큼 우리 역시 귀하신 몸 대접을 하지만 예전에는 썩 환영받는 해산물이 아니었다. 포장마차에서 멍게와 함께 먹는 안줏거리였고 고급 횟집에서 광어나 도다리를 주문하면 밑반찬으로 내놓았을 정도다.

하지만 중국으로 건너가면 이야기가 달라진다. 고대부터 전해지는 팔진미에 해삼이 포함될 뿐만 아니라 지금도 바다제비 집, 상어 지느러미와 비견되는 고급 요리로 대접받는다.

우리는 별것 아닌 것으로 여긴 해삼이 중국에서는 왜 그렇게 고급 식품이 됐을까? 짐작해보면 우리는 해삼이 흔했고, 중국은 해삼이 귀했기 때문이 아니었을까 싶다.

한반도에서는 동서남해에서 모두 해삼이 잡히지만 중국에서는 해삼이 나지 않았다고 한다. 지금의 푸젠성, 광둥성 일부에서나 해삼이 잡히니 베이징을 중심으로 한 북부 지방에서는 해삼 맛보기가 쉽지 않았을 것이다.

게다가 해삼은 문자 그대로 바다에서 나오는 인삼이라는 뜻이다. 중국의 의학서인 《본초강목습유》에서는 해삼의 약효가 인삼에 필적할 만하다고 해서 인삼이라고 했는데, 우리 문헌은 조금 더 구체적으로 설명하고 있다. 《오주연문장전산고》에서는 인삼은 사람의 모습을 닮아 몸에 좋다고 해서 인삼이라고 하지만, 해삼은 남자의 '물건'을 닮아 신장을 이롭게 하기 때문에 해삼이라고 한다고 풀이했다.

생김새 때문에 해삼이 정력에 좋다고 여긴 것이다. 그래서 별명이 바다의 남자라는 뜻에서 해남자(海男子)다. 시커멓고 울퉁불퉁한 몸체 때문에 근육질 몸매에 거칠고 어딘지 모르게 성적 매력을 물씬 풍기는 바다 사나이의 이미지를 떠올린 것 같다.

정력에도 좋고 고급 식재료로 쓰이지만 구하기가 쉽지 않으니 가짜 해삼이 판쳤던 모양이다. 예나 지금이나 중국에는 가짜가 많았으니 해삼도 마찬가지여서 당나귀의 음경

을 잘라 말린 후 해삼이라고 속여 팔았다는 기록이 보인다. 맛은 약간 비슷한데 가짜가 더 편편하다며 구별법까지 적었으니 속고 사는 사람이 적지 않았던 것으로 짐작된다.

그런데 해삼은 특히 우리 바다에서 잡히는 것이 품질이 뛰어났다. 그래서 중국에서는 조선 해삼의 인기가 얼마나 높았는지 중국에 가는 사신이 반드시 챙겨야 했던 물목으로 빠지지 않았다. 선물하기에도 좋지만 경비를 마련하는 데 해삼만큼 좋은 품목이 없었기 때문이다. 너도나도 해삼을 가져갈 정도로 인기를 끈 것은 좋은데 그렇다 보니 폐단도 많았다.

정약용은 《경세유표》에서 "사신으로 임명된 자들이 외부에다 편지를 보내 해삼, 가죽 따위의 자질구레한 물품을 요구하지 않은 적이 없고 이것을 팔아 여행 경비로 쓴다. 국경을 나서는 사신이 물건을 팔아 경비를 조달하면서도 부끄러워할 줄 모른다"고 적었다. 가져가는 해삼 물량이 너무 많아 무역 규제를 받기도 했다. 《영조실록》에 청나라 세관의 동향을 보고한 기록이 실려 있다.

청나라 예부에서 이르기를 산해관으로 들어오는 해삼이 봉성에서 검사 도장을 찍은 것보다 숫자가 더 많으니 금년에는 면세로 들여보내지만 앞으로는 세금을 거두겠다고 한다.

봉성은 청나라에 입국한 이후 첫 번째로 나오는 세관이고, 산해관은 지금의 베이징으로 들어가는 마지막 세관이다. 국경을 넘을 때 신고한 것보다 현장에서 적발된 물량이 훨씬 많으니 이번에는 봐주겠지만 다음부터는 관세를 매기겠다는 소리다.

그런데 진짜 심각한 문제는 옛날이나 지금이나 중국 어선들의 불법 조업이었다. 요즘 중국 어선들이 서해안에 몰려와 문제를 일으키는 것처럼 조선시대에도 해삼을 무더기로 잡아갔다.

이덕무는 《청장관전서》에 "4월 바람이 화창할 때면 황당선이 와 육지에서는 한약재를 캐고, 바다에서는 해삼을 따다 8월에 바람이 거세지면 돌아간다. 8~10척의 배들이 몰려오는데 한 척당 100명까지 타고 와 초도와 백령도 사이에 출몰한다"라고 기록했다. 중국 어선의 횡포는 예나 지금이나 변한 것이 별로 없다.

52

똑똑해서 문어,
탐욕의 상징 문어발

인터넷에 떠도는, 문어가 문어라고 불리게 된 이유가 그럴듯하다. 먹물을 내뿜으니까 옛날 사람들이 글자를 아는 양반 물고기라서 문어라고 했다는 것이다. 절반은 맞는 이야기지만 절반은 의문의 여지가 있다. 그렇다면 역시 먹물을 뿜는 낙지와 주꾸미는 왜 문어라고 부르지 않고 다른 이름을 붙였을까? 종류가 다른 연체동물이지만 오징어와 꼴뚜기도 먹물을 뿜는데 왜 문어라고 하지 않았을까?

별것을 가지고 다 따진다고 할 수도 있겠지만 알아서 나쁠 것도 없다. 인터넷에 떠도는 유머도 정확한 근거를 알면 정보가 되기 때문이다.

문어가 문어가 된 이유는 역시 먹물과 관련이 없지 않다. 우리나라와 일본에서 문어는 한자로 문어(文魚)라고 쓰고, 중국에서는 장어(章魚)라고 부른다. 둘 다 글을 의미하는 한자로 한국과 중국에서 각각 문장(文章)에서 한 글자씩 떼어다 문어라는 연체동물의 이름으로 삼았다. 문어가 글을 읽는 것도 아닌데 왜 이름 속에 '문장'이 들어가 있는 것일까?

조선 후기의 실학자 이규경은 원나라 때 《여황일소》라는 책에 문어는 "사람의 머리와 닮았다[似人首]"고 기록했는데 우리나라에서도 사람의 머리를 닮았다고 해서 문어라고 부른다며 어원을 풀이했다. 부연해서 청나라 때의 문헌인 《청일통지》를 인용해 문어의 어원을 설명하기도 했는데 문어가 글을 아는 사람의 머리를 닮았고 커다란 다리가 여덟 개 달려 있어 글 장(章) 자와 클 거 자(巨)를 합쳐 장거(章巨)라고 부른다고 했다. 장거는 문어의 옛 이름이다. 그러니까 문어는 글을 아는 사람처럼 똑똑한 물고기라는 뜻에서 생긴 이름이고, 사람처럼 머릿속에 먹물깨나 들었다고 해서 붙여진 이름이라는 것이다.

낙지와 주꾸미는 문어와 마찬가지로 다리가 여덟 개 달린 연체동물이고 역시 먹물도 내뿜지만 사람의 머리라고 하기에는 너무나 작고, 다리가 열 개인 오징어와 꼴뚜기는 사람 머리와 전혀 닮지 않았으니 문어라는 이름을 얻을 자격이 없었던 것이다.

실제로 문어는 물고기 중에서 지적 능력이 뛰어난 동물이라고 한다. 그저 본능에 따라 움직이는 여느 물고기와는 달리 학습 능력도 있으며 게다가 기억력까지 있다니까 문어라는 이름이 진짜 어울린다. 2010년 남아공월드컵에서 무려 여덟 경기의 승리를 예언해 맞춘 점쟁이 문어 '파울'도 있었으니 아무리 우연의 일치라도 문어의 똑똑함에 놀라게 된다.

동양에서 문어의 지적 능력을 중시해서 이름을 지은 것과 달리 서양에서는 겉모습에 초점을 맞춰 작명했다. 영어로 문어는 옥토푸스로 옥토(Octo)는 팔각형에서 나온 말이고, 푸스(Pus)는 발이라는 뜻이니 다리

여덟 개 달린 연체동물이라는 뜻이다.

다리가 여덟 개씩이나 달렸으니 괴물로 보였는지 문어를 먹지 않는 북유럽에서는 문어를 탐욕의 상징으로 여겼다. 문어를 먹는 남유럽 사람들과는 달리 북유럽 사람들은 문어를 지나가는 배를 여덟 개의 다리로 잡아 침몰시키는 괴물로 여겼다. 제2차 세계대전 때 영국은 유럽을 집어삼키려는 히틀러를 문어 모습으로 형상화하기도 했다.

우리나라에서도 문어의 다리를 보고는 욕심의 화신으로 여겼다. 고려 공민왕 때 배원룡이라는 관리가 있었다. 능력이 뛰어났지만 처세에 능한 아첨꾼이었다. 당시 권력을 잡고 있던 염흥방에게 아부해 양아버지가 됐는데 양아들에게 집까지 선물하며 계림부윤이 됐다. 지금으로 치면 경주 시장이지만 당시 경주는 경상도의 중심지였으니 권세가 훨씬 막강했을 것이다.

계림부윤이 된 배원룡은 백성과 어부를 괴롭히며 열심히 재물을 긁어 모았는데 심지어 남의 집에 있는 쇠스랑까지 실어 자신의 집으로 날랐다고 한다. 그리하여 생긴 별명이 철문어부윤(鐵文魚府尹)이다. 쇠스랑의

모습이 문어와 닮았기 때문이라고 《고려사》에 적혀 있지만 탐욕스럽게 재물을 긁어모으는 모습에서 문어의 다리를 떠올렸기 때문이 아닐까 싶다. 문어의 부정적 이미지는 지금도 유효하니 재벌이 부도덕하

게 사업 영역을 확장하는 것을 보고 문어발식 확장, 문어발 경영이라고 한다.

가만히 보면 문어라는 연체동물에 대한 사람들의 평가가 흥미롭다. 머리를 보고는 생김새도 사람과 닮았고 먹물을 뿜는 모습이 공부를 한 사람과 비슷하다면서 문어라는 이름을 지어놓았다. 반면 여덟 개의 다리를 보고는 탐욕의 상징이라며 철문어부윤에다, 문어발 경영이라는 온갖 오명을 다 씌운다. 문어 입장에서는 자신의 부분만 보고 제멋대로 찧고 까부는 사람들이 가소롭지 않을까?

53

주꾸미와 낙지볶음

영원한 라이벌

낙지와 주꾸미는 사촌쯤 된다. 문어와 함께 다리가 여덟 개 달린 두족류 연체동물이지만 최고로 치는 계절은 정반대다. 주꾸미는 봄, 낙지는 가을이 맛있다. 봄이 되어 서해안의 수온이 오르기 시작하면 새우가 번식을 하는데 알을 밸 때가 된 주꾸미들이 몰려와 새우를 잡아먹고 살이 오른다. 게다가 알까지 배니 살도 부드럽고 알도 꽉 차서 맛있다. 쌀알처럼 생긴 주꾸미 알은 씹으면 오돌도돌한 것이 마치 덜 익은 쌀알을 씹는 것 같은 특별한 맛이 있다. 그래서 18세기의 《난호어목지》에서는 초봄에 잡히는 주꾸미는 머리에 하얀 쌀알이 있는데 삶으면 마치 밥을 해놓은 것 같다고 해서 밥을 머금은 문어라는 뜻으로 반초(飯稍)라고 불렀다.

제철 음식은 모두 보양식이라고 하는데, 주꾸미도 예외는 아니다. 주꾸미는 피로 회복에 좋고 콜레스테롤 수치를 떨어뜨려 혈액순환에 도움이 되는 타우린의 함량이 높다. 국립수산과학원 자료에 따르면 타우린

함량이 평균 1597밀리그램으로 낙지(854mg)의 거의 두 배, 문어(435mg)의 세 배를 넘고 오징어(327mg)의 다섯 배에 육박한다.

지금은 주꾸미가 귀하신 몸 대접을 받지만 예전에는 천덕꾸러기였다. 몇십 년 전까지만 해도 주꾸미는 별로 알아주지 않았는데 아마 생김새가 볼품없기 때문이 아니었을까 싶다. 낙지와 주꾸미는 보통 다리의 모양새로 구분하는데 낙지는 다리가 가늘고 길며, 주꾸미는 다리가 굵고 짧으니 롱다리와 숏다리의 차이다. 크기도 작고 볼품도 없으니 시장성이 그만큼 떨어졌을 것이다.

반면 낙지는 사람들의 인식부터가 그럴듯하다. 해삼을 바다의 인삼이라고 하지만 낙지는 뻘 속의 산삼이라고 한다. 낙지가 해삼보다 위 급인 것이다. 가을을 대표하는 음식으로 보통 전어와 새우를 꼽지만 낙지도 빠지지 않는다. 그래서 여러 사람의 입맛을 사로잡았는데 특히 다산 정약용이 낙지를 좋아했다.

정약용은 〈탐진어가〉라는 시에서 "어촌에서는 모두가 낙지로 국을 끓여 먹을 뿐, 붉은 새우와 맛조개는 맛있다고 여기지도 않는다"고 읊었다.

조선 후기를 대표하는 실학자 형제인 정약전과 정약용은 일찌감치 남도에서 귀양을 살아서 그런지 낙지 사랑이 대단했다. 형인 정약전도《자산어보》에서 낙지는 사람의 원기를 돋운다며 낙지 예찬론을 펼쳤다. 따지고 보면 우리나라 사람 모두가 옛날부터 낙지를 좋아한 것 같다.《홍길동전》의 저자로 광해군 때 사람인 허균은 팔도 음식을 평가한《도문대작》에서 낙지는 서해안에서 잡히는데 맛 좋은 것이 너무나 잘 알려져 있기 때문에 자세히 적을 필요가 없다고 했다. 두말하면 잔소리라는 이야기다.

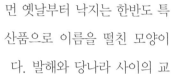

먼 옛날부터 낙지는 한반도 특산품으로 이름을 떨친 모양이다. 발해와 당나라 사이의 교역 품목에 낙지도 포함되어 있었을 정도다. 그래서인지 옛날부터 산낙지를 즐겨 먹었을 뿐 아니라 낙지숙회, 낙지연포탕 등 다양한 낙지 요리가 발달했다.

주꾸미볶음

특히 요즘에는 매콤한 낙지볶음이 많은 인기를 끌고 있는데 널리 알려진 낙지볶음 요리로는 '조방낙지'가 있다. 낙지 앞에 수식어로 쓰이는 조방은 엉뚱하게도 낙지와 아무런 관계도 없는 조선방직의 줄임말이다.

일제강점기 부산시 동구 범일동 부근 자유시장 자리에 조선방직이라는 회사가 있었는데 이 공장 옆에 있는 좁은 길이 낙지볶음 골목으로 유명했다. 조선방직은 1917년 일본인이 세운 회사로 가혹한 노동조건과 노동 탄압으로 조선인 노동자를 수탈한 것으로 악명을 떨친 회사다.

조방낙지는 조선방직에서 근무하던 조선인 노동자들이 힘든 노동을 끝내고 퇴근하면서 술 한잔 걸치며 끼니를 때우던 노동자들의 애환이 담긴 음식이었다. 처음에는 공장 옆 골목의 낙지볶음으로 시작했다가 나중에 자유시장이 들어서면서 외지 상인들이 몰려왔고 바쁜 상인들이 이곳에서 간단하게 요기를 했다. 이후 각자의 생활 터전으로 돌아간 이들의 입소문을 타고 조방낙지가 부산을 벗어나 서울을 비롯해 전국적으로 유명해졌다. 맛있게만 먹는 낙지볶음 하나에도 따지고 보면 사람들의 애환이 담겨 있는 것이다.

그런데 사람들 심보가 참 이상하다. 낙지와 관련된 속담으로 "개 꼬락서니 미워서 낙지를 산다"는 말이 있다. 보통 고기를 사면 남은 뼈는 개에게 주게 마련인데 개가 얼마나 얄미운지 뼈다귀마저도 주기 싫어 뼈 없는 낙지를 산다는 뜻이다. 심보도 고약하지만 맛있는 낙지를 엉뚱한 화풀이에 끌어다 쓰고 있는 게 재미있다.

54

동양은 여자,
서양은 남자

겨울은 굴이 맛있는 계절이다. 특히 김장김치 담고 난 후에 삶아낸 돼지고기 수육과 함께 먹는 돼지고기 보쌈도 맛있지만, 김장김치 담그면서 굴 한 점 올려놓고 먹는 굴보쌈도 별미다. 우리나라는 굴 요리가 다양하게 발달했는데 굴회에 석화구이, 굴밥에 굴국밥, 굴찜에다 석화김치, 굴무침에 굴생채, 굴튀김, 굴전 그리고 젓갈로는 어리굴젓까지 미처 다 헤아리기도 힘들 정도다.

굴은 지역에 따라서도 다양한데 지금은 통영 굴이 전국적으로 유명하지만 전통적으로 굴 하면 서해안 굴을 꼽았다. 서산이나 보령 역시 굴이 유명하고 예전에는 남양 굴도 유명했는데, "남양 원님 굴회 마시듯 한다"는 속담이 있었을 정도다.

남양은 지금의 경기도 화성시 일대로 조선시대에는 남양도호부가 설치돼 있었다. 이곳에 부임하는 원님들마다 지방 특산물인 굴을 씹지도 않고 훌훌 마셨다는 것에서 나온 말로, 음식을 허겁지겁 먹거나 눈 깜짝할 사이에 일을 해치울 때 쓰는 말이다. 남양 굴이 그만큼 맛있다는 이야기가 되겠는데, 《세종실록지리지》에도 굴이 남양의 특산물로 적혀 있다.

사실 굴도 지방마다 향과 맛이 다르다. 남해안 굴은 크고 시원하지만 서해안 굴은 작아도 맛이 진하고 담백하다. 우리나라는 참굴, 토굴, 강굴, 바윗굴 등 굴 종류가 다양하지 않지만 종류가 많은 미국이나 유럽의 굴 마니아들은 입맛에 따라 산지별로 굴을 골라서 먹는다. 와인이 산지와 연도에 따라서 맛과 향이 달라지는 것처럼 굴도 마찬가지라고 한다. 심지어 와인을 관리하고 추천하는 소믈리에가 있는 것처럼 서양에는 굴 소믈리에까지 있다고 한다.

굴은 서양인에게는 특별한 음식이다. 지금이야 서양 사람들도 생선회와 초밥을 먹지만 전통적으로 서양 사람들이 날것으로 먹는 해산물은 굴이 거의 유일했다. 이왕 날것으로 먹는 김에 우리보다도 더 원초적으로 먹었으니 우리는 보통 생굴을 먹더라도 초고추장이나 겨자 간장에 찍어 먹는데 서양에서는 아무런 조미 없이 그대로 먹거나 레몬주스를 뿌려 먹는다. 《삼총사》를 쓴 프랑스 소설가 알렉산더 뒤마가 굴을 맛있게 먹는 방법에 대해 한마디를 했는데 "진정한 미식가는 생굴을 먹으며 바다의 맛을 그대로 즐길 줄 아는 사람"이라고 했으니 서양인들의 굴 사랑이 만만치 않다.

고대 로마 황제들도 대부분 굴을 열정적으로 좋아했다. 이탈리아반도에 접한 바다에서는 질 좋은 굴이 나오지 않아 1세기 때 아울루스 비텔리우스 황제는 속지인 영국에서 로마까지 생굴을 운송해서 파티를 했다. 사실 지금도 비행기로 두 시간이 넘게 걸리는 거리인데 옛날에는 말달리고 배 타고 운반했으니 그 노고가 만만치 않았을 것이다.

"짐이 곧 국가다"라고 외친 프랑스 왕 루이 14세도 굴 마니아였다. 루이 14세 역시 영불해협에서 신선한 생굴을 말에 실어 운반하게 했는데 파티에 쓸 생굴이 제때 도착하지 못했다. 그러자 요리를 맛있게 준비할 수 없게 된 주방장 프랑수아 바텔이 스스로 목숨을 끊었다는데 자존심이 센 것인지, 삶을 우습게 안 것인지 알 수 없다.

서양에서 굴을 좋아한 인물로는 카사노바를 빼놓을 수 없다. 서양 최고의 플레이보이로 꼽히는 카사노바는 매일 아침 생굴을 50개씩 먹었다고 하는데, 그 때문에 카사노바의 정력의 비결이 굴에 있다고 말하는 사람도 있다. 카사노바가 진짜로 매일 굴을 먹었는지는 분명치 않다. 하지만 카사노바는 《내 생애의 역사》라는 자서전에 여인을 유혹하는 날 저녁 만찬에 굴 요리를 먹었다는 기록을 자주 남겼다. 유럽에서는 그리스 시대 이후 굴을 정력제라고 여겼는데 카사노바도 그렇게 믿은 것이 아닐까 싶다.

그런데 같은 굴을 놓고도 동양과 서양이 바라보는 시각이 서로 다르다. 서양 사람들은 굴이 정력에 좋다고 믿었으니 남자에게 좋다는 인식이 짙다. 반면 동양에서는 굴을 먹으면 피부가 고와진다고 했으니 여성들이 관심을 기울일 만하다. 속담에도 "배 타는 어부 딸은 얼굴이 검어도 굴 따는 어부 딸은 얼굴이 하얗다"는 말이 있으니 그만큼 피부에 좋다는 이야기다. 우리 《동의보감》에도 굴은 몸을 건강하게 하고 살결을 곱게 하고 얼굴빛을 좋게 하니 바다에서 나는 음식 중에서 제일 좋다고 했다. 그러니 결론은 간단하다. 부부가 함께 먹으면 제일 좋다.

55

밴댕이 먹다
갓끈 끊어진 사연

요즘은 밴댕이 먹기가 쉽지 않다. 제철에 맞춰 일부러 전문 음식점을 찾아가야 맛볼 수 있다. 그래서 대다수 사람들이 김치 담글 때 넣는 젓갈인 밴댕이젓 정도를 알거나 혹은 밴댕이와 관련된 속담 몇몇만 기억할 뿐이다. 예컨대 '밴댕이 소갈딱지'는 속 좁고 너그럽지 못한 사람을 흉보는 말로, 밴댕이는 성질이 급해 그물에 걸리면 스트레스를 이기지 못해 파르르 떨다 육지에 닿기도 전에 죽기 때문에 생긴 말이다. '오뉴월 밴댕이'는 평소에는 변변치 않지만 때를 잘 만나 대접받는 것을 빗대는 말로 밴댕이가 작고 볼품없는 생선이지만 제철인 음력 5월, 6월에는 후한 대접을 받는 데서 생긴 비유다.

제철 밴댕이는 참 맛있다. 밴댕이구이도 좋고 양배추, 깻잎, 초고추장과 함께 빨갛게 무친 밴댕이 회무침도 많이 먹는다. 광해군 때 시인 이응희가 오뉴월 밴댕이 맛에 반해 시 한 수를 남겼다.

계절이 단오절에 이르니/ 어선이 바닷가에 가득하다/ 밴댕이 어시장에 잔뜩 나오니/ 은빛 모습 마을을 뒤덮었다/ 상추쌈에 먹으면 맛이 으뜸이고/ 보리밥에 먹어도 맛이 달다/ 시골 농가에 이것이 없으면/ 생선 맛 아는 사람 몇이나 될까

제철 밴댕이회가 그만큼 맛있다는 이야기인데 효자로 이름난 충무공 이순신 장군이 임진왜란 중에도 밴댕이젓을 챙겨 어머니에게 보냈을 정도다. 고향 집에 불이 났다는 소식을 듣고는 《난중일기》에 "어머니 안부를 몰라 답답하다. 전복과 밴댕이젓, 어란 몇 점을 어머니께 보냈다"고 적었다.

사실 예전에는 밴댕이가 보통 생선이 아니었다. 맛있는 생선으로 명성이 높았으니 썩어도 준치라는 말을 남긴 준치보다도 더 맛있는 물고기로 대접받았을 정도다.

《어우야담》은 광해군 때 유몽인이 쓴 야담집이다. 여기에 밴댕이가 얼마나 맛있는지, 당시 조선 사람들이 밴댕이를 어떻게 먹었는지 자세하게 그려져 있다.

김인복이라는 언변 좋은 사람이 있었다. 젊었을 때 길에서 수정 갓끈을 한 시골 선비를 만났는데 갓끈이 너무 짧아 겨우 턱밑에 걸쳐 있었다. 김인복이 수정 갓끈이 천하일품이라고 칭찬하더니 가산을 기울여서라도 갓끈을 사고 싶다며 다음 날 아침 숭례문 밖 청파동 자기 집으로 찾아오라고 했다. 이튿날 시골 선비가 찾아오자 김인복이 입을 열어 집 자랑을 하기 시작하는데 그중 한 대목이다.

인천 안산 앞바다에서 그물로 잡은 밴댕이가 시장에 나오면 그놈을 사다 기름간장을 바른 후 석쇠에 구우면 냄새가 코끝을 진동하지요. 그러면 상추 잎을 손바닥 위에 올려놓고 기름이 잘잘 흐르는 햅쌀밥 한 순갈을 듬뿍 떠서 달고 고소한 된장을 얹은 위에다 노릇하게 구워진 밴댕이를 올려놓고 부산포의 일본 상품 쌈 싸듯 쌈을 싼단 말이오. 그러고는 장사꾼 짐 들어 올리듯 두 손으로 들어 올려 종루에서 파루를 치면 남대문이 열리듯 입을 떡 벌리고 밀어 넣는데……. 이때 시골 선비도 따라서 입을 벌리다 짧은 갓끈이 그만 뚝 끊어져 수정 알이 땅으로 굴러떨어졌다.

요컨대, 겉멋이나 부리고 돌아다니는 시골 선비를 골탕 먹였다는 이야기다. 밴댕이구이를 상추에 싸 먹는 이야기에 입을 쩍 벌리게 만든 김인복의 입담도 대단하지만, 당시 사람들은 기름이 자르르 흐르는 밴댕이구이를 군침 넘어가는 음식으로 여겼음을 알 수 있다.

이렇게 맛있는 밴댕이였으니 조선시대에는 임금님께 올리는 진상품이었다. 그래서 경기도 안산에 밴댕이를 관리하는 관청인 소어소까지 설치했다. 소어(蘇魚)는 밴댕이의 한자 이름으로 예전에는 안산 앞바다에서 밴댕이가 많이 잡혔는지 일단 안산에 모았다가 한양으로 가져와 유통시켰다. 특히 오뉴월에 잡히는 밴댕이는 얼음에 재어 상하지 않도록 했다. 궁궐의 음식 재료 공급을

담당하는 관청인 사옹원에서도 오뉴월 밴댕이만큼은 귀한 얼음으로 신선도를 유지했을 정도로 특별대우를 한 것이다.

밴댕이는 인천과 강화도를 비롯한 서해안에서 많이 잡혔지만 요즘은 인천과 강화도에서도 별로 잡히지 않고 주로 전남 신안 앞바다에서 잡힌다고 한다. 인천 등지에서 먹는 밴댕이 역시 신안 앞바다 또는 충무 앞바다에서 잡아 냉장 운반한 것이다. 세월 따라 물고기가 사는 곳도 바뀐다.

56

젓갈

시간과 기다림이 만든
밥도둑

　중독성이 강해서 밥도둑이라는 소리까지 듣는 젓갈은 시간과 기다림이 만들어낸 음식이다. 세계 어느 나라에나 다 고유의 젓갈이 있지만 우리나라는 일본과 함께 젓갈 천국이라고 할 정도로 젓갈이 다양하다. 흔한 새우젓에서부터 어리굴젓, 명란젓, 창란젓, 아가미젓까지 물고기의 웬만한 부분은 다 젓갈로 담근다. 문헌을 보면 젓갈 종류가 140종을 넘는다고 하는데 보통 시장에서 파는 젓갈의 종류만 40종을 넘는다.

　젓갈은 양념으로도 많이 쓰이지만 반찬으로도 많이 먹는데 곰삭은 맛이 은근해서 중독성까지 있다. 엉뚱한 비유겠지만 의사가 성인병 환자에게 처방하는 금기 식품 중에도 젓갈이 들어간다. 소금을 많이 넣으니까 짜서 성인병에 나쁘기도 하지만 젓갈이 밥도둑인 것도 이유로 꼽을 수 있다. 맛있는 젓갈 한 가지만 있어도 밥 한 그릇 뚝딱 비울 수 있으니 절제하지 않으면 자칫 과식으로 이어지기 십상이다.

지방마다 다양한 젓갈은 고유의 향토색을 띠므로 고향을 떠올리게 만드는 솔 푸드로 기억되기도 한다. 어느 정도 연세가 드신 충청도 어르신이나 서울 토박이 가운데는 하얀 쌀밥에 어리굴젓 얹어서 맛있게 먹었다는 추억을 말하는 사람들이 꽤 있고, 지금 젓갈로 유명한 전북 부안 쪽에서는 보리밥에 비벼 먹는 황석어젓이 솔 푸드였다고 한다. 남도 쪽에서는 갈치속젓만 있으면 맛있게 밥을 먹을 수 있다고 하니 사실 종류별로 따지면 끝이 없다.

지금은 주로 김장을 담글 때 쓰지만 옛날에는 밴댕이젓도 유명했다. 밴댕이젓은 조선시대에 어리굴젓과 함께 임금님께 진상했는데, 다른 생선은 모두 진상품으로 공물을 받았지만 안산의 밴댕이와 한강의 웅어는 왕실 주방인 사옹원에서 봄이면 현지에 밴댕이를 잡는 소어소, 웅어를 잡는 위어소를 설치해 직접 생선을 확보했다. 그만큼 수요가 많았기 때문일 것인데 지금으로 치자면 청와대 주방의 직할 물고기였다고 할 수 있다.

젓갈 중에서는 생선 알로 담근 젓갈도 많다. 웬만한 생선 알은 다 젓갈로 담갔는데 지금은 명란젓을 많이 먹지만 옛날에는 맛있기로는 숭어, 민어, 명태, 대구, 청어 순이라고 했다. 이 밖에도 지금 기

명란젓

준으로 보면 낯선 어란인 알젓도 많은데 게 알, 고등어 알, 새우 알, 복어 알, 성게 알젓까지 있었다. 특히 복어 알은 먹으면 사망에까지 이르는 치명적인 독이 있음에도 젓갈로까지 담가 먹었으니 젓갈 사랑이 참 유별나다.

알젓은 그냥 맛으로만 먹는 음식이 아니다. 특별히 소망을 담아 먹었고 그래서 명절날 선물로도 많이 보냈다. 알젓은 특히 자손을 많이 낳기를 기원하면서 먹던 음식이다. 명란젓은 정월 초하룻날인 설날에 자손이 번창하라는 의미로 먹었다. 우리나라뿐만 아니라 일본에서도 명란을 경사스런 음식으로 여기는 걸 보면 알에 다산의 소원을 투영하는 것은 어느 나라나 비슷한 것 같다.

젓갈은 발효 식품이라서 본고장 사람들이 아니면 먹기 힘들다. 하지만 우리가 다른 나라 음식에 대해 잘 몰라서 그렇지 젓갈은 세계 어디에나 있는 보편적인 음식이다. 널리 알려진 것만 해도 베트남의 생선 국물 간장인 넉맘이 있고, 필리핀에는 바곤이라는 새우젓이 있다. 서양 사람들도 생선 젓갈을 먹는다. 잘 알려진 것처럼 멸치를 소금에 절인 서양의 안초비가 젓갈의 일종이고, 고급 요리인 철갑상어 알 캐비아도 일종의 젓갈이다. 뿐만 아니라 젓갈에서 비롯되어 변형된 음식도 꽤 있다.

예를 들어 일본의 초밥인 스시도 젓갈에서 비롯된 음식이다. 붕어 등의 생선을 소금 대신 밥에다 삭혀서 먹은 것이 초밥의 기원이다.

논란의 여지는 있지만 토마토케첩 역시 생선 젓갈에서 비롯됐다는 설이 유력하다. 동남아 해안과 중국 복건성 등지에서 먹던 생선 젓갈이 발전한 것이라고 하는데, 케첩이라는 말 자체가 말레이어 계통으로 젓갈이라는 뜻이라고 한다. 17세기 초반, 네덜란드와 영국의 동인도회사 선원들이 동남아의 젓갈을 유럽으로 가져가 퍼트렸는데 다시 미국으로 건너가 토마토를 넣은 것이 지금의 토마토케첩으로 발달했다.

우리 식으로 표현하자면 까나리 액젓에 토마토를 풀어 넣은 것이 케첩이니까 젓갈이 조금 엉뚱하게 발전했다.

57

조기와 보리굴비

임금님 입맛도
살려준 조기

계절이 한여름으로 접어들어 무더위에 시달릴 때 입맛을 낭기는 음식
이 여럿 있다. 이럴 때 먹는 것 자체만으로도 피서가 되는 음식 중 하나
가 보리굴비다. 잘 말린 굴비를 쭉쭉 찢어 고추장에 찍은 후 물에 만 보
리밥에 얹어 입으로 가져가면 더위가 싹 가신다. 《승정원일기》를 보면
영조 임금도 입맛을 잃었을 때 조기를 먹고 입맛을 찾았다고 나온다.

사실 조기라는 이름 자체도 한자로 도울 조(助)에, 기운 기(氣) 자를 쓰
니까 기운 차리는 것을 돕는다는 뜻이다. 물론 원래의 한자 이름이 아니
라 우리말을 한자로 음역한 것이다. 다만 옛날부터 조기가 몸에 좋다고
해서 생긴 이름이라고 하니까 한자로 제대로 번역해놓았다고 할 수 있
겠다.

조기가 도대체 몸 어디에 좋기에 기운 차리는 것을 돕는 생선이라고
했을까? 먹는 생선 이름이니만큼 무엇보다도 달아나버린 밥맛마저 돌아

오게 할 정도로 맛있는 생선이라는 뜻이 아닐까 싶다.

중국의 의학서인 《본초강목》에서는 조기가 위를 열어[開胃] 기운을 보
탠다고 했는데 '개위'는 곧 입맛을 살려준다는 뜻이다. 우리나라 《동의
보감》에서도 조기는 성질이 순하고 맛이 달아 음식 맛을 나게 하고 소화
가 잘되며 기운을 보충한다고 했으니 여름철 입맛 잃었을 때 먹으면 딱
좋은 생선이다. '밥이 보약'이라고 했는데 밥 잘 먹게 해주는 생선이니
기운을 돕는다는 이름이 잘 어울린다.

그 때문인지 옛날 사람들이 펼친 조기 예찬론이 한둘이 아니다. 민간
에서는 조기가 사람을 돕는 생선이라며 좋아했다. 조기는 대충 요리해도
맛있는지라 집안 살림을 하는 아녀자가 아파서 누워 있어도 간단하게 요
리해 식구들에게 먹일 수 있으니 조기를 보고 사람을 돌보는 물고기라고
한 것이다. 아마 부엌일에 시달린 여인들이 지어낸 말이 아닌가 싶다.

조기는 또 네 가지 덕을 갖춘 생선이라고도 했다. 이동할 때를 정확하
게 아니 예(禮)를 갖췄고, 소금에 절여도 구부러지지 않으니 의(義)를 알
고, 부끄러움을 아는 염(廉)과 더러운 곳에 가지 않는 치(恥)를 갖췄으니
염치를 아는 물고기라고 했는데 생선 한 마리 놓고 찬사가 이만저만이
아니다.

조기는 이름도 많다. 이름이 많다는 것은 그만큼 이 물고기에 대한 애
정이 많다는 의미가 아닌가 싶은데, 일반적으로 알려진 조기라는 이름
이외에도 말린 것은 굴비, 한자로는 석수어(石首魚), 천지어(天知魚), 황화
어(黃花魚) 등등으로 다양하다. 이러한 이름이 붙은 내력을 살펴보면 이
생선의 특징을 어느 정도 파악할 수 있다.

조기는 이미 이야기한 것처럼 입맛을 살려 기운 차리는 것을 도와준다는 뜻이고, 굴비와 관련한 유래로는 고려 때 이자겸의 이야기가 있다. 고려 17대 왕인 인종 때 전라도 영광으로 유배 온 이자겸이 왕에게 염장한 조기를 진상하면서 '자신의 뜻을 굽히지 않겠다'는 뜻으로 굴비(屈非)라고 했다는 이야기가 인터넷에 떠돈다. 하지만 논리적으로 맞지도 않을뿐더러 옛날 문헌에 관련 기록이 전혀 보이지 않는다. 아무래도 현대에 들어와 억지로 꾸며낸 이야기 같다.

생선을 짚으로 엮어 매달면 물고기가 구부러지는데 그 모양 '굽었다'를 뜻하는 고어, 구비(仇非)에서 굴비라는 말이 나왔다고 보는 설이 유력하다.

보리굴비는 조기의 품종이 아니라 굴비를 보리쌀에 넣어 보관했기 때문에 생긴 이름인데, 1년 이상 해풍에 말린 굴비를 통보리에 넣어 저장하면 굴비가 보리의 향을 받아들여 짠맛도 줄고 비린내가 없어진다. 영광 법성포의 특산품이었는데 보리굴비 덕분에 영광 굴비의 명성이 널리 알려진 측면이 없지 않다.

석수어는 잘 알려진 것처럼 머릿속에 옥처럼 하얗고 깨끗한 돌 두 개가 들어 있어 생긴 이름이다. 익숙하지 않은 이름이지만 천지어는 조기가 하늘의 뜻을 아는 생선이라고 해서 붙인 이름이다. 조기 떼가 몰려오면서 시끄럽게 울기 때문에 생긴 이름이라는데 옛날 문헌을 보면 음력 4월 무렵, 영광 법성포 앞바다는 조기 울음소리 때문에 잠을 못 이룰 정도로 시끄러웠다고 한다. 조기는 난류성 회귀 어종이어서 제주도에서 법성포를 거쳐 연평도까지 이동하는데 수 킬로미터에 걸쳐 조기 떼가 몰려

올 때 우는 소리가 천둥 치는 소리
와 같았다는 것이다. 그래서 하늘
에서 조기가 간다고 알려주는 것이
라고 믿어 천지어라고 불렀다는 것
이다.

《난호어목지》에서는 이 무렵이
면 전국에서 고기잡이배가 구름처
럼 몰려와 잡은 조기를 소금에 절
여 포로 만들거나 소금에 담가 젓
을 만들어 전국으로 보내는데 귀한
사람이나 천한 사람 모두 좋아하
고, 물고기 중에는 가장 많고 가장

맛있다고 했다. 맛있다는 사실에는 변함이 없지만 이제는 조기가 비싸져
서민은 먹기에 부담을 느껴야 한다는 것이 아쉽다.

58

갈치조림

돈 없으면
빈대떡 대신 갈치를

해방 직전인 1943년 가수 한복남이 부른 〈빈대떡 신사〉라는 노래에는 "돈 없으면 집에 가서 빈대떡이나 부쳐 먹지"라는 가사가 있지만 요즘 빈대떡은 그 값이 절대로 만만치 않다. 식당에서 사 먹으려고 해도 싼값이 아니고, 노랫말처럼 집에 가서 부쳐 먹으려고 해도 수고로움은 고사하고 재료인 녹두 값부터 장난이 아니다.

지금 수산시장에 가 보면 갈치가 그렇다. 큼직하고 통통해서 먹음직스러운 갈치는 값이 만만치 않아서, 서민들은 선뜻 지갑 열기가 망설여질 정도다. 웬만한 값이라면 눈 질끈 감고 큼지막한 놈으로 한 마리 사서 가족들을 맛있게 먹이고 싶지만 요즘 갈치 값은 그 선을 넘었다. 하는 수 없이 입맛만 쩍쩍 다시면서 값이 헐한 작은 갈치를 담으며 아쉬움을 달랜다.

요즘 우리나라에서는 갈치가 고등어에게 '국민 생선' 자리를 내줬다.

어획량이 줄면서 가격이 많이 올랐기 때문이다. 앞으로는 서민들이 갈치조림, 갈치구이 먹기가 부담스러워질 것 같다.

갈치는 오랜 세월 우리 민족의 사랑을 받아온 생선이다. 게다가 해방전후의 빈대떡만큼이나 값싸고 맛있어 서민들의 사랑을 듬뿍 받았다. 특히 조선 후기인 정조 무렵에는 갈치가 지천으로 널려 있었는지 당시의 실학자 서유구는 《난호어목지》에 "엽전 꾸러미를 함부로 쓰고 싶지 않으면 소금에 절인 갈치를 사 먹으라"는 말이 있다고 적었다. 맛도 좋지만 값도 싸서 당시 한양 사람들은 갈치를 많이 먹은 모양이다.

지금도 전국에서 잡힌 물고기들이 서울의 노량진이나 가락동 수산시장에 집결되지만 옛날에도 바닷가 어촌에서 생선을 잡으면 사람 많고 돈 많은 한양으로 올려 보냈다. 정조 때 규장각 검서관을 지낸 이덕무가 당시 한양의 수산시장 풍경을 시로 읊었는데 아마 종로 육의전의 풍경을 그린 것이 아닐까 추정된다. 시장에 잔뜩 쌓아놓은 갈치의 모습이 그려져 있다.

> 거리 좌우에 늘어선 수많은 상점/ 온갖 물건이 산처럼 쌓여 헤아리기 어렵다/ 비단가게에 울긋불긋 널려 있는 건/ 모두 능라와 금수고/ 어물가게에 싱싱한 생선이 두텁게 살쪘으니/ 갈치 농어 준치 쏘가리 숭어 붕어 잉어라네 (후략)

어물전에 온갖 물고기가 잔뜩 쌓여 있는데 18세기 무렵만 해도 먼 바닷가에서 싱싱한 생선을 운송하기가 쉽지 않았는지 민물생선이 주로 보이고 바닷물고기는 드물게 눈에 띄는데, 그중 갈치도 한 자리를 차지하고 있다. 갈치는 고등어처럼 소금에 절여 운반하니까 장기 보관이 가능했다. 그래서 돈 되는 좋은 갈치는 잡아서 한양으로 올려 보낸 것이다.

그래서인지 다산 정약용은 강촌에 유배 가 있던 시절, 어촌에서는 오히려 갈치 구경하기가 힘들다고 불평했다. "싱싱한 갈치와 물 좋은 준치는 모두 한양으로 올려 보내고 촌마을에서는 가끔씩 새우젓 파는 소리만 들린다"고 말이다.

공급이 넘치면 가격이 떨어지는 것은 경제의 기본 이치다. 전국의 어촌에서 잡히는 갈치가 모두 한양의 어물전으로 모였으니 자연스레 가격이 떨어졌다. 구한말 관청에 물품을 납품하던 지규식은 《하재일기》에

일꾼의 술값으로 1냥 5전을 지급했는데 1냥은 갈치 값이라고 적었다. 아마 일꾼들이 갈치구이나 조림을 안주 삼아 술을 한잔씩 마신 것 같은데 한 냥의 값어치가 지금 가치로 어느 정도인지는 가늠할 수 없지만 한밤중에 참외 1냥어치를 사 먹었다고 한 것을 보면 당시 갈치 값은 그다지 비싸지 않았던 것으로 짐작된다.

게다가 예전 우리나라 바다에서는 일 년 열두 달 내내 갈치가 잡혔다. 서유구는 《임원경제지》에서 계절에 따라 많이 잡히는 지역이 다를 뿐, 갈치는 동해와 남해,

서해에서 모두 잡힌다고 했다. 이랬던 갈치가 지금은 어획량이 줄어 가격이 오르는 바람에 국민 생선의 지위를 고등어에게 내주고 만 것이다.

참고로 갈치는 문헌마다 그 어원을 다르게 설명하고 있다. 일부 문헌에서는 생선의 생김새가 칼처럼 기다래 도어(刀魚), 칼치라 불렀다고 하고 또 허리띠처럼 길어서 대어(帶魚)라고 불렀다고도 한다. 그리고 가늘고 긴 모습이 마치 칡넝쿨처럼 생겼기에 어부들이 갈치(葛侈)라고 부른다고 한 문헌도 있다. 작고한 수산학자 정문기는 경기 이남 서해안에서는 갈치, 경북 이북과 북한에서는 칼치라고 부른다고 했다.

59

홍어 삼합

우주의 조화를
실현한 맛

홍어 삼합은 삭힌 홍어에 돼지고기 수육과 묵은 김치를 곁들여 먹는 음식이다. 여기에 막걸리인 탁주(濁酒) 한 사발까지 더하면 바로 홍탁이다. 굳이 전라도 사람이 아니더라도 홍어 삼합과 홍탁에 한번 맛들이면 헤어나오기 어려울 정도로 중독성이 강하다.

잘 알려진 것처럼 전라도에서는 홍어 빠진 잔치는 아무리 잘 차렸어도 먹을 것 없는 잔치라고 말할 정도로 홍어를 최고로 여겼다. 그래서 잔칫날이나 제삿날이 되면 홍어를 사다 퇴비나 장독대 항아리에 묻어 며칠을 삭힌다. 그러면 홍어 몸속의 요소 성분이 효소에 의해 분해되어 암모니아로 변하며 코를 톡 쏘는 강렬한 맛이 나온다. 여기에 한번 맛을 들이면 홍어 없는 잔치는 차린 것 없는 잔치라고 흉을 볼 정도로 홍어 마니아가 되는 것이다.

홍어의 주요 산지인 흑산도에서는 홍어를 삭히지 않고 회로 먹는데 바다에서 막 잡은 홍어는 회로 먹는 것이 더 맛있기 때문이다. 그렇지만 흑산도를 떠나서 전라도 내륙으로 들어오면 홍어회보다는 코끝을 톡 쏘는 삭힌 홍어를 별미로 친다. 정약전은 《자산어보》에서 나주 사람들은 삭힌 홍어를 즐겨 먹는다고 했으니 전라도 사람들이 삭힌 홍어를 먹은 역사가 짧지 않다.

사실, 지금은 광주광역시가 전남의 중심이지만 조선시대에는 나주가 전라도의 요충지였다. 전주와 나주를 합쳐서 전라도라고 부른 것에서도 알 수 있다. 나주 사람들이 삭힌 홍어를 즐겨 먹었다는 것은 바닷가를 제외하고는 삭힌 홍어가 더 널리 퍼졌다는 뜻인데, 왜 하필이면 그냥 삭힌 홍어도 아니고 삶은 돼지고기 수육과 묵은 김치를 곁들여 먹는 홍어 삼합을 먹게 됐을까?

지금은 많은 사람들이 흑산도에서 잡히는 홍어는 서민들은 감히 먹어볼 엄두조차 내지 못할 정도로 비싸졌다고 한탄한다. 물론 지금과 비교하면 옛날에는 싼 편이었지만 그렇다고 홍어가 싸구려 생선이었다고는 할 수 없다. 잔칫상에 올리는 물고기였던 만큼 옛날부터 전라도에서 홍어는 고급 어종에 속했으니 누구나 배불리 먹을 수 있을 만큼 풍부한 음식은 아니었다.

홍어 삼합이 발달한 이유가 이 때문이라고 한다. 모처럼 잔칫집에 온 손님들이 간만에 홍어를 푸짐하게 먹고는 싶지만 홍어만 집어 먹다 보면 염치가 없어 보일까 봐 삭힌 홍어도 한 점 먹고 삶은 돼지고기도 한 점 곁들이고, 입 안이 텁텁하다 보니 묵은 김치도 한 조각 집어 먹으면서 홍어를 눈치껏 먹은 것이다. 그런데 그렇게 먹다 보니 삭힌 홍어와 돼지고기 수육, 묵은 김치가 조합을 이루며 오묘한 맛을 만들어낸 것이 홍어 삼합의 탄생 배경이라고 한다.

사람들의 입에서 입으로 전해져 내려오는 이야기지만 삭힌 홍어, 돼지고기 수육, 묵은 김치의 세 가지 음식이 절묘하게 궁합을 이루었다고 지어놓은 삼합(三合)이라는 이름 또한 절묘하다. 삼합은 명리학에서 최상의 조합을 이룬 상태를 가리키는 용어이기 때문이다. 하늘과 땅, 사람이 조화를 이루는 것이 바로 삼합이니 홍어와 돼지고기 수육, 묵은 김치가 합쳐져 우주 만물의 조화를 이루었다는 뜻일까? 아니면 세 가지가 합쳐진 맛이 삼라만상이 조화를 이룬 맛과 다르지 않다는 뜻일까?

어쨌든 홍어 삼합이 조화를 이루니 그 후부터는 다양한 세 가지 음식이 모두 화합을 시작해 우주에 새로운 음식 맛의 길을 열었다. 전남 장흥에서는 키조개와 한우 쇠고기, 표고버섯으로 삼합을 이루어 키조개 삼합을 탄생시켰고, 경남 거제도에서는 조개와 죽순, 삼겹살을 먹는 조죽삼 삼합을 만들었다. 울산에서는 언양육회에 개불, 배를 곁들여 울산 삼합까지 탄생했으니 곳곳에서 우주가 화합해 만들어내는 최상의 조합이 탄생하고 있다.

아무리 홍어 삼합이 명리학에서 말하는 최상의 조합이라고 해도 막걸리 한잔을 더해야 최고의 맛으로 승화한다고 할 수 있겠는데, '홍탁'이 좋은 이유는 삭힌 홍어를 막걸리와 함께 먹으면 중화 작용이 일어나기 때문이다.

보통 썩은 식품을 먹으면 탈이 나지만 삭힌 홍어는 효소가 요소를 분해하기 때문에 먹어도 괜찮다. 삭힌 홍어의 톡 쏘는 맛과 특유의 향기 역시 요소가 발효되면서 암모니아가 생성되기 때문인데 암모니아는 위산을 중화시키고 장 속의 잡균을 제거하는 기능을 한다. 그런데 여기에 막걸리를 함께 마시면 막걸리의 유기산이 암모니아의 지나친 자극을 중화시킨다고 하니 주당들 입장에서는 이래저래 홍탁 만세다.

60

저장 음식의 화석

그리스 철학자들은 만물의 근원이 무엇인지 끊임없이 탐구했는데, 탈레스는 만물의 근원을 물이라고 주장했고, 헤라클레이토스는 불이 세상의 근본이라고 주장했다.

만약에 동양 음식의 근원은 과연 무엇일지 생각해본다면 가장 가까운 답은 식해가 아닐까? 식해는 고기나 생선으로 담근 젓갈을 말한다. 우리나라에서는 가자미식해가 가장 유명한데 가자미식해는 함경도, 강원도 음식으로 좁쌀과 가자미를 삭혀서 주로 반찬으로 먹는다. 좁쌀로 밥을 지어 마늘, 생강, 고춧가루, 엿기름 등을 넣고 소금을 뿌려 항아리에 좁쌀밥과 가자미를 한 켜씩 담은 후 적당히 삭으면 그때 먹으면 된다.

이런 음식이 어째서 음식의 근원이 될 수 있겠냐고 반문하겠지만 식해는 우리나라뿐만 아니라 동양에서 저장 음식의 화석에 해당한다고 말할 수 있을 정도로 역사가 오래된 음식이다. 식해(食醢)의 해(醢)는 콩으로 만든 된장, 여기에 고춧가루를 더한 고추장처럼 '고기나 생선으로 담근 장[肉醬]' 이라는 뜻이다.

기원전 11세기에서 8세기 무렵의 중국 주나라 때의 예법을 적은 《주례》에서는 토끼와 생선, 기러기, 조개, 달팽이 등으로 담근 '장(醬)'을 해(醢)라고 했으니, 바로 식해에 대한 기록이다. 주석에 따르면 기장을 소금과 섞어 절인 후 항아리에 담아 100일이 지나면 익는다고 했다. 깨끗하게 닦은 생선에 소금을 뿌리고 밥과 함께 돌로 눌러놓으면 일정 시간이 지난 후 발효가 되면서 젖산이 나와 부패를 막을 수 있으니, 음식을 저장하는 수단이 발달하지 않았던 옛날에는 썩기 쉬운 생선이나 고기를 장기간 보관하는 데 가장 적격인 요리법이었을 것이다.

물론 오래됐다고 그 음식이 다른 음식의 기원이라고 말할 수는 없다. 하지만 많은 음식들이 식해와 같은 저장 음식에서 비롯됐다. 예를 들어 함경도 가자미식해나 강원도의 북어식해와 같은 식해(食醢), 그리고 단술 또는 감주로도 불리는 식혜(食醯), 조미료로 빼놓을 수 없는 식초(食醋)와 곡식이 발효해 알코올로 변한 술[酒], 그리고 일본의 생선초밥인 스시(すし) 등은 서로 아무런 관련이 없어 보인다. 하지만 음식이 발달해온 역사를 보면, 식혜와 식초, 그리고 술과 스시가 모두 고기나 생선으로 담근 젓갈인 식해에서 파생되어 나왔다고 해도 과언이 아니다.

고기나 생선을 익힌 곡식과 함께 삭히면서 발효를 시키면 그 과정에서 물이 나온다. 식혜와 식초, 술이 모두 여기서 나온 음식이라는 것이 문헌에 나와 있다. 마시는 음료인 식혜의 혜(醯) 자는 '고기로 담근 장에서 국물이 많이 나온 것'이라고 풀이했다. 식혜가 식해에서 만들어졌다는 뜻

햇떼기식해
이미지 제공_ 농촌진흥청

인데, 안동식혜를 떠올리면 쉽게 이해할 수 있다.

《설문해자》에서는 식혜의 혜(醯) 자를 '시다[酸也]'라고도 풀이했고《옥편》에서는 '신맛이다'라고 풀이했는데 고대에는 식초 역시 식해라고 불렀다. 식초가 식해에서 비롯됐다는 증거다. 술 또한 마찬가지다. 술 역시 곡식을 발효시켜 만든 식혜인 감주에서 비롯됐으니 그 역사를 거슬러 올라가면 근본은 식해다.

정리하자면 먼 옛날 고기와 생선, 그리고 곡식을 섞어 발효시킬 때 만들어지는 국물 중에서 단맛을 극대화시킨 것은 식혜로 발전했고, 알코올이 생성된 것은 술이 되었으며, 발효 과정이 지나쳐 초산이 생긴 것은 식초로 발전했다.

식해와 식혜, 식초 그리고 술은 그렇다고 치고 한 가지 의외인 음식은 일본에서 발달한 생선초밥인 스시다. 일본말 스시는 '맛이 시다'라는 뜻에서 비롯된 단어로 젓갈을 나타내는 한자 지(鮨)에서 나온 말이다. 생선을 곡식에 삭힌 맛이 시큼했기 때문에 생긴 이름인데, 생선과 밥에 소금을 뿌리고 삭힌 식해에서 밥을 제거하고 생선을 중심으로 먹은 것이 오늘날 생선초밥으로 발전했다. 지금도 일본에는 붕어를 밥과 함께 발효시켜 먹는 전통 음식, 나레즈시가 있으니 바로 초밥의 원형이다.

그리스 철학자들이 만물의 근원에 대해 생각해본 것처럼 지금 우리가

260

즐겨 먹는 음식의 뿌리가 무엇일지 생각해보니 엉뚱하게 식해로 이어지는 부분이 있다. 세상살이, 생각지도 못한 곳에서 근원을 찾는 일이 적지 않다.

61

농어회

역사상 가장
맛있는 회

세상에서 가장 맛있는 생선은 무엇일까? 동서고금을 통틀어 볼 때 아마 농어가 지구 상에서 제일 맛 좋은 물고기일 것 같다.

고향의 농어회가 먹고 싶다며 높은 벼슬마저 팽개치고 낙향을 한 사람이 있는가 하면 온갖 진수성찬에 입맛이 길들여진 황제마저 농어를 먹고는 맛있다며 젓가락을 놓지 못했다고 하니 맛 좋기로 농어만 한 생선이 없을 듯하다.

4세기 무렵 중국 진나라의 재상으로 있던 장한이 가을바람이 솔솔 부는 것을 보고 고향의 순챗국과 농어회가 생각난다며 벼슬을 버리고 고향으로 훌쩍 돌아가버렸다.

낙향하기 전 친구에게는 "세상이 어지러워 재난은 끊이지 않는데 벼슬에서 물러나기는 쉽지 않다"며 "인생살이 마음에 맞는 일을 하는 것이 중요하지 어찌 그까짓 벼슬에 연연해 살아야겠느냐"고 답답한 심경을

262

털어놓는다. 그러다 가을바람이 불어오자 고향인 송강에서 잡히는 농어 회를 먹어야겠다고 결단을 내린 후 미련 없이 벼슬을 버리고 고향으로 돌아갔다.

'순로지사' 혹은 '순갱노회'라는 유명한 고사로 《진서》 열전에 나오는 이야기다. 순(蓴)은 순채라는 채소고 노(鱸)는 농어인데 고향에서 먹던 순챗국과 농어회를 생각한다는 뜻으로 '고향을 그리워한다'는 의미로 널리 인용되는 고사이지만 사실 그 이상의 의미가 함축돼 있다.

지금의 중국 쑤저우 부근인 송강의 농어회를 먹겠다고 장한이 벼슬을 버리고 고향으로 돌아간 후 조정에서는 쿠데타가 일어나 폭군이었던 임금이 신하들에게 죽임을 당한다. 재상 자리에 있던 장한이 눈앞의 벼슬에 연연하지 않고 고향으로 낙향한 덕분에 재난을 면했으니, 고향의 농어회가 장한의 목숨을 구해준 셈이다.

송강에서 잡히는 농어는 황하의 잉어, 양자강의 시어, 흑룡강의 연어와 함께 옛날부터 중국의 4대 명물 어류로 꼽혔다. 보통 농어는 아가미가 양 옆으로 두 개씩 있지만 송강의 농어는 안쪽에 두 개가 더 있어 아가미가 모두 네 개라고 한다. 송강의 농어를 회로 뜨면 육질이 눈처럼 하얗고 입에 넣으면 오래도록 입 안에 향기가 돈다고 하는데 실제인지 중국인 특유의 과장인지 알 수가 없다.

중국 역사에서는 이렇게 생선회 가운데 농어회를 으뜸으로 여기는데 그중에서도 최고는 금제옥회(金虀玉膾)다. 서기 6세기 말엽, 수나라 양제가 천하를 통일한 후 수도인 장안을 떠나 남쪽으로 순시 여행을 하여 오군이라는 곳에 도착했다. 지금의 쑤저우 부근이다.

황제가 왔다는 소식을 들은 현지 관리가 송강에서 농어를 잡아 회를 뜨고 곁들여 먹을 만한 야채를 만들어 황제에게 바쳤다. 맛을 본 수양제는 입을 다물지 못하며 "이것이 바로 동남 지방에서 유명하다는 금제옥회로구나"라며 손에서 젓가락을 놓지 못했다고 한다.

금제옥회라는 요리는 금처럼 빛나는 양념장 금제와 회로 뜬 농어의 살이 옥처럼 하얗다고 해서 옥회라고 부른 것에서 생긴 이름이다. 사실 금제옥회라는 농어회는 수양제가 맛보기 이전부터 있었던 요리다. 중국에서 가장 오래된 농업서인《제민요술》에 금제라는 양념장을 만드는 법이 실려 있다.

생선회와 함께 먹는 양념장인 금제는 여덟 가지 맛이 조화를 이루고 있다는 뜻에서 팔화제라고도 히는데 마늘과 생강, 소금, 좁쌀, 멥쌀, 소금에 절인 백매(白梅)를 귤껍질과 함께 장에 버무려 만든다. 귤껍질이 황금색으로 보여 황금빛 양념장이라는 뜻의 금제(金虀)라는 이름이 생겼다. 농어회와 겨자장 그리고 금제를 각각 다른 접시에 올려 내놓으면 각자의 기호에 맞춰 회와 양념장을 먹는다고 한다.

금제옥회는 나중에 여러 형태로 요리 방법이 변화하는데 가늘게 썬 생선회와 감귤을 껍질째 짓이겨 함께 버무리기도 하고 횟감 역시 농어가 없으면 쏘가리로 대신하기도 했다.

이렇게 금제옥회라는 요리는 진수성찬의 대명사로 쓰였으니 혹시 농어회나 쏘가리회를 맛볼 기회가 있으면 수양제처럼 황제가 된 기분으로 입맛을 다셔보는 것도 좋을 듯싶다.

6장

김치 없인 못 살아

| 김치류 |

62

파김치

왜 하필
'파김치가 됐다'고 했을까?

지치고 기운이 없어 푹 늘어진 모습을 보고 우리는 '파김치가 됐다'고 말한다. 일상생활에서 자주 쓰는 표현이라 별생각 없이 말하는 것이지만, 왜 하필 피곤한 모습을 파김치에 비유한 것일까?

파김치가 축 늘어져 있으니 피곤한 모습을 파김치에 비유한 것 아니냐며 당연한 사실을 놓고 쓸데없는 관심을 쏟는다고 지청구를 들을 수도 있겠다. 하지만 대부분의 채소가 소금에 절여 김치를 담그면 축 늘어지게 마련인데 특별히 왜 파김치에 비유했느냐는 것이다. 하릴없는 관심을 두는 김에 덧붙이자면 언제부터 우리가 이런 표현을 사용했는지도 궁금하다.

따지고 보면 '파김치가 됐다'는 표현이 생긴 이유를 쉽게 이해할 수 있다. 싱싱한 파는 꼿꼿하게 힘이 들어가 있다. 다듬어 놓아도 뻣뻣하다. 옛날 사람들은 그래서 파를 파릇파릇 생기 넘치는 식물의 표본으로 여겼다. 나무가 빽빽하게 들어선 모습을 울창하다고 하는데 강조법으로 울울창창(鬱鬱蒼蒼)이라고 한다. 그런데 옛날에는 울울창창을 '울울총총(鬱鬱蔥蔥)'이라고도 표현했다. 울울총총은 파가 무성하게 나 있다는 의미이니 나무가 빽빽하게 들어선 모습을 파에다 비유한 것이다.

그래서 옛 시인은 짙푸른 녹음을 푸른 파에다 빗대어 청총(靑蔥)이라고 노래했고, 이런 표현이 은유적으로 발전해 청총은 푸른 파처럼 젊은 청년을 뜻하는 말로 쓰였다.

파는 이렇게 청춘의 상징이었는데 이런 파를 소금에 절여 양념까지 해서 파김치로 담그면 이야기가 달라진다. 그렇게 생기 넘치고 꼿꼿하던 파가 문자 그대로 축 늘어져서 파김치가 되어버리는 것이다. 다른 어떤 채소로 담근 김치 재료보다도 김치를 담가놓기 전과 후의 모습이 달라진다. '파김치가 됐다'는 표현이 그래서 생긴 것이 아닐까 싶다.

또 한 가지 궁금증은 언제부터 늘어진 모습을 파김치에 비유했느냐는 것인데 고문헌을 찾아보면 늦어도 18세기에는 '파김치가 됐다'는 표현이 보인다. 정조 때 규장각 검서관을 지낸 실학자 이덕무의 《청장관전서》에 피곤한 모습을 파김치에 빗대어 묘사한 표현이 보인다.

"다리에 힘이 없어 마치 파김치처럼 늘어졌다"고 했는데 조금 더 부연 설명하자면 다리[脚]에 힘이 풀려 부들부들 늘어진 모습[軟]을 파김치[葱菹]와 비슷하다고 했다. 김치를 담그기 전까지 그렇게 꼿꼿하던 파가 김치를 담그자 부들부들 부드러워지는 것에 비유한 것으로 짐작된다. 이에 앞서 18세기 초반까지 살았던 권상하도 자신의 문집인 《한수재집》에다 큰 병을 앓은 후 기력이 꺾여서 글을 몇 줄만 읽어도 영락없이 파김

치가 된다는 소회를 적어놓았다.

우리 조상님들은 언제부터 파김치를 담갔을까? 현재까지 찾아본 기록으로는 조선 초기, 서거정의 《동문선》에 파를 데쳐서 국을 끓이고 김치를 담근다는 표현이 있다. 따라서 늦어도 고려 말 이전부터 파김치를 담갔을 것이고 그러니 고려 때에도 피곤한 모습을 '파김치가 됐다'고 표현했을 가능성도 있다.

그렇다면 피곤한 모습은 당연히 파김치에 비유할 수밖에 없었을 것이다. 왜냐하면 당시 기준으로는 김치로 담갔을 때 축 늘어지는 채소는 파밖에 없었을 것이기 때문이다. 다시 말하자면 조선시대 초반까지만 해도 지금과 같은 배추김치는 존재하지 않았다.

이파리가 싱싱하게 살아 있는 얼갈이김치는 담갔을 수 있지만 지금과 같은 통배추로 담근 김치는 없었다. 통배추는 조선 중후반기에 등장했기 때문이다. 반면 얼갈이배추는 파처럼 처음에는 뻣뻣했다가 소금에 절이면 푹 늘어지는 채소가 아니다.

게다가 조선 초기만 해도 배추김치보다는 무김치가 중심이었다. 주로 겨울에 먹는 동치미, 아니면 무를 소금에 절인 짠지 위주였을 것이고 혹은 순무를 재료로 해 담근 나박김치 종류였다. 또는 부추김치를 많이 담갔던 것으로 보이는데 부추는 소금에 절인다고 평소 모습과 달리 늘어지는 채소가 아니다.

그러니 부들부들 숨이 죽는 채소는 파밖에 없었으니 피곤해 늘어진 모습을 '파김치가 됐다'고 표현한 것이 아닐까 싶다. 파김치 하나를 놓고 오지랖 넓게 별생각을 다해봤지만 자료와 근거를 바탕으로 상상의 날개를 펴보는 것 역시 나름 재미있다.

63

오이지

인류 최초의
채소 절임

인류가 최초로 담근 채소 절임은 아마 오이지였을 확률이 높다. 지금 우리가 먹는 것처럼 소금에 절인 오이지였건 아니면 서양에서 주로 먹는 식초로 절인 오이 피클이 됐건, 어쨌든 오이 절임이 최초의 저장 채소였다.

동양 문헌에 등장하는 최초의 채소 절임은 중국 고대 시집인《시경》에서 찾아볼 수 있다.《시경》〈소아편〉에 "밭두렁에 자란 오이를 깎아 절여 조상님께 바치자"라는 구절이 있다. 절인다는 표현의 한자로 김치 저(菹) 자를 썼다. 그리고 절인 채소로는 오이를 뜻하는 과(瓜)라는 한자를 썼으니 바로 오이지에 다름 아니다.

물론 정확하게 따지고 보면 지금 우리가 먹는 오이지와는 상당히 다르다. 왜냐하면 지금의 오이는《시경》이 편찬되고 나서 훨씬 이후인 기원전 2세기 무렵에 동아시아로 전해졌기 때문이다.《본초강목》에서는 한

나라 때 외교관인 장건이 서역에서 오이를 가져와 퍼트렸다고 한다.

따라서 《시경》에서 절여서 조상님께 바치겠다고 한 오이는 동아시아에서 토종으로 자라는 참외 종류였을 것이다. 과일인 참외로 오이지를 담갔다고 하니까 지금은 낯설고 이상하게 들리겠지만 사실 조선시대 말기까지만 해도 참외는 과일인 동시에 채소였으며 또 배고플 때 밥 대신 먹는 양식이었다.

《시경》에 나오는 절인 오이가 오이지인지, 혹은 오이 피클인지도 정확하게는 알 수 없다. 어떤 방식으로 절였는지 설명이 없기 때문인데 짐작은 할 수 있다. 한나라 때 사전인 《설문해자》에 김치 저(菹)는 채소를 식초에 절인 것이라고 풀이했다. 그러니 《설문해자》의 풀이를 근거로 해석해보자면 《시경》의 오이지는 소금에 절인 오이지가 아니라 식초에 절인 오이 피클일 수 있다.

특히 《시경》이 편찬된 무렵인 기원전 7세기 이전이라면 내륙 지방에서는 식초보다 소금 구하기가 훨씬 어려웠을 것이다. 그러니 곡식을 발효시키면 얻을 수 있는 식초로 오이를 절이지 않았을까 싶다.

최초의 절인 채소가 오이지가 됐건 또는 오이 피클이 됐건 그것은 무려 3천 년도 넘는 먼 옛날의 이야기일 뿐이고, 우리나라 사람들에게 여름철 입맛 없을 때 먹는 최고의 밥반찬은 오이지였다.

지금은 계절에 관계없이 어느 음식이고 먹을 수 있으니 특별히 계절 음식의 소중함이 예전처럼 피부에 와 닿지는 않는다. 그렇지만 냉장고가 귀했던 시절에는 겨울이 시작되기 전 김장을 담그는 것처럼 오이가 나올 때가 되면 집집마다 장마와 삼복더위에 대비해 오이지를 담갔다.

그런데 같은 오이지라도 예전에는 경기도 용인 오이지가 특별히 유명했던 모양이다. 담그기가 까다로운 것도 아니고 특별히 맛난 재료가 별도로 더 들어간 것도 아닌데 용인 오이지는 조선 팔도의 별미로 소문이 자자했다.

　일제강점기의 문인인 최영년은 《해동죽지》에서 용인 오이지를 조선의 명물 음식으로 꼽으며 "용인에서 나오는 오이와 마늘, 파로 오이지를 담그면 부드럽고 맛이 깊을 뿐만 아니라 국물은 시원하고 단 것이 사탕수수즙에 뒤지지 않는다"며 극찬했다.

　용인 오이지가 얼마나 유명했는지는 18세기 중반의 《증보산림경제》에도 기록이 보이는데 아예 다른 오이지와 구분해 용인 오이지 담그는 법을 별도로 적어놓았다. 그런데 내용을 보면 소금을 묽게 탄다는 것, 반복해서 오이를 뒤집어준다는 것 이외에는 큰 차이가 없다. 그럼에도 유독 용인 오이지가 조선 팔도의 별미로 소문이 났으니 《해동죽지》에서는 맛의 비밀이 오이에 있는 것으로 추정했다.

　용인 오이지는 용인군에서 나는 오이로 담그는데 수원에 살던 호사가가 용인의 오이를 수원으로 옮겨다 심은 후 오이를 따다가 오이지를 담갔지만 용인군에서 수확한 오이로 담근 오이지와는 맛이 같지 않아 괴이하게 여겼다고 기록해놓았

다. 또 세종 임금이 용인, 이천, 광주 등으로 사냥을 다녔는데 길가의 시골 백성들이 더러는 푸른 오이[靑瓜]를 드리기도 하고 더러는 보리밥을 바치기도 했다는 기록이 있다. 옛날에 경기도 용인 일대는 이렇게 오이(참외) 특산지로 유명했으니 용인 오이지가 별미로 소문난 것 역시 재료가 좋았기 때문이 아닌가 여겨진다. 지금은 명맥이 끊어진 용인 오이지의 맛이 궁금해진다.

64

보쌈김치

보쌈김치에 담긴
작은 역사

커다란 배추 잎에 파, 마늘, 생강, 고추 등을 채 쳐 넣고 배와 밤, 대추 등의 온갖 과일은 물론이고 낙지나 마른 북어와 같은 해산물을 얹어 보자기처럼 싸놓은 후 익혀 먹는 김치가 보쌈김치다. 화려하면서도 담백한 맛이 특징인 보쌈김치는 맛도 특별하지만 보쌈 속에 들어 있는 갖가지 해물과 과일을 골라 먹는 재미도 만만치 않다. 게다가 고명을 싼 넓은 배추 잎을 쭉쭉 찢어서 밥에 얹어 먹으면 겨울철 별미로 손색이 없다.

개성의 명물이라는 보쌈김치는 지금도 생각보다 먹기가 쉽지 않다. 집에서 보쌈김치를 담그는 데도 손이 많이 갈 뿐만 아니라 이제는 제대로 담글 줄 아는 사람도 얼마 없다. 음식점에서 사 먹자니 제대로 된 보쌈김치를 내놓는 곳도 많지 않다. 만들기가 복잡한 데다 별도로 적지 않은 돈을 지불해야 하니 김치를 돈 내고 사 먹는 데 따른 소비자의 거부감도 작용하는 것 같다.

옛날 신문을 보면 보쌈 김치는 원래부터 쉽게 먹을 수 있는 음식은 아니었다. 개성 쌈김치가 맛있고 유명한 것은 그만큼 시간과 공력이 많이 들어가기 때문인데 개성에서도 김장 전체를 쌈김치로 담그는 것이 아니라 조금 담가서  손님이 올 때 혹은 얌전하게 써야 할 때나 내놓는 김치라고 소개했다. 손님이 왔을 때나 집안의 특별한 행사 때 내놓는 특별한 김치였던 것이다.

일반적으로 보쌈김치는 개성의 명물 음식으로 알고 있지만 엄밀하게 따지면 개성 김치라기보다 궁중 음식에서 발달한 김치라고 한다. 궁궐에서 임금님 수라상에 올리던 김치가 민가에 전해지면서 퍼진 별미기 때문이다. 구중궁궐에 전해 내려온 음식으로 왕족이나 궁궐을 출입하던 고관대작의 집에서나 담그던 김치였기에 20세기 초반까지만 해도 보쌈김치는 한양에서조차 일반인은 구경하기 힘들었다.

그러던 것이 조선왕조가 멸망해 왕실 요리사들이 궁궐에서 나와 개인적으로 고급 음식점을 개업하면서 보쌈김치가 민간에 퍼지게 되었다. 기록에 따르면 보쌈김치를 민간에 전파한 사람은 조선 왕실의 마지막 요리사인 안순환이다. 안순환은 당시 20만 원이라는 거금을 투자해 고급 음식점 식도원을 설립하고 당시 경성의 부자들과 경제인, 외국인에게 궁중 음식을 선보였다.

보쌈김치도 이때 선보였는데 김치 속에 넣은 갖가지 해물이나 과일과 같은 고명이 화려한 데다 담그는 방법도 독특하고 맛도 시원해 식도원을 드나들던 경성 부자들에게 큰 인기를 끌었다.

그런데 궁중 김치였던 보쌈김치가 어떻게 개성의 명물로 이름을 떨치게 됐을까? 전문가들은 두 가지 이유를 꼽는다. 하나는 배추와 관련이 있다. 보쌈김치를 언제부터 담갔는지는 분명치 않지만 역사가 길지는 않은 것으로 추정한다. 왜냐하면 배추 잎으로 각종 양념을 비롯해 과일과 해산물을 보자기 싸듯이 싸려면 배추 잎이 크고 넓어야 하는데 이런 품종의 배추가 나온 것은 1850년 전후라는 것이다.

1910년 이전까지 조선 배추는 경성 배추와 개성 배추가 맛 좋기로 유명했다. 경성 배추는 지금의 동대문 밖 왕십리 일대 훈련원 자리에서 재배했고 개성 배추는 가을배추로 인기가 높았다. 경성 배추는 속이 비교적 알차고 잎이 작은 반면에 개성 배추는 잎이 크고 넓지만 속은 꽉 차지 않았다고 한다. 1923년 〈동아일보〉 기사에서는 개성 배추는 키가 크고 탐스럽기는 하나 속이 덜 차고 고갱이가 여문 것이 특징이라고 했다.

따라서 보쌈을 싸기에는 개성 배추가 훨씬 더 적합해 궁중에서도 보쌈김치를 담글 때면 일부러 개성에서 배추를 가져다 보쌈김치를 담갔다. 때문에 보쌈김치가 개성 김치로 알려진 것이다.

보쌈김치가 개성 김치로 명성을 얻게 된 또 다른 이유는 개성에 부자들이 많았기 때문이라고 한다. 보쌈김치에는 고명으로 각종 해산물과 과일이 많이 들어갈 뿐만 아니라 담그는 데도 손이 많이 가기 때문에 보통 사람들은 담글 엄두조차 내지를 못했다. 그렇지만 송도 상인으로 부를 쌓은 개성 사람들 가운데는 보쌈김치를 담글 수 있을 만큼 살림에 여유가 있는 사람이 많았기에 개성을 중심으로 널리 퍼졌다는 것이다. 보쌈김치에 담긴 작은 역사다.

65

한국인 밥상의 기본 반찬은 김치와 깍두기다. 전통 음식인 만큼 옛날부터 조상님들이 먹었을 것 같지만 요즘처럼 먹음직스런 깍두기는 역사가 의외로 짧을 수 있다.

무로 만든 김치 종류는 옛날에도 있었지만 맛깔스럽게 양념한 깍두기는 근대에 만들어진 것일 수도 있다. 깍두기라는 명칭부터가 20세기 이후에야 보인다. 1920년대 중반부터 김장철에 각종 신문 잡지에 배추김치와 깍두기 담그는 법이 실린다. 가장 이른 기록은 1923년 11월 10일자 〈조선일보〉에 실린, 깍두기의 명칭을 통일하고 담는 법을 표준화하자는 내용이 아닐까 싶다. 그러니 이전에는 깍두기라는 이름 이외에 다양한 이름으로 불렸고, 담그는 법도 제각각이었을 것이다.

물론 깍두기 비슷한 무김치는 조선 말기 요리서인 《시의전서》에 나온다. 젓무라는 김치로, 무를 네모지게 썰어 젓갈에 담근다고 했으니 지금의 깍두기와 모양 및 담그는 법이 비슷하다. 《시의전서》 역시 19세기 말의 책으로 지금 전해지는 것은 1919년에 쓰인 필사본이다.

깍두기는 역사가 분명하지 않으니 어떻게 생겨난 음식인지 그 기원에 대한 추측도 다양하다. 극단적으로 엇갈리는 설이 있는데 가난한 사람들이 먹던 허드레 음식에서 발전했다는 견해도 있는 반면 궁중에서 발달한 김치가 기원이라는 이야기도 있다.

옛날 김치는 주로 무로 담갔다. 배추가 흔하지 않았기 때문인데 똑같은 무로 담근 김치라도 양반은 동치미, 나박김치 등 모양새를 갖춰서 먹었지만 일반 서민들은 못생긴 무를 소금물이나 장에 담갔다가 밥 먹을 때 꺼내어 썰어 먹었다. 특별히 담그는 법이나 별도로 이름조차 지을 필요가 없는 그냥 무짠지였을 뿐이다.

'깍두기'라는 명칭이 1920년 전후해서야 간신히 보이는 이유도 여기서 찾을 수 있다. 이전에는 짠지처럼 소금물이나 장에다 담근 무를 꺼내어 썰어 먹었을 뿐 특별히 이름을 지을 필요가 없었기 때문이다. 뿐만 아니라 서민들이 끼니때 밥을 넘기기 위해 대충 먹던 반찬이라서 양반들의 기록에 깍두기라는 명칭이 보이지 않는다는 것이다.

그러나 일각에서는 무김치가 양반집 조리 문화와 결합해 현재의 깍두기로

발전한 것으로 보기도 한다. 무김치가 반가의 밥상에 올라가기 시작하면서 미적인 요소가 강조돼 정육면체의 반듯한 깍두기 모양을 갖추게 되었다는 해석이다. 그러다 20세기 초반인 1920년대에 일반 가정에서도 김장을 담그게 되면서 각종 젓갈과 고춧가루, 다양하고 풍부한 양념을 사용해 깍두기를 담근 것이 발전하면서 깍두기가 서울의 대표적인 무김치로 자리 잡았다는 것이다.

궁중 음식에서 비롯됐다는 이야기도 있다. 조선 정조 임금의 둘째딸 숙선옹주가 아버지 정조를 위해 만들어 바친 무김치가 발전한 것이라는 설이다.

정조의 사위 되는 홍현주의 부인이 임금에게 여러 음식을 만들어 올렸는데 이때 처음으로 깍두기를 만들었으며 무김치를 작게 송송 썰어 올린 것이 깍두기의 시초가 되었다는 것이다. 깍두기를 처음 만들었다는 홍현주의 부인이 바로 숙선옹주로 순조의 누이동생이다.

《시의전서》에는 정조의 아내이자 순조의 어머니인 수빈 박씨가 가끔 순조에게 음식을 만들어 보내곤 했는데 순조는 시장하지 않아도 어머니가 보낸 음식은 반드시 조금씩 맛을 보았다는 기록이 있다. 숙선옹주 또한 어머니 솜씨를 닮았다면 음식을 잘 만들었을 테고, 그래서 아버지인 정조에게 가끔씩 음식을 만들어 올렸을 수 있다.

또 《국조보감》에는 정조가 어렸을 때 밥은 적게 먹고 아침저녁으로 무를 먹었다는 기록이 있는데, 그렇다면 숙선옹주가 무를 좋아하는 정조를 위해 무를 송송 썰어 깍두기라는 새로운 김치를 만들어 올렸을 수도 있다. 순조도 누이동생이 만든 음식을 맛있게 먹었을 가능성이 높다. 《조선왕조실록》에 따르면 순조는 누이동생을 각별히 아껴 옹주가 입궁한다는 말을 들으면 얼굴에 기쁜 기색을 드러내며 입궁 날짜를 손꼽아 기다렸다고 한다. 조선에서는 시집간 공주나 사대부 부인들이 궁중에 모여 음식을 만들어 왕실 어른들을 대접했다. 숙선옹주가 이때 음식 솜씨를 자랑했을 수도 있다.

별생각 없이 먹는 깍두기지만 따져보면 그 속에서 별별 역사를 다 찾을 수 있다.

66

동치미 한 사발이면
의사가 필요 없다

서양에는 "토마토가 빨갛게 익을 무렵이면 의사의 얼굴이 파랗게 변해버린다"는 속담이 있다. 토마토를 많이 먹으면 의사도 필요 없을 정도로 건강이 좋아진다는 것을 강조하는 말인데 동양에도 비슷한 속설이 있다. "늦가을 시장에 무가 나올 때가 되면 의원들이 문을 닫는다"고 했다.

닥쳐올 불황에 대한 걱정으로 얼굴색이 바뀌는 정도가 아니라 무 때문에 아예 문을 닫고 휴업에 들어간다는 것이니 혹시 무의 효능이 토마토보다 더 좋은 것은 아닐까?

어쨌든 겨울철에 먹는 무가 그만큼 좋다는 것인데 그저 속설로 전해지는 이야기만은 아니다. 명나라 때 의학서인 《본초강목》에서도 "가장 몸에 이로운 채소가 무"라고 했다.

겨울철 저장 음식으로 무를 먹지 않는 나라는 거의 없는 듯한데, 우리 조상들 역시 동치미를 담가 겨울 음식으로 삼았다. 물기 많은 무를 골라서 껍질을 그대로 둔 채 깨끗하게 씻어 소금과 함께 항아리에 넣어두면 무에 소금이 배면서 무의 수용성 성분이 빠져나와 청량음료처럼 톡 쏘는 맛을 낸다.

고려 중엽의 시인 이규보는 무를 장에다 넣어 먹으면 여름철에 먹기 좋고, 소금물에 절이면 겨울 내내 먹을 수 있다고 했으니 최소한 고려시대 이전부터 동치미가 겨울철 음식으로 발달했음을 알 수 있다.

동치미는 글자 그대로 겨울에 먹는 김치라는 뜻이다. 순수 우리말을 한자로 표현한 것인지 아니면 한자에서 비롯된 우리말인지는 정확히 알 수 없지만, 우리나라 세시풍속을 적은 《동국세시기》 11월조에 작은 무로 김치를 담그는데 이것을 동침(冬沈)이라고 한다는 기록이 있다. 겨울 동(冬)에 김치를 나타내는 침(沈) 자를 써서 동침으로 표기했다가 동치미가 된 것으로 보인다.

동치미는 날씨가 상대적으로 따뜻한 이남보다는 평양을 중심으로 발달한 겨울 김치다. 이북에서는 겨울이 되면 살얼음이 동동 떠서 이가 시릴 정도로 차가운 동치미를 반찬으로 먹거나 아니면 동치미 국물에 메밀국수를 넣어 냉면으로 말아 먹었다.

요즘은 냉면을 주로 여름철에 먹지만 예전에는 겨울에 먹는 음식이었다. 특히 이북에서는 겨울철 차가운 동치미 국물에 성질이 찬 메밀국수를 말아 먹으며 겨울 별식으로 삼았는데 그렇지 않아도 추워 죽을 지경인 겨울철에, 왜 살얼음 동동 뜬 동치미 국물에 말아서 먹은 것일까?

한의학적으로 따지면 상당한 이유가 있다고 한다. 그렇지 않아도 늦가을에 나오는 무가 겨울철 건강을 지키는 데 좋은데, 무로 만든 동치미는 몸속의 열을 분산시키고 소화를 돕기 때문이다. 말하자면 바깥 날씨가 무더운 여름에는 인체의 열이 신체 표면의 피부로 모여 몸속은 상대적으로 차가워지는 데 반해 겨울에는 체열을 낭비하지 않기 위해 복부 깊숙한 곳으로 열이 몰린다. 차가운 동치미가 추운 겨울에 어울리는 것도 한 겨울에는 체열이 배 속 깊은 곳에 모여 있어 위장의 활동이 지장을 받는데 찬 동치미가 들어가 배 속의 열을 흐트러뜨리는 역할을 하기 때문이다.

중국 의학서인《황제내경》에 따르면 인체의 기질은 계절의 영향을 받아 변화한다고 한다. 일반적으로 봄에는 기운이 상승하고[春升], 여름에는 양기가 떠돌아다니며[夏浮], 가을에는 기운이 내려갔다[秋降]가 겨울

에는 가라앉는다[冬沈]고 한다. 그렇기 때문에 사계절 기운의 부침이 인체의 생리에 변화를 주므로 병의 치료도 계절의 변화에 따라 달라져야 한다는 것이다. 동치미가 열을 분산시키는 역할을 하므로 추운 겨울 음식으로 제격이라는 해석이 그럴듯하게 들린다.

거창하게 계절의 변화에 따른 인체 기질의 변화까지 이야기하지 않아도 동치미는 그 자체가 소화제라고 할 수 있다. 무에는 디아스타아제

라는 효소가 있는데 소금에 절이면 동치미 국물에 녹아 나와 소화에 도움을 준다고 한다. 게다가 시원한 탄산 맛과 함께 무기질, 비타민, 유기산 등이 있어 천연 이온 음료 역할까지 했으니 겨울을 대표하는 김치가 될 만했다. 요즘은 동치미를 계절에 관계없이 먹을 수 있지만 뭐니 뭐니 해도 동치미는 추운 겨울날 살얼음 동동 띄운 것이 최고가 아닐까 싶다. 문명의 발달로 편해지기는 했지만 낭만은 사라지는 것 같아 아쉽다.

67

나박김치

전염병 치료제로도 쓰인
나박김치

밥상에 봄이 왔음을 알리는 전령사는 여럿 있지만 김치 중에서는 나박김치가 대표적인 봄김치가 아닐까 싶다. 고춧가루로 빨갛게 물들인 김칫국에 얇고 네모지게 썬 무와 미나리, 실고추를 넣어 담근 나박김치는 봄철 입맛 돋우는 데 안성맞춤이다.

나박김치는 또 훌륭한 소화제였다. 예전 할머니들은 소화를 시키지 못해 속이 더부룩할 때면 나박김치 국물을 한 사발 들이켰다. 그러면 묵은 체증이 쑥 내려간다고 했다. 그러고 보면 떡을 먹을 때면 나박김치를 함께 내놓는 경우가 많은데 이것 역시 떡 먹은 후 체하지 말고 잘 소화시키라는 옛 어른들의 경험에서 나온 지혜였을 것이다.

조선시대에는 나박김치가 심지어 전염병 예방 및 치료제로도 쓰였다. 16세기 중종 때 평안도 지방에 전염병이 크게 돌았다. 《중종실록》에 따르면 1524년에 평안도 용천에 역병이 돌아 죽은 사람만 670명에 이르고 이로 인해 평안감사가 문책까지 당했다고 한다.

이때 전염병을 예방하고 치료하는 데 쓰인 약이 바로 나박김치다. 한 차례 전염병이 돌고 난 후인 이듬해 1525년에 중종은 지난해 나돈 전염병이 다시 퍼지는 것을 미연에 방지하기 위해 의관인 김순몽과 박세거 등을 시켜 《간이벽온방》이라는 의학서를 펴낸다. 여기에 중종이 전염병을 방지하기 위해 순무로 담근 나박김치 국물을 어른 아이 할 것 없이 모두 한 사발씩 마시도록 하라고 지시했다는 내용이 보인다.

얼핏 전염병을 막는다며 나박김치 국물을 마시라고 한 것을 옛날 사람들의 근거 없는 민간요법이라고 할 수도 있겠다. 그렇지만 의식동원(醫食同源)이라는 관점에서 보면 무가 채소 중에서 가장 이로운 채소고 소변을 다스려 허한 기를 보충하는 데 좋다고 했으니 전염병이 창궐하는 지역에서 환자의 기력을 보충해 병을 예방하고 치료하는 데 도움이 됐을 수도 있다.

참고로 전염병 치료제로 이용된 나박김치가 지금의 나박김치와 동일한지는 확신할 수 없다. 사실 나박김치는 중종 때 《간이벽온방》이라는 의학서에 처음 보이는데 한자로는 나복저(蘿葍菹)라고 적혀 있다. 여기서 나복(蘿葍)은 무를 뜻하고 저(菹)는 김치로 절였다는 뜻이니까 나복저가 지금 먹는 나박김치의 원형인지 아니면 무로 담근 김치를 통틀어 나박김치라

고 한 것인지도 분명치 않다.

어쨌건 나박김치가 무를 재료로 담근 국물이 있는 김치인 것은 분명한 데, 따지고 보면 옛날에는 지금처럼 나박김치와 동치미를 확실하게 구분하기가 쉽지 않았을 것이다. 실제로도 홍만선은 《산림경제》에서 나박김치는 동치미의 일종이라고 했으니까 두 김치가 지금처럼 명확하게 구분되지는 않았던 것 같다.

18세기 《증보산림경제》에 지금의 나박김치처럼 보이는 김치가 나오는데 바로 무순김치[蘿葍黃芽菹]다. 정월에 땅에 묻어 저장해둔 무를 꺼내어 무순을 자르고 얇게 썰어 무, 파와 함께 버무려 김치를 만들어 먹으면 사람이 갑자기 봄기운을 느끼게 된다고 했다. 미나리김치가 나박김치의 원형일 수도 있다. 미나리와 연한 배추를 봄 무와 함께 버무려 김치를 담그면 맛이 좋다고 했는데 반드시 실파를 넣는다고 했으니 지금의 나박김치와 한층 가깝다.

따지고 보면 무김치라는 것이 18세기 무렵부터 다양하게 진화한 것일 수도 있다. 장아찌 형태의 무김치가 이후 소금물에 무를 절인 김치로 발전하면서 동치미가 되었고, 이어 무를 소금물에 절인 후 오이, 호박, 부추, 미나리 등과 함께 고춧가루를 풀면서 동치미와는 또 다른 맛이 나는 나박김치로 발전했을 수도 있다.

이런 형태의 나박김치는 임진왜란 후에 주로 보이는데 왜냐하면 고추가 임진왜란 무렵 우리나라에 전래됐기 때문이다. 고추가 들어오기 전까지는 김치의 색깔을 낼 때 주로 맨드라미꽃을 사용했다고 한다. 음식도 현대의 기술이 발전하고 진화한 것만큼이나 다양하게 진화해온 것이다.

68

김칫국

조선시대
복통약

　조선 초, 명나라는 조선에서 여자를 뽑아 황제의 후궁이나 궁녀로 삼았다. 태종 때 명나라 영락제의 후궁으로 뽑혀 중국으로 간 여자 중에 황씨와 한씨가 있었는데 북경으로 가는 도중 황씨가 갑자기 복통을 앓았다.

　의원이 여러 약을 모두 써보았지만 효과를 보지 못한 가운데 황씨가 김칫국 한 사발만 마시면 아픈 배가 나을 것 같다며 김칫국을 찾았다. 황씨를 호송하던 중국 사신 황엄이 난감한 표정을 지으며 동행한 조선 관리에게 김칫국이 무엇이냐고 물었다. 설명을 들은 황엄이 얼굴빛이 창백해지며 "혹시 사람 고기가 먹고 싶다면 내 다리를 베어서라도 바치겠지만 이런 황무지에서 어떻게 김칫국을 얻을 수 있겠냐?"며 탄식했다.

　《조선왕조실록》에 실린 내용인데 조공녀의 형식으로 끌려가는 것이지만 황제의 후궁으로 뽑힌 여자고 혹시라도 황제의 총애를 받을 수도 있기에 호송 관리가 황씨를 대하는 태도가 지극 정성이었다.

아무리 정성을 다해도 김치 없으면 밥을 먹지 못했던 우리나라 사람이니 만주를 거쳐 북경으로 가는 도중 기름진 중국 음식만 먹었다면 배탈이 날 만도 했다. 아무리 좋은 약도 다 필요 없고 그저 김칫국 한 사발만 마시면 아픈 배가 싹 나을 것 같았던 모양이다.

황씨에 대한 이야기를 조금 더 하자면 김칫국을 마시지 못했기 때문인지 며칠이 지나도록 복통이 낫지를 않았다. 그리하여 밤마다 몸종이 손으로 황씨의 배를 문지르며 아픈 배를 가라앉히려는데 어느 날 측간에 갔다가 황씨의 몸에서 죽은 아이가 나왔다. 후궁으로 간택되어 가던 멀쩡한 처녀가 사산을 한 것인데 이웃집 관노와 통(通)해 아이를 가진 것이라는 소문이 돌았다. 하지만 모두가 쉬쉬하며 북경에 도착해 황제가 황씨와 동침을 했다. 다음 날 아침 황제가 진노해 황씨가 처녀가 아닌 것을 문책하니 모든 것이 들통이 났다. 그리하여 조선에다 이를 문제 삼으려고 하는데 황씨와 함께 와 후궁 여비(麗妃)가 된 한씨가 "사사로운 간통을 조선의 임금이 어찌 알았겠느냐"라며 말려 문제 삼지는 않았다. 황씨는 결국 참형을 당해 죽었고 여비 한씨는 영락제가 죽은 후에 산 채로 순장을 당했으니 김칫국 이야기에서 슬프고 황당한 역사의 일면을 엿보게 된다.

한국인이 아플 때 약 대신 김칫국을 마신 역사는 뿌리가 깊다. 조선 초기뿐만 아니라 불과 수십 년 전만 해도 시골에서 아이들이 배앓이를 하면 할머니가 장독대에서 시원한 동치미 국물이나 배추김치 국물을 떠 주며 아픈 배를 달래주곤 했다.

1970~1980년대 난방으로 연탄을 많이 때던 시절에 연탄가스에 중독되면 지체 없이 김칫국이나 동치미 국물을 마시라며 응급 처방으로 김칫국을 장려하기도 했으니 김치 없이 못 사는 한민족에게 김칫국은 음식이자 훌륭한 약이었다.

따지고 보면 2003년 무렵, 중증급성호흡기증후군(SARs)이 나돌았을 때도 한국은 물론 중국에서도 김치와 김칫국을 마시면 예방이 된다는 소문이 돌았으니 김칫국에 대한 신뢰가 무척 깊다 하겠다.

7장

밥상 위의 의사

| 채소류 |

냉이

봄 냉이는
인삼보다 명약

계절의 변화를 실감하는 공간이 식탁이다. 특히 봄나물은 겨울이 끝나고 봄이 왔음을 밥상에서 먼저 알려주는 전령사다. 새콤달콤한 달래무침이나 달래간장으로 밥 한 그릇 뚝딱 비웠을 때, 된장 풀어 끓인 냉잇국을 한 수저 떴을 때, 입 안 가득 퍼지는 냉이 향기에서 우리는 봄을 느낀다. 여기에 쌉쌀한 맛으로 겨우내 텁텁했던 입맛을 신선하게 자극하는 씀바귀까지 더해지면 진수성찬이 따로 없다. 그래서 옛날부터 사람들이 봄나물을 아예 보약이라고 불렀던 모양이다.

산채는 일렀으니 봄나물 캐어 먹세

고들빼기 씀바귀며 소루쟁이 물쑥이라

달래김치 냉잇국은 비위를 깨치나니

본초를 상고하여 약재를 캐 오리라

고등학생 때 배운 조선시대 〈농가월령가〉에서 2월의 노래에 나오는 구절이다. 학창 시절에는 그저 시험에 나올까 외우기에 바빴지만 지금 다시 돌이켜보면 구구절절이 가슴에 와 닿는다. 달래김치, 냉잇국이 얼마나 입맛을 돋우는지 몸으로 체험해 알기 때문인데 오죽하면 봄나물 캐러 간다는 말 대신에 아예 옛날 동양 의학서에 적힌 약초를 캐 오겠다는 말로 대신했을까?

《동의보감》에 씀바귀는 성질이 차고 맛이 쓰지만 몸의 열기를 제거해 마음과 정신을 안정시켜 심신을 편하게 해주며 춘곤증을 물리쳐 노곤한 봄날 정신을 맑게 해준다고 했다. 냉이 역시 성질이 따뜻하고 맛이 좋아 피를 잘 돌게 해주며 간에 좋고 눈이 맑아진다고 했으니 약초나 다름 없다.

요즘 봄나물은 온실재배로 사시사철 거의 아무 때나 먹을 수 있다. 하지만 진짜 약이 되는 봄나물은 제철 노지에서 캔 것으로 그중에서도 냉이가 으뜸이다. 겨우내 얼어붙은 땅을 헤집고 나와 가장 먼저 움이 트는 나물이 냉이이기 때문이다. 옛날 어르신들은 겨울을 넘긴 나물 뿌리는 인삼보다도 명약이라고 했으니 냉이가 보약이 되는 이유를 여기서도 찾을 수 있다.

생각해보면 기나긴 겨울 동안 묵은 반찬만 먹다가 초고추장 양념에 버무린 냉이무침에 냉이된장국과 냉이된장찌개, 냉이장아찌에 냉이김치, 냉이전까지 신선한 봄나물이 밥상에 올라왔으니 굳이 따로 보약을 찾아 먹을 이유가 없다.

냉이가 좋기는 좋은가 보다. 고대에 이런저런 이유로 나물만 먹고 산

인물이 있었는데 널리 알려진 백이숙제와 채원정이다.

유명한 백이숙제는 기원전 11세기 무렵, 중국 주나라 때의 전설적인 성인이다. 주나라 무왕이 은나라 주왕을 황제의 자리에서 몰아내려 하자 신하가 임금을 토벌하는 것은 옳지 않다며 반대했다. 하지만 무왕이 반대를 뿌리치고 주왕을 쫓아내자 백이와 숙제는 주나라 곡식 먹기를 거부하며 수양산으로 들어가 고사리를 캐 먹으며 숨어 살다 결국 굶어 죽었다.

숙종 때 실학자 홍만선은《산림경제》에서 냉이는 성질이 따뜻해 오장을 조화롭게 한다며 중국 송나라 때 채원정이 냉이를 먹고 높은 학문의 경지에 이르렀다고 칭찬했다.

채원정은 공자, 맹자의 뒤를 잇는 유교의 성현인 주자가 존경한 인물이다. 어릴 때 가정 형편이 어려웠음에도 글 읽기를 게을리하지 않았는데 서산이라는 곳에 들어가 냉이를 캐어 먹으며 주린 배를 달래가면서 학문을 닦았다. 글을 읽은 후 채원정이 산에서 내려와 명망 높은 주자를 찾아가 제자로 받아주기를 청했다. 주자가 그의 학문을 시험해보고는 학문의 깊이에 매우 놀라 "이런 사람을 제자의 반열에 두는 것은 옳지 않다"며 마주 앉아 서로 학문을 논했다고 한다.

고사리를 캐 먹은 백이와 숙제는 굶주려 죽었고 냉이를 먹으며 공부를 한 채원정은 주자도 존경하는 학문의 경지를 이뤘으니 냉이가 보약에 버금가는 봄나물이라는 소리를 들은 것이다.

냉이는 우리는 물론이고 중국과 일본에서도 즐겨 먹는 봄나물인데 예전부터 봄을 축하하는 대표 나물이었다. 지금 우리가 먹는 만두와 춘권은 본래 새해를 축하하고 봄을 맞이할 때 먹는 음식이었다. 당나라 시대에는 만두와 춘권을 빚을 때 소로 냉이를 넣었으니 성질이 따뜻한 봄나물 냉이를 넣어 양기를 보충한다는 뜻이 있었다고 한다. 지금도 중국 북방에서는 봄이면 냉이를 캐어다 만두와 춘권을 빚는다. 일본에서도 냉이는 봄을 맞으며 먹던 일곱 가지 채소, 즉 칠종채(七種菜) 중 하나였으니 봄을 축하하는 음식에 냉이가 빠져서는 안 되었다. 한중일 삼국에서는 봄이 되면 제일 먼저 냉이를 먹으며 몸보신을 하고 봄맞이를 했던 것이다.

'70 씀바귀

실연의 아픔보다는
쓰지 않은 씀바귀

씀바귀는 쌉싸래한 맛 때문에 먹는다. 쓴맛이 오히려 입맛을 당기는 핵심 경쟁력인데 어릴 때는 그 쓴맛의 진가를 잘 깨닫지 못한다. 그저 쓰기만 할 뿐이어서 씀바귀나물을 좋아하는 어린이는 그다지 많지 않다. 하지만 나이가 들면 씀바귀의 참맛을 즐길 수 있으니 마치 산전수전을 다 겪어본 후에야 인생이 무엇인지를 알 수 있는 것과 비슷하다.

씀바귀는 먼 옛날부터 사람들이 식용한 나물이다. 《시경》에 실린 기원전 11세기 무렵에 지은 것으로 추정되는 노래에서도 씀바귀를 노래하고 있는데, 고대 사람들도 씀바귀의 쓴맛을 썩 즐기지는 않은 모양이다. 노래의 주인공이 젊은 여자라서 아직 씀바귀의 참맛을 몰랐던 것일 수도 있지만 말이다.

《시경》〈곡풍(谷風)〉에 "누가 씀바귀를 쓰다고 하였던가? 내게는 달기가 냉이와 같네"라는 노래 구절이 나온다. 쓴 씀바귀가 오히려 냉이처럼 달다는 것인데 반어법으로 표현한 글이다. 남편한테 버림받은 여자가 부른 노래니, 씀바귀의 쓴맛쯤이야 버림받은 아픔에 비하면 오히려 달콤한 맛이라는 비유다. 쫓겨난 조강지처의 슬픔과 아픔이 구구절절이 배어 있다.

> 따뜻한 동쪽 바람 불더니 어느새 날 흐리고 비가 내리네
> 애써서 마음 모아 함께하다가 이리도 화를 내니 너무하네요
> 순무를 뽑고 무 뽑을 땐 뿌리만 필요한 것이 아니랍니다

회한과 원망에 이어 "쫓겨나니 터벅터벅 걷는 걸음은 마음속에 가고 싶지 않아서라오"라고 비통한 심정을 읊은 연후에 나오는 것이 씀바귀의 비유다.

버림받은 이 여인, 크나큰 아픔을 겪은 만큼 인생의 쓴맛도 관조할 수 있는 경지에 올라선 것이 아닐까? 씀바귀 맛도 진짜 달게 느껴졌다면 실연의 아픔쯤은 이겨냈을 것 같다.

씀바귀가 달다고 노래한 인물이 또 있다. 주 태왕(周太王)으로 주나라를 건국한 무왕의 시조이니 기원전 11세기 훨씬 이전의 인물이다.

역시 씀바귀가 달다는 표현을 반어법으로 사용했다. 태왕이 처음 가솔을 이끌고 주나라 땅 들판으로 집을 옮기어 움집을 짓고 살면서 가문을 일으켰으니 기름진 음식은 찾지도 않았고, 밭에서 캔 씀바귀도 그저 엿처럼 달다고 느끼며 검소한 생활을 했다. 씀바귀가 엿처럼 달다는 뜻인 '근도여이(菫荼如飴)'라는 사자성어가 여기서 비롯된 것으로 근검절약을

상징하는 말로 쓰인다.

어쨌든 여기서도 씀바귀는 원래 무지하게 쓴 나물인데 고생을 하면서 검소하게 살다 보니 그 쓴 씀바귀마저 엿처럼 달다고 한 것이다. 뒤집어 보면 고대인들에게 씀바귀는 그다지 환영받지 못한 나물이었음을 짐작할 수 있다. 사실 달콤한 음식도 많은데 쓰디쓴 씀바귀를 사람들이 굳이 좋아했을 것 같지는 않다. 씀바귀를 가리키는 한자에도 옛날 사람들의 이런 인식이 반영돼 있다.

씀바귀는 한자로 도(荼)라고 쓴다. 한자를 풀어보면 풀 초(艹) 자 아래에 나머지 여(余) 자로 이뤄진 글자다. 나물로 캔 여러 풀 중에서 다른 풀을 다 고르고 난 후에 남은 식용이 가능한 풀이라는 의미가 담겨 있다. 먹을 수 있는 나물 중에서 가장 맛이 없다는 뜻이니 씀바귀가 환영받지 못한 이유를 한자 이름에서도 찾을 수 있다.

그런데 그렇게 모진 구박을 받았으면서도 기원전 11세기 이전부터 현재까지 무려 3천 년 이상 사람들 식탁에 오른 것은 씀바귀에 특별한 맛이 있기 때문일 것이다. 사실 입에 쓴 것이 몸에는 좋다는 옛말은 씀바귀를 두고 하는 말이다.

예부터 전해 내려오는 말에 "이른 봄에 씀바귀를 먹으면 그해 여름은 더위를 타지 않는다"고 했고 "춘곤증을 막아주어 봄철 정신을 맑게 해준다"는 말도 있다. 옛말 그른 것 하나도 없다는 말처럼 모두 근거가 있는 이야기다.

허준은 《동의보감》에서 씀바귀는 성질이 차면서 맛이 쓰다고 했으니 다시 말해 여름철 더위를 물리칠 수 있다는 말이고, 마음과 정신을 안정

시키며 잠을 덜 자도록 도와준다고 했으니 곧 씀바귀를 먹으면 춘곤증을 막을 수 있다는 것이다. 그래서 씀바귀는 고들빼기와 함께 봄철 춘곤증을 예방하는 대표적인 나물로 꼽혀왔다.

씀바귀무침
이미지 제공 _ 농촌진흥청

씀바귀가 몸에 좋은 과학적인 이유인데, 쌉싸래한 맛은 오히려 식욕을 촉진하는 역할을 하니 미각적으로 씀바귀가 좋은 이유다. 대표적인 봄나물로 3천 년 넘게 맛있게 먹고 있으면서도 비유해서 말할 때는 실연의 아픔보다 달다느니, 고생할 때의 고통에 비하면 엿과도 같은 맛이라느니 입방아를 찧으니 씀바귀 입장에서는 이런 뒷담화가 없다. 달면 삼키고 쓰면 뱉는 인간의 속성이 봄나물 씀바귀를 대하는 태도에서도 고스란히 드러난다.

71

오이

과년한 딸과
오이의 상관관계

옛날 사람들은 이상하다. 엉뚱한 물건을 놓고 얼토당토않은 상상을 했다. 오이를 보고 아리따운 여인을 떠올리고 성숙과 다산의 상징으로 여겼다. 남자가 오이를 먹으면 힘이 강해지고 여자는 성숙한 여인으로 거듭난다고 믿었다. 이러한 옛날 사람들의 특이한 발상은 아직도 우리의 일상생활과 언어 속에 무의식적으로 녹아 있다.

그중 하나가 '과년한 딸자식이 있다'는 표현이다. 과년한 딸에는 두 가지 의미가 있는데 하나는 과년(過年)으로 나이가 들어 혼기를 놓쳤다는 뜻이다. 그러니까 노처녀 딸이 있다는 표현이다.

또 하나는 과년(瓜年)으로 한창 나이의 딸, 그러니까 결혼 적령기의 딸이 있다는 뜻이다. 과(瓜)는 오이라는 한자인데 오이와 여자 나이가 무슨 관계가 있다고 과년을 결혼 적령기라고 한 것일까?

오이 '과'라는 한자의 가운데를 칼로 자르듯 반을 자르면 팔(八)과 팔(八)

로 나누어진다. 여덟이 둘이니 더하면 열여섯이다. 그러니까 이팔청춘 열여섯 살이 바로 과년이다. 지금은 기껏해야 중학교 3학년 정도이니 한참 어린 나이지만 옛날에는 결혼하기에 좋은 나이였다. 성춘향이 이도령과 사랑을 속삭인 때가 이팔청춘이니 바로 열여섯 살 때다.

열여섯 살은 오이를 쪼갠다는 의미로 파과기(破瓜期)라고 한다. 여자가 생리를 시작하는 나이를 에둘러 표현한 것이다. 여자아이의 초경 시기가 앞당겨진 지금과 달리 예전에는 열여섯 살 전후로 생리를 시작했으니 바꿔 말하자면 여자가 아이를 낳을 수 있는 나이가 된 것이고 곧 성숙한 여인이 됐다는 뜻이다.

그래서 과(瓜)라는 한자에는 오이라는 뜻 이외에도 '무르익다' '성숙하다'는 의미도 담겨 있다. 오이의 의미가 성숙과 다산으로 연결되는 것이다.

오이를 성숙한 여인과 다산의 상징으로 본 것이 단순한 말장난은 아니었다. 동서양을 막론하고 고대인의 머릿속에 깊숙이 자리한 무의식의 원형에서 비롯된 상징이다.

우리 설화 곳곳에서도 오이가 생식의 상징으로 등장한다. 처녀가 오이를 먹고 아이를 낳았다는 전설인데 신라 말기와 고려 초기, 풍수지리설의 대가인 도선국사가 바로 오이를 아버지로 해 태어난 인물이다.

신라에 최씨 성을 가진 사람이 살았다. 어느 날 마당에 커다란 오이가 열렸는데 그 집 딸이 몰래 따 먹더니 덜컥 임신을 해서 아들을 낳았다. 크게 화가 난 부모가 아비 없이 낳은 아이라며 숲에다 버렸다. 딸이 몰래 찾아가 보니 비둘기가 날개로 아이를 덮어 키우고 있었다. 이를 보고 범

상치 않은 아이라 여겨 다시 데려다 키웠더니 자라서 승려가 됐다. 바로 도선국사다. 《세종실록지리지》와 《신증동국여지승람》에 실려 있는 내용이다.

비슷한 이야기가 또 있다. 왕건을 도와 고려를 건국한 개국공신 최응과 관련한 이야기다. 최응을 임신했을 때 집에서 키우던 오이 줄기에 갑자기 참외가 열렸다. 이를 이상하게 여긴 이웃이 궁예에게 고발을 하니 궁예가 불길하다며 아들을 낳으면 버리라고 명령했다. 하지만 최응의 부모는 아이를 낳아 몰래 키웠고, 그 아이가 나중에 장성해서 대학자가 된 후 왕건을 도와 고려를 건국했다. 《고려사》에 나오는 이야기다.

우리 조상들만 오이를 성숙의 상징으로 보고 오이에서 다산의 의미를 찾은 것은 아니다. 고대 서양 사람들도 마찬가지여서 오이를 아예 정력제와 강장제, 여인의 성숙을 촉진하는 채소로 여겼다.

로마 사람들은 오이를 강장제로 생각했다. 율리우스 카이사르는 오이가 정신적으로 강인한 힘을 주는 채소라며 전투에 나가는 병사들에게 오이를 절인 식품인 피클을 제공했다.

오이가 남성의 강장제 역할을 하는 동시에 여성의 성숙을 촉진하고 다산을 돕는 식품이라는 인식도 강했다. 1세기 무렵의 로마 역사가이자 장군으로 《박물지》를 저술한 플리니우스는 오이

즙이 여성의 생리를 도와준다고 적었다. 우리나라와 마찬가지로 고대 로마에서도 어린 소녀에서 성숙한 여인으로 탈바꿈하는 데 오이가 중요한 역할을 한다고 믿은 것이다.

오이는 예나 지금이나 피부 미용에 좋은 채소로 인기가 높다. 클레오파트라 역시 오이를 이용해 피부 관리를 했다고 한다. 지금도 여자들은 오이로 마사지하고 미용에 좋다며 생오이를 먹는다. 오이의 미백 및 보습 효과 때문이지만 고대부터 이어진 오이의 이미지와도 무관한 것 같지 않아 흥미롭다.

72

더덕구이

산에서 나는
고기

해삼(海蔘)을 바다에서 나는 인삼이라고 부르는 것처럼, 더덕은 산속 모래땅에서 자라는 식물의 뿌리로 인삼에 버금간다고 해 사삼(沙蔘)이라고 불렀다. 주로 반찬으로 먹는 채소지만 인삼 못지않게 몸에 좋다고 여겼고, 육식을 금지하는 사찰에서는 더덕을 '산에서 나는 고기'라며 영양식으로 불렀다. 예전부터 오래 묵은 야생 더덕은 인삼 정도가 아니라 산삼에 버금가는 효과가 있다고 했다. '사삼'이라는 별명이 빈말이 아니다.

광해군 때 시중에 이런 노래가 유행했다. 아마 의식 있는 선비들이 은밀하게 읊조리던 금지 가요를 철모르는 아이들이 따라 불러서 퍼져나갔을 것이다.

처음에는 사삼각로(沙蔘閣老) 권력이 막강하더니

지금은 잡채상서(雜菜尙書) 세력을 당할 자가 없구나

각로는 정승이니 '사삼각로'는 더덕 정승이라는 뜻인데, 광해군 때 좌의정까지 오른 한효순을 일컫는 말이고, '잡채상서'는 호조판서를 지낸 이충을 가리키는 말이다.

《조선왕조실록》에는 한효순의 집에서 만드는 더덕 요리와 이충 집안의 잡채가 그 맛이 특별나고 독특했다는 기록이 있는데, 시중에서는 두 사람이 맛있는 요리를 만들어 바쳐 광해군의 총애를 받아 출세했다고 비꼰 것이다.

한효순 집에서 만들었다는 더덕 요리는 밀병(蜜餠)이라고 했다. 꿀로 만든 떡이니 아마 더덕을 까서 두드린 후에 찹쌀가루를 입혀 기름에 지진 후 다시 꿀로 버무린 더덕강정이 아니었을까 싶다.

요리 솜씨가 뛰어난 덕분인지 혹은 더덕이라는 좋은 재료 덕분인지 알 수는 없지만 광해군이 반할 정도의 요리였다니 그 맛이 궁금해진다. 더덕은 씹는 맛과 향기가 일품이다. 고추장에 재어놓은 더덕장아찌는 밥도둑에 가깝고, 고추장 양념을 발라 구운 더덕구이 또한 씹는 맛이 쇠고기를 능가하고 향긋하면서 쌉싸름한 향기는 인삼에 버금간다.

그래서 깊은 산속에서 캐낸 더덕은 임금님 수라상에도 오르고, 귀한 손님이 왔을 때 접대용 음식으로 빠지지 않았다. 지금으로부터 약 900년 전인 고려 때도 다르지 않았다.

1124년 송나라 사신 일행으로 고려에 온 서긍이 한 달 동안 개성에 머물면서 고려의 각종 제도와 풍속 등을 기록한 책이 《고려도경》이다. 가까운 관계였던 송나라 사신이었으니 고려에서도 극진히 대접했다. 서긍 일행이 처음 고려 땅으로 들어서자 영접을 담당한 지방 관리가 처음 대접한 음식이 당시에는 엄청 귀한 음식이었던 국수였고, 이것이 우리나라에서 국수를 먹었다는 최초의 기록이다.

개성에 도착한 이후에는 관청에서 차리는 밥상에 날마다 더덕이 반찬으로 올라왔다고 기록했는데, 서긍은 더덕을 먹으면서 "형체는 크고 살이 부드러워 맛이 있지만 약용으로 쓰는 것 같지는 않다"고 적었다. 더덕을 거의 인삼에 버금가는 약재로 생각하면서 먹은 것이 아닐까 싶다.

더덕구이
이미지 제공_ 농촌진흥청

맛있는 더덕 요리에 빠진 광해군은 알다시피 인조반정으로 임금 자리에서 쫓겨난 후 처음에는 강화도 교동으로 유배를 갔다. 그곳에서 위리안치(圍籬安置), 즉 가시덤불로 담장을 친 집에 갇혀 지냈다. 당시 광해군을 감시하던 강화별장은 광해군이 하루아침에 바뀐 처지가 비통해 식사도 제대로 못했다고 목격담을 기록했다.

"광해가 하루 종일 밥을 물에 말아 겨우 한두 수저를 뜰 뿐 다른 것은 먹지를 못해 기력이 쇠약해졌는데 언제나 목이 메어 울고만 있다."

비록 쫓겨난 임금이지만 인간적인 연민을 느낄 만도 한데 유배지로 따라간 한 계집종이 쫓겨난 임금이라고 함부로 대하자 참다못해 광해군이 하녀를 꾸짖었다. 그러자 하녀가 크게 소리를 지르며 따지고 대들었다.

"영감이 일찍이 임금 자리에 있을 때 무엇이 부족해 염치없게 아랫사람에게 반찬까지 요구해서 심지어 잡채판서, 더덕정승이라는 말까지 생겨나게 하였소?"

잡채를 잘 만들어 호조판서가 된 이충과 더덕 요리로 총애를 받은 좌의정 한효순, 국수를 별미로 만들어 바친 함경감사 최관을 두고 한 말이다. 하녀의 패악이 계속 이어졌다.

"영감이 임금의 자리를 잃은 것은 자신의 잘못 때문이지만 우리는 무슨 죄가 있다고 이 가시덩굴 속에서 갇혀 지내야 한다는 말이오?"

하녀의 악다구니를 들은 광해군이 고개를 숙인 채 한마디 말도 못하고 탄식만 했다. 더덕, 그리고 더덕으로 상징되는 부질없는 욕심이 무엇이기에 광해군을 나락으로 떨어뜨렸을까?

73

가지

아무나 먹을 수 없었던
고급 수입 채소

요즘 웬만한 채소는 아무 때나 먹을 수 있으니 제철 채소라는 개념이 무의미한 듯도 하다. 그렇지만 가지만큼은 아무래도 여름에 먹어야 어울린다. 후텁지근한 날씨로 온몸이 끈적거릴 때 먹는 가지볶음과 가지찜, 아니면 더위에 지쳐 헉헉거릴 때 시원하게 땀을 식혀주는 가지냉국은 여름에 먹어야 더 맛있다.

한방에서도 가지는 성질이 차가워 한여름에 먹으면 더위를 식힐 수 있다고 했다. 다만 찬 성질로 인해 너무 많이 먹으면 몸에 좋지 않다고 하는데, 아이를 가진 며느리에게는 가지를 먹이지 말라고 하는 것도 이 때문이다. 민간에서 떠도는 속설이지만 명나라 때 의학서인 《본초강목》에 근거를 두고 나온 말이다.

오늘날 가지는 평범한 채소에 지나지 않는다. 오히려 다른 채소와 비교해 덜 선호한다는 느낌마저 없지 않다. 하지만 옛날 사람들은 가지를 처음 먹어보고는 이루 말할 수 없을 정도로 독특하고 이국적인 채소라고 생각했다. 가지가 보통 사람들은 쉽게 먹을 수 없는 고급 수입 채소였기 때문이다.

가지의 원산지는 인도다.《자치통감》에 한나라 때 가지를 키웠다는 기록이 나오는 것으로 미루어 1~2세기 무렵 인도에서 티베트를 넘어 동쪽으로 전해진 것으로 보인다. 그렇지만 보급이 늦었기 때문인지 요리법이 다양하고 맛있었기 때문인지 가지는 꽤 긴 세월 동안 희소가치가 높은 귀한 채소로 대접받았다.

6세기 무렵의 농업서인《제민요술》에 가지의 재배법과 요리법이 보이는데 가지를 자를 때는 뼈로 만든 칼이나 대나무 칼로 잘라야지 쇠로 만든 칼로 자르면 가지의 절단면이 검게 변한다고 적혀 있다. 아주 조심스럽게 가지를 손질한 것인데 당시에는 가지가 그만큼 귀한 채소였기 때문이 아닌가 싶다.

가지는 별명이 '곤륜과(崑崙瓜)'다. 곤륜산에서 나는 오이라는 뜻으로 가지를 바라보는 옛날 사람들의 시각이 반영돼 있다. 곤륜산은 중국 신화에서 신선들이 모여 산다는 곳으로, 곤륜과란 곧 신선들이 먹는 좋은 채소라는 의미가 있다. 고대인들은 곤륜산이 지금의 티베트와 칭하이성 사이에 있다고 상상했다. 그러니 곤륜과라는

가지나물
이미지 제공_ 농촌진흥청

별명에는 가지가 서쪽에서 티베트와 칭장고원을 넘어 중국으로 전해졌다는 의미도 포함되어 있는 것 같다.

우리는 가지를 언제부터 먹었을까? 인도가 원산지인 가지가 언제 어떻게 한국으로 전해졌는지는 분명치 않다. 하지만 가지는 한반도에서 나는 것이 맛있기로 소문이 났던 모양이다. 관련된 이야기가 《해동역사》에 전한다.

신라에서 나는 가지는 모양이 달걀처럼 생겼고 엷은 보라색을 띠면서 광택이 나는데 꼭지가 길고 맛이 달다. 그 씨앗이 중국에 널리 퍼져 있다

원나라 때의 농업서인 《농서》에서도 가지는 여러 종류가 있지만 발해의 가지가 열매가 실하고 티베트의 가지는 열매가 가늘다고 했으니, 우리 땅에서 자란 품종이 맛이 좋기로 널리 알려졌던 것이다.

옛날 사람들은 왜 가지를 그렇게 좋아했을까? 수입 채소인 만큼 귀한 것도 한 가지 이유였겠지만 유제품이 흔치 않던 시절, 가지를 치즈와 버터 맛이 나는 특별한 채소로 여겼기 때문이다. 가지에서 '낙소(酪酥)'의 맛이 난다고 했으니 고대에 왕후장상들이나 먹었다는 치즈의 맛을 느낀 모양이다.

중국 청나라 때 소설인 《홍루몽》에서는 가지를 풀로 만든 자라에 비유했다. 중국 사람들은 에나 지금이나 자라를 강장 식품으로 여기니, 가지를 자라에 버금가는 특별한 채소로 여겼다는 말이 되겠다.

인도에서 서쪽으로 간 가지는 중동에서도 특별한 취급을 받았다. 터키 요리 중에 가지에 양파와 토마토를 넣고 올리브 오일에 익힌 이맘 바일디라는 음식이 있다. 이맘 바일디는 '성직자 이맘이 기절했다'는 뜻이다. 부인이 이 가지 요리를 하자 이맘이 향기에 취해 기뻐서 기절할 지경이었다는 이야기에서 비롯된 이름이라고 한다.

고대에는 동양과 서양을 막론하고 모두 가지를 특별한 채소로 취급했다. 앞으로 가지나물을 먹을 때는 기절까지는 하지 않더라도 맛이 조금 더 특별하게 느껴지지 않을까?

74

수박나물

족보 있는
반찬

　대부분 가정에서 다 먹고 난 수박 껍질은 그냥 버리고 만다. 당연하다
는 듯 음식물 쓰레기로 처리하고 마는데 사실은 수박 껍질도 맛있는 반
찬이 될 수 있다. 빨간 과육을 먹고 난 후 남은 껍질의 하얀 속살을 썰어
고추장과 식초로 양념해서 무치면 맛있는 수박나물이 된다. 아삭아삭 씹
히는 맛이 식감도 좋고, 맛도 늙은 오이로 무친 오이나물에 뒤지지 않을
정도로 훌륭하다. 그래서 예전에는 많은 가정에서 수박 껍질로 나물을
무쳤는데 요즘은 쉽게 찾아보기 힘들다. 경제적으로 여유가 생겼을 뿐만
아니라 값싸고 질 좋은 채소가 많아졌기 때문에 굳이 수박 껍질로까지
나물을 무쳐 먹을 필요가 없어졌기 때문일까?

　보통 수박나물은 먹을 것이 부족하던 시절, 껍질도 버리기가 아까워
반찬으로 만들어 먹었을 것이라고 생각하기 쉽다. 물론 그런 측면도 없
지 않다. 하지만 먹고 난 수박의 껍질로 만든 수박나물은 역사가 깊은 음

식이다.

우리나라에서만 수박 껍질을 먹은 것이 아니다. 중국에서도 명나라 때부터 과육을 다 먹고 난 수박의 껍질을 활용해 요리를 했고 지금도 수박 껍질로 음식을 만든다. 뿐만 아니라 서양에서도 수박 껍질로 반찬을 만들었다. 특히 미국의 남부 지방에서는 오이 피클처럼 수박 껍질로 피클을 담가 먹었다.

옛날부터 동서양에서 모두 껍질을 활용해 반찬으로 만들었으니 그냥 쓰레기로 버리기에 아까워 재활용한 것이 아니라 족보가 있는 음식이라 할 수 있다.

우리나라에 수박이 전해진 것은 13세기 말이다. 허균은 《도문대작(屠門大嚼)》에다 고려 충렬왕 때 홍다구가 개성에 처음 수박을 심었다고 적었다. 고려 말에 우리나라에 들어왔으니 전래 시기도 비교적 늦은 편이고 수박이 전국적으로 보급된 것도 한참 후의 일이다. 그러니 당연히 수박 값이 지금은 상상도 하지 못할 정도로 비쌌는데, 조선 초기인 세종 때는 수박 한 통의 값이 쌀 다섯 말 가격과 맞먹을 정도로 귀했다. 수박이 널리 퍼진 것도 조선 후기 무렵이다.

지금도 그렇지만 조상님들도 수박나물을 흔하게 드시지는 않았던 모양이다. 수박이 워낙 귀한 탓에 활용도가 낮았던 것인지, 아니면 그 당시에도 수박을 먹고 남은 껍질은 당연히 버리는 것으로 알았던 것인지는 분명치 않다.

수박나물에 익숙하지 않았기 때문인지 19세기 중반 실학자인 이규경은 수박 껍질로도 맛있는 음식을 만들 수 있다고 강조했다. 수박 껍질을 썰어 항아리에 장과 함께 담그면 무김치처럼 좋은 반찬이 된다 했으니 고추장 양념에 무치는 지금의 수박나물과는 또 다른 수박장아찌 담그는 법을 소개한 것이다.

수박 껍질은 몸에도 좋다고 했다. 명나라 때 의학서인 《본초강목》에도 수박 껍질인 서과피(西瓜皮)가 약재로 실려 있는데, 수박 껍질 역시 과육과 마찬가지로 열을 식혀주고 갈증을 멎게 하며 소변을 원활하게 보는 데 도움이 된다고 했다. 뿐만 아니라 입 안이 헐었을 때 수박 껍질을 갈아서 먹으면 좋다고 했으니 수박 껍질이 부족한 비타민을 보충하는 데 도움이 됐을 것이다.

《본초강목》에 약효가 있다고 나왔기 때문인지 중국에는 수박 껍질을 이용해 만드는 음식이 적지 않다. 돼지고기 또는 버섯과 수박 껍질을 섞어 볶기도 하고, 우리처럼 무쳐서 먹기도 하며 무짠지처럼 절여서도 먹는다.

특이한 것은 《본초강목》을 비롯한 여러 의학서에는 수박 껍질의 효능이 적혀 있지만 명나라와 청나라 때 문인들의 문집이나 요리책에는 수박 껍질로 만든 요리가 거의 보이지 않는다는 점이다. 이로 미루어보건대, 수박 껍질을 이용한 요리는 서민 음식에서 출발한 것이 아닌가 짐작된다.

서양에서는 오이를 식초에 절인 오이 피클처럼 수박 껍질로도 피클을 담갔는데 미국 남부의 흑인들이 만들어 퍼트렸다. 수박 껍질 피클은 19세기 초반에 발행된 미국 최초의 요리책에도 수록돼 있다고 한다. 원문을 직접 확인하지 못했기에 '하더라'라고 표현했는데, 이규경이 수박 껍질

318

장아찌를 소개한 것이 19세기 중반이니 미국의 수박 껍질 피클이 우리의 수박 껍질 장아찌보다 이른 셈이다. 미국에서 1881년에 발행된《남부의 옛날 요리》라는 책에도 수박 껍질 피클 만드는 법이 나온다. 이 책은 노예 출신 요리사인 피셔 부인이 구술해 만든 책으로, 흑인이 쓴 최초의 요리책이다. 미국의 수박 껍질 피클이 남부 흑인 사회에서 발달했음을 뒷받침하는 증거라고 할 수 있다.

먹고 남은 수박 껍질로 만든 반찬이 19세기 이전부터 전해진 음식이라는 것도 의외지만 우리는 물론이고 중국, 심지어 미국에서도 수박 껍질로 반찬을 만들어 먹었다는 사실이 더 놀랍다.

75

버섯

신선이 먹는
영험한 음식

진시황은 영원히 살겠다며 불로초를 구했다. 서복을 책임자로 어린 남녀 300명을 동쪽 삼신산에 보냈지만 끝내 늙지 않게 해주는 풀을 찾지는 못했다. 여기까지는 모두가 아는 이야기다. 그렇다면 서복은 풀이 죽은 채 빈손으로 돌아갔을까? 그랬다가는 목이 열 개라도 살아남지 못한다는 사실을 잘 아는 관리가 순진하게 행동했을 리 없다. 여러 이야기가 있지만 불로초는 찾지 못했으나 대신 삼신산에 사는 신선들이 먹는 식품을 어렵게 구해 왔다며 진시황에게 영지버섯을 바쳤다고 한다.

영지버섯은 지금도 건강에 좋다고 알려져 있지만 옛날부터 신선들의 식품으로 유명했던 모양이다. 영지버섯을 발견하면 임금님께 먼저 바쳤을 정도다. 《삼국사기》를 보면 신라 성덕왕 때 지금의 창원, 상주, 공주 등지에서 영지버섯을 발견해 나라에 진상했다는 기록이 있다.

《고려사》에도 태조 원년, 싱싱한 영지버섯이 발견돼 왕에게 바치니 태조 왕건이 창고를 열어 곡식을 상으로 내렸다는 기록이 있다. 고려가 개국한 해에 발견됐으니 길조의 상징물로 영지가 등장했고 창고를 열어 곡식을 지급했다니 엄청난 고가에 사들인 것 같다.

그럼 버섯은 영지버섯이 최고일까? 세상에는 약 1만 4000종류의 버섯이 있다고 하는데 그중 식용버섯은 100종류에 불과하다. 많다면 많고 적다면 적은 숫자인데 사람 입맛이 제각각인 것처럼 시대에 따라 또 나라와 민족에 따라 최고로 여기는 버섯이 모두 다르다.

영지버섯을 최고로 여긴 것은 고려시대 이전이고 우리나라와 일본 사람들은 송이버섯을 가장 좋아했다. 진시황은 영지버섯을 신선이 먹는 음식이라고 했다지만 우리 조상들은 송이버섯이야말로 하늘의 음식이라고 여겼다. 고려 때의 시인 이규보가 "신선이 될 수 있는 가장 빠른 길은 송이버섯을 먹는 것"이라고 했을 정도다. 바람 소리와 이슬만 먹고 자라는 고고한 식물인 송이를 먹으면 마음조차 평온해진다고 했으니 대단한 송이 사랑이 아닐 수 없다. 송이버섯이 얼마나 좋은지 "송이가 자라는 곳은 시집간 딸에게도 안 가르쳐준다"는 옛말까지 있다.

우리에게는 향긋한 송이 향이 일부 서양인에게는 군인의 양말 냄새처럼 느껴졌던 모양이다. 송이의 옛 라틴어 학명 역시 '좋지 않은 냄새가 나는 버섯'이라는 뜻이다.

그렇다면 서양인들은 어떤 버섯을 좋아했을까? 고대 로마인은 달걀버섯을 즐겨 먹었다. 동서고금을 막론하고 사람 마음이란 모두 비슷한 모양이다. 고대 로마인 역시 달걀버섯을 먹으면 신이 된다고 주장했다. 신이 된 주인공은 폭군으로 유명한 네로 황제의 아버지 클라우디우스 황제다.

버섯을 먹고 신이 됐다지만 사실은 클라우디우스가 좋아한 달걀버섯이 담긴 접시에 독버섯 즙을 발라 황제를 암살한 것인데 그 내막이 복잡하다.

클라우디우스 황제의 넷째 부인은, 로마 황제 칼리굴라의 딸이며 네로의 어머니로 로마 최고 악녀로 소문난 작은 아그리피나였다. 네로는 그녀가 전남편과의 사이에서 낳은 아들이다. 아그리피나는 아들 네로를 빨리 황제 자리에 앉히려고 현 남편을 독살한 것인데, 네로는 소문에 대한 부담 때문이었는지 황제가 된 후 달걀버섯을 신의 음식이라고 극찬했다. 그리고 달걀버섯을 먹다 사망한 클라우디우스 황제가 죽어서 신이 됐다고 우겼다.

서양에서 달걀버섯보다 유명한 것은 송로버섯이다. 특히 프랑스와 이탈리아에서는 송로버섯을 거위 간 푸아그라, 철갑상어 알 캐비아와 함께 유럽의 3대 진미로 꼽는다.

떡갈나무 숲에서 자라는 송로버섯은 진흙 덩어리처럼 생겨 찾기가 어렵지만 곤충들이 이성을 유혹할 때 내는 물질인 페로몬과 비슷한 냄새를 풍긴다. 그래서 암퇘지를 이용해 송로버섯을 캐는데 페로몬 냄새 때문인지 유럽에서는 이성을 유혹하는 사랑의 묘약으로 여겨서 연인들을 위한 요리에 자주 등장한다.

송로버섯이 얼마나 귀한 음식이었는지 엿볼 수 있는 이야기가 있으니, 이탈리아의 작곡가 로시니가 파리 센 강에서 실수로 송로버섯 요리를 강물에 빠트린 후 안타까워 눈물을 흘렸다고 한다.

나라와 시대에 따라, 또 먹는 사람의 기호에 따라 어떤 버섯을 더 좋아하는지는 차이가 있지만 한 가지 공통점이 있다. 동서양 사람들 모두 버섯을 신이 먹는 음식이라고 생각했다는 사실이다. 버섯을 먹으며 신이 된 기분을 느껴보는 것은 어떨까?

76

깻잎

생선회는 왜
깻잎에 싸서 먹을까?

무심코 먹는 음식이나 별다른 뜻 없이 하는 행동에서도 곰곰이 따져 보면 생각지도 못한 이유를 발견할 때가 있다. 우리는 고기나 생선회를 먹을 때 주로 쌈을 싸서 먹는다. 손바닥에 상추를 놓고 그 위에 깻잎을 포갠 후에 고기나 회를 얹어 쌈장을 발라 먹는다.

상추에다 깻잎까지 얹어 먹는 우리의 유별난 식습관은 유난히 쌈을 좋아하는 한국인의 특성 때문이라고도 할 수 있고, 또 육류나 생선을 먹을 때 채소를 곁들여 영양학적으로 균형을 맞추려는 지혜라고도 할 수 있다.

그런데 같은 쌈이라도 무엇을 먹느냐에 따라 쌈 싸 먹는 재료가 달라지는데 특히 깻잎이 그렇다. 식성에 따라 차이는 있겠지만 예컨대 밥을 먹을 때는 상추를 중심으로 쑥갓을 비롯해 각종 채소를 더해 쌈을 싸지만 깻잎은 잘 넣지 않는다. 고기를 먹을 때는 상추와 함께 깻잎에도 싸지만 굳이 깻잎이 없더라도 크게 허전한 느낌은 들지 않는다. 하지만 생선 회를 먹을 때 깻잎이 없으면 무엇인가 빠진 것 같다. 2퍼센트가 모자란 것 같은 아쉬움이 남는다. 왜 그럴까?

사실, 생선회를 먹을 때 깻잎과 함께 먹는 식습관은 뿌리가 무척 깊다. 또 한의학적으로도 이유가 있다.

우리나라에서 가장 오래된 식이요법 책으로, 1406년 세조 임금의 주치의인 전순의가 편찬한 《식료찬요》라는 책이 있다. 여기에 깻잎은 좋지 않은 냄새를 제거해줄 뿐만 아니라 속을 다스리는 데 좋다고 했고, 소화를 도우며 속을 따뜻하게 만들어 몸을 보호한다고 했다. 고기나 생선회를 먹을 때 누린내와 비린내를 없애주는 역할은 물론이고 특히 차가운 생선회를 먹을 때 소화를 돕고 몸을 따뜻하게 해준다는 것이다.

옛날 의학서에 깻잎과 생선이 어울린다고 했는데 생선을 먹다가 탈이 나면 아예 깻잎으로 치료를 했다. 조선 후기의 실학자 이규경은 물고기를 먹고 중독됐을 때 해독하는 법을 적어놓았는데 깻잎이 특효라고 했다. 중독이라고 표현했지만 실은 배탈 정도의 의미로 보인다.

이규경은 생선 중에서도 특히 게를 지나치게 먹어 배탈이 날 경우 깻잎을 먹으면 즉시 낫는다고 하면서 실제 임상 실험 사례까지 소개해놓았다. 중국 송나라 임금인 효종이 게를 너무 많이 먹어 탈이 났는데 깻잎을 갈아 먹으니 설사가 바로 멈췄다는 것이다. 숙종 때 홍만선이 쓴 《산림경제》에도 생선을 먹다 탈이 났을 때 깻잎으로 즙을 내 마시면 바로 해독이 된다고 했다. 깻잎과 생선을 찰떡궁합으로 여긴 것이다.

사실 물고기를 먹을 때 깻잎을 함께 먹는 것은 역사적으로도 뿌리가 깊다. 기원전 2세기 때 한나라 시인은 잉어회는 깻잎에 곁들여 먹으면 좋다고 노래했고, 송나라 때 간행된 《적성지》라는 책에서는 생선을 먹을 때 깻잎을 함께 먹으면 맛도 좋고 술 깨는 데도 좋다고 했다. 명나라 때 농업서인 《농정전서》에도 깻잎은 날로도 먹는데 생선과 함께 국을 끓이면 맛이 좋아진다는 구절이 있다.

깻잎에 관한 중국 고문헌을 보면 흥미로운 현상을 찾을 수 있다. 《본초강목》에서는 깻잎으로 김치를 담그면 향기롭다고 했으니 명나라 때는 중국인들도 우리처럼 깻잎을 간장이나 소금에 절인 장아찌로 먹었던 모양이다.

그런데 요즘 중국인들은 다르다. 깻잎을 먹지 않는다. 뿐만 아니라 한국인들이 깻잎 먹는 모습을 보면서 냄새 나는 채소를 어떻게 먹느냐며 질색을 한다.

생선회를 깻잎에 싸 먹는 것은 동양에서 약 2천 년 전부터 내려온 식습관인데 요즘 다른 아시아 사람들은 깻잎을 날로 먹는 우리를 이상한 눈으로 바라본다. 중국, 동남아, 서양 사람들은 한국 음식에 웬만큼 익숙해지기 전까지는 깻잎을 잘 먹지 못한다. 익숙하지 않은 깻잎 향기를 견디지 못하는 것이다.

우리 입장에서는 향기가 강한 고수, 즉 향채(香菜)는 맛있게 먹으면서 고수보다는 향기가 훨씬(?) 약한 깻잎을 냄새가 난다며 먹지 못하는 외국인을 쉽게 이해할 수 없지만 고수를 못 먹는 우리를 보면서 외국인도 똑같은 말을 하니까 피차 입맛이 다르다는 사실만 확인할 뿐이다. 어쨌든 깻잎 같은 작은 채소 하나를 놓고서도 나라와 민족에 따라 평가가 극단적으로 엇갈리는 것 자체가 흥미롭다.

77

![파무침]

약방에는 감초,
주방에는 파

'약방의 감초'라는 말에는 부정적 의미도 있지만 긍정적 의미도 있다. 빠져서는 안 되는, 반드시 필요한 것을 가리킬 때 쓰는데 한약을 지을 때 반드시 들어가는 약재가 감초라서 생긴 말이다.

《동의보감》에서는 한약에 반드시 감초가 들어가는 이유를 감초에는 9가지 흙의 기운을 받아 72가지 광물성 약재와 1200가지 식물성 약초를 조화시키는 효과가 있기 때문이라고 했다. 사실상 모든 약에 어울린다는 뜻과 다름없다.

약방에 감초가 있다면 주방에도 감초 비슷한 재료가 있다. 모든 음식 재료와 어울리는 주방의 감초에 해당되는 식재료로 옛날 사람들은 파를 꼽았다. 그래서 파의 별명이 '화사초(和事草)'다.

10세기 무렵인 송나라 때 도곡이라는 학자가 화사초란 별명의 유래를 적었는데 파가 모든 종류의 음식과 어울려 좋은 맛을 내기 때문에 생긴 이름이라고 풀이했다. 약 지을 때 감초를 넣는 것처럼 음식 만들 때 파를 넣으면 다른 재료와 조화를 이루기 때문에 모든 음식에 어울리는 풀이라는 뜻이다.

명나라 의학서인 《본초강목》에서는 채소 중에서도 맏형에 해당하는 채소라는 뜻에서 '채백(菜伯)'이라고 했는데 음식을 만들 때 첫 번째로 중요한 채소라는 뜻이다. 모든 식재료를 조화시키려면 빼놓을 수 없는 첫 번째 채소라는 의미니까 화사초와도 통하는 별명이다. 파에 관한 별명을 보면 파가 진작부터 양념으로 널리 쓰였음을 어렵지 않게 짐작할 수 있다.

고대 중국의 예법을 적은 《예기》에도 파에 관한 이야기가 여러 차례 나온다. 옛날 사람들은 회를 먹을 때 봄에는 파와 함께 먹는 것이 좋고 가을에는 겨자를 곁들여 먹으면 맛있다고 했다. 또 군자를 맞이할 때는 파와 마늘을 준비하는데 양쪽 끝을 가지런히 다듬어 놓아야 한다고 했다.

요즘도 고기를 먹을 때 파무침을 곁들여 내놓는 음식점이 적지 않다. 특히 고기구이나 치킨 전문점 등에서 파를 내놓는데 신선한 파무침을 곁들여 먹으면 느끼한 맛을 줄일 수 있기 때문이기도 하지만 혹시 고대 《예기》에 나오는 식사법이 무의식중에 현대까지 이어져 내려오는 것이 아닐까 궁금해지기도 한다.

파는 주로 양념으로 많이 쓰이지만 국으로도 많이 끓여 먹었다. 6세기 무렵 중국 최고의 농업서인 《제민요술》에도 파로 국 끓이는 법이 나온 다. 된장을 풀고 파뿌리를 넣어 끓인다고 했는데 지금 우리가 즐겨 먹는 파달걀국의 원형을 여기서 찾아볼 수도 있지 않을까 싶다.

옛날에는 파가 검소함의 상징이었다. 송나라 때 주자가 사위의 집을 찾아갔다. 마침 식사 때가 되어 딸이 파를 넣어 끓인 국에다 보리밥을 내 놓으며 모처럼 딸집을 찾아온 친정아버지에게 조촐한 밥상을 차릴 수밖 에 없는 자신의 처지를 안타까워했다. 그러자 주자가 "보리밥과 팟국은 서로 어울리니 파는 단전의 힘을 길러주고 보리밥은 허기를 면하게 해준 다"며 딸을 위로했다. 이때부터 중국과 조선에서는 보리밥 한 그릇에 팟 국 한 사발이 선비의 청빈을 상징하는 모델이 됐다.

파가 꼭 가난을 상징하는 것만도 아니다. 파에는 사실 힘을 돋워주는 성분이 있다고 보았다. 《고려사절요》에 중들이 절에서 술과 파를 팔며, 장사의 도를 어지럽히고 풍속을 문란하게 만들고 있으니 금지시켜야 한 다는 기록이 보인다. 파는 수행을 하는 승려들이 먹어서는 안 된다며 금 지한 오신채에 속하는 음식인데 파가 정력과 관련이 있다고 믿었기 때문 이다. 어쨌든 절에서 파와 술을 팔았으니 당시 사찰의 부패를 지적한 내 용이지만 한편으로는 파가 그만큼 식용으로 널리 쓰였다는 사실도 알 수 있다.

78

호박

형편없는 채소 vs 마법의 작물

한국인은 알게 모르게 호박을 잘 먹는다. 일본이나 중국과 비교해봐도 우리나라 호박 요리가 훨씬 다양하다. 호박볶음에서부터 호박전, 호박조림, 호박찌개, 호박나물, 호박죽, 호박고지, 호박떡, 호박엿에 이르기까지 얼핏 떠오르는 종류만 해도 손으로 다 꼽기 힘들 정도다. 애호박은 애호박대로, 늙은 호박은 늙은 호박대로 다양하게 요리해 먹는다. 호박을 직접 먹는 것 외에도 된장찌개에 호박 줄기를 넣으면 맛이 더 산뜻하고 찐 호박에 된장을 얹어 싸먹는 호박쌈은 여름철, 무엇과도 바꿀 수 없는 별미다.

우리가 이렇게나 좋아하는 호박이지만 우리나라에 처음 전해졌을 무렵 호박은 구박덩어리였다. 양반은 거들떠보지도 않았고 주로 가난한 사람들이 먹었다. 평민들도 호박은 즐겨 먹지 않기 때문에 '절간에서 중이나 먹는 채소'라는 뜻에서 승소(僧蔬)라고 했다. 18세기 영조 무렵에 활동한 실학자 이익은《성호사설》에서 이렇게 호박을 소개했다.

> 채소 중에 호과(胡瓜)라는 것이 있는데 색깔은 푸른빛에 생긴 모양은 둥글며 익으면 색이 누렇게 바뀐다. 큰 것은 길이가 한 자쯤 되는데 잎은 박처럼 생겼고 꽃은 누런데 맛은 약간 달콤하다. 옛날에는 우리나라에 없었지만 지금은 농가와 절에서 주로 심는데 열매가 많이 열리기 때문이다. 요즘 사대부 집에서는 심는 사람들이 있다.

또 "호박이 전해진 지 거의 100년 가까이 지났지만 아직 호남 지방까지 퍼지지 못했다"는 기록을 남겼다.《성호사설》을 근거로 보면 18세기 중반 무렵에도 호박은 모든 사람들이 즐겨 먹는 채소도 아니었고 재배 지역 역시 전국적으로 확산되지 못했던 것으로 짐작된다.

초창기에는 가난한 농부나 절간의 승려들 이외에는 별로 관심도 기울이지 않고 재배도 하지 않던 호박은 19세기 중엽, 그러니까 헌종과 철종 무렵이 되어서야 비로소 모든 사람들에게 사랑받는 채소가 된 것이다.

호박이 전해진 초창기에 우리는 낯설어하면서 배척했지만 유럽은 또 달랐던 것 같다. 서양에서 호박의 이미지는 긍정적이건 부정적이건 마법과 연결되는 경우가 많다. 마녀 혹은 마법사 이야기에 호박이 자주 등장한다.

동화 〈신데렐라〉도 그중 하나로 재투성이 아가씨인 신데렐라를 왕자님에게 데려다주는 것이 호박 마차다. 또 미국인들이 즐기는 할로윈 축제에도 호박이 빠지지 않는데, 촛불을 켜놓은 호박 램프가 밤하늘을 떠도는 영혼의 해코지로부터 사람을 보호해준다고 믿기 때문이다.

서양인들이 왜 호박을 마법에 연결시켰는지는 알 수 없지만 호박과 연결된 마법의 이미지는 지금까지도 무의식 속에서 계속 이어지고 있다. 《해리포터》가 그 예다. 호박으로 만든 주스는 마법의 세계에서 즐겨 마시는 음료고 마법 학교인 호그와트의 학생들 사이에서 인기가 높은 주스다. 분명하게 표현하지는 않았지만 마시면 마법의 힘이 강해질 것 같은 이미지가 호박 음료에 녹아 있다. 반면 마법의 힘이 없는 일반인이 사는 세상, 다시 말해 머글의 세계에서는 호박 주스를 마시지 않는다. 일반인들은 대신 오렌지 주스를 마신다. 호박을 먹느냐 오렌지를 먹느냐에 따라 마법의 힘이 있고 없고가 나누어지는 것이다. 서양에서 선악과라고 하면 먼저 사과를 떠올리는 것처럼 호박 역시 마법과 이어지면서 은연중에 긍정적 이미지를 형성한다.

호박은 역사적으로 옛날 서양 사회와는 관계가 없는 작물이다. 유럽에 전해진 것도 콜럼버스가 아메리카에 도착한 1492년 이후다. 원산지가 아메리카 대륙이기 때문이다.

호박은 옥수수와 함께 초기 이주민들의 생명을 구해준 작물이다. 개척민들이 농사에 실패해 굶주림에 지쳐 있을 때 아메리카 원주민들이 마법처럼 전해준 옥수수와 호박을 먹으며 겨울을 견디어냈다. 미국에서 추수

감사절이나 크리스마스 때 호박 파이를 먹는 것도 여기서 비롯됐다. 동화의 세계에서건, 아니면 현실 세계에서건 서양에서 호박의 이미지가 긍정적으로 형성된 것도 이런 이유 때문이 아닐까?

79

미나리

집집마다
미나리 심은 까닭

요즘은 청도 한재 미나리가 유명하다. 그리고 예전만큼 이름을 날리지
는 못하지만 남원 미나리 역시 전통의 명맥을 잇고 있다. 남원에 앞서서
는 왕십리 미나리가 최고의 명성을 떨쳤다. 근대 초기까지만 해도 동대
문 밖 왕십리 일대가 온통 미나리밭이었다.

고려와 조선시대 때는 한양 곳곳에 미나리가 넘쳤다. 한치윤은 《해동
역사》에서 성종 무렵 조선을 다녀간 명나라 사신 동월의 글을 인용해
"조선의 왕도인 한양과 개성에서는 집집마다 모두 연못에 미나리를 심
어놓았다"고 기록했다. 사신으로 조선에 와 왕도인 한양과 송도를 둘러
본 중국인의 눈에는 집집마다 연못에 미나리를 키우는 것이 무척 이국적
이고 신기해 보였던 모양이다. 조선시대 사람들은 왜 이렇게 미나리를
많이 키웠을까?

현실적으로 보자면 미나리를 많이 먹었기 때문일 것이다. 조선시대에

미나리는 주요 채소 중 하나였다. 예를 들어 동월이 사신으로 다녀간 성종 무렵은 배추가 아직 널리 보급되지 않았을 때다. 그래서 무가 나오는 가을철이면 무김치를 많이 담갔지만 봄에는 미나리 김치를 많이 먹었다.

《조선왕조실록》을 보면 세종 무렵에 제사를 지낼 때는 미나리 김치를 두 번째로 진열해야 한다는 대목이 자주 보이는데 당시에 미나리 김치를 그만큼 많이 담갔다는 이야기가 된다. 미나리를 많이 먹었으니 많이 키웠을 수밖에 없다.

또 다른 이유는 미나리의 상징성 때문이다. 사대부들에게 미나리는 충성과 정성의 표상이고 학문의 상징이었다. 조선시대에는 생원 진사 시험에 합격해 성균관에서 공부하는 것을 채근(采芹)이라고 했는데, '미나리를 뜯는다[采芹]'는 뜻의 이 말은 훌륭한 인재를 발굴해 키운다는 의미로 쓰였다. 그러니 사대부 집안에서는 자식이 열심히 공부해서 훌륭한 인재로 성장해주기를 바라는 뜻에서 집집마다 연못에 미나리를 심었다. 그런데 왜 미나리가 인재 양성의 상징이 됐을까?

바로 《시경》에 나오는 구절 때문이다. 《시경》에서 이르길, "반수(泮水)에서 미나리를 뜯는다"고 했는데 많은 사람 중에서 훌륭한 인재를 뽑아 학생으로 삼았다는 뜻으로 쓰였기 때문이다. 이후 '미나리를 뜯는다'는 말은 인재를 양성한다는 의미가 됐는데 동시에 생원, 진사 시험에 합격해 성균관에서 공부를 하게 됐다는 뜻으로도 쓰였다. '미나리 궁전[芹宮]'이라는 말도 있는데 궁궐 이름 같지만 사실은 미나리밭을 의미하는 단어다. 하지만 진짜 미나리를 키우는 밭이 아니라 미나리로 상징되는 인재를 키우는 곳을 뜻하니 학교라는 의미가 되는 것이고, 옛날로 치자면 태학 내지는 성균관을 가리키는 말이다.

지금이야 미나리를 사시사철 먹지만 예전에
는 봄철 입맛을 돋우는 채소로 미나
리를 으뜸으로 쳤다. 《청구영언》에

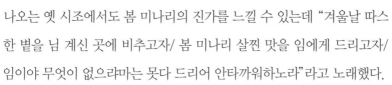

나오는 옛 시조에서도 봄 미나리의 진가를 느낄 수 있는데 "겨울날 따스
한 볕을 님 계신 곳에 비추고자/ 봄 미나리 살찐 맛을 임에게 드리고자/
임이야 무엇이 없으랴마는 못다 드리어 안타까워하노라"라고 노래했다.

이야기가 얽혀 있는 구절이지만 어쨌든 시의 내용은 사랑하는 임에게
무엇이든지 가져다 드리고 싶지만 그중에서도 살찐 봄 미나리를 임에게
먹이고 싶다는 것이다. 미나리가 계절을 알리는 전령사이며 봄철 입맛을
살리는 별미였기 때문이다.

"처갓집 세배는 미나리강회 먹을 때나 간다"는 속담도 있다. 처갓집
가는 목적이 오직 미나리를 먹으러 간다는 의미로 들리지만 핵심은 봄
미나리가 그만큼 맛있다는 뜻이다. 설날과 입춘이 지나면 아직 몸으로
느껴지는 날씨는 한겨울이지만 이미 봄이 시작됐다고 보는 것인데, 미나
리는 이때 먹는 것이 최고라고 했다. 아직 날씨가 풀리기 전 얼음 구멍을
뚫고 캐낸 봄 미나리야말로 진짜 별미라고 여겼기 때문이다.

사실 봄 미나리는 다른 채소에서는 맛보기 쉽지 않은 독특한 향기와
풍미가 있어 입맛 없을 때 식욕을 되살리는 데 좋다. 특히 비타민B군이
풍부해 춘곤증을 없애는 데 좋다고 하니까 이래저래 미나리는 봄철이 제
격이다. "아무리 맛있는 남원 미나리라도 여름 것은 먹을 것이 못 된다"
는 말까지 생겼을 정도다.

고대 올림픽 선수의
강장 식품

　세계 7대 불가사의 중 하나가 피라미드로, 기자 피라미드의 경우 평균 무게가 2.5톤이나 되는 무거운 돌 230만 개를 137미터 높이까지 쌓아 건설했다. 그것도 사람들이 일일이 손으로 돌을 다듬고, 수작업으로 운반해 만든 것이니 불가사의라는 감탄이 과장된 말이 아니다.

　그런데 피라미드 건설에 기여한 식품 중 하나가 지금 우리가 먹는 양파다. 이집트의 파라오가 먹고 힘내서 피라미드를 잘 쌓으라며 건설 노동자들에게 특별히 지급한 특식이 양파다.

　기원전 14세기 무렵 이집트를 통치한 투탕카멘 왕의 무덤에서 양파 화석이 발견됐다. 고대 이집트인들은 양파를 먹으면 힘이 생기고 양파에 영원한 생명이 들어 있다고 믿었다. 때문에 왕인 파라오가 사망하면 매장을 할 때 양파도 함께 묻었고, 피라미드 내부도 양파 그림으로 장식했다. 벗겨도 벗겨도 계속 나오는 양파 껍질 속에 영원한 생명의 힘이 담겨 있다고 믿었기 때문이다. 기원전 1160년에 사망한 람세스 4세의 미라 눈에 양파 화석이 들어 있었는데 학자들은 양파의 향기와 마술적 힘으로 죽은 자가 다시 부활하기를 기원하는 의식에서 비롯된 것이라고 말한다.

양파에 관한 고대 이집트 사람들의 인식은 이집트 문명의 영향을 받은 고대 그리스와 로마로 이어진다. 고대 올림픽이 열릴 때면 경기에 참가한 그리스 선수들은 양파를 먹거나 양파 즙을 마시며 힘을 얻었다. 또 운동선수뿐만 아니라 고대 로마의 검투사들도 근육을 강하게 만들기 위해 싸우기 전 몸에 양파를 문질러 발랐다고 한다.

고대 그리스의 희곡 작가인 아리스토파네스가 기원전 405년에 발표한 희극 〈개구리(The frogs)〉에 양파를 바라보는 그리스 사람들의 시각이 투영돼 있다. 여기에 고문을 하는 장면이 나온다.

> 모든 방법을 다해 고문을 하라. 사다리에 묶어서 매달고, 가시나무로 때리고, 콧구멍 속에다 식초를 들이붓고, 몸 위에 벽돌을 쌓고…… 가능한 모든 방법으로 고문하라. 단 양파와 부추로 때리면 절대로 안 된다.

양파로 때리면 고문을 하는 것이 아니라 오히려 근육의 힘을 키워주는 꼴이라는 것이다. 터무니없어 보이지만 옛날 그리스 사람들이 양파를 어떻게 생각했는지 짐작할 수 있다.

고대 로마시대로 넘어오면서 양파의 신비한 힘에 좀 더 과학적이고 현

실적인 면이 추가된다. 서양 의
학의 아버지라고 하는 고대
그리스의 히포크라테스에
버금가는 고대 로마의 의사가
켈수스다. 서기 1세기 때 인물
로《의학에 관하여(De Medicina)》
라는 저서가 남아 있는데 여기에 모든 구
근 식품이 건강에 좋지만 특히 양파와 생강이 몸에 좋다는 기록을 남겼
으니 고대 로마인들의 양파 사랑이 남달랐다 하겠다.

고대는 물론 중세 서양에서도 양파는 대중의 사랑을 받은 식품이다.
양파는 양배추, 콩과 함께 당시 사람들이 많이 먹던 3대 식품으로 꼽혔
는데, 양파 거래가 얼마나 활발했는지 임대료로 돈 대신 양파를 지불하
거나 결혼 선물로 양파를 주었다는 기록도 보인다. 또 아이를 낳지 못하
는 여자들에게 양파를 치료제로 처방했다고도 하니까 양파에 생명력이
담겼다는 믿음이 이때까지 계속 이어졌다.

동양에서도 양파는 강장 식품으로 여겨《본초강목》에서는 양파가 오
장의 기운을 돌게 해 생기를 돋워준다고 했다. 물론 옛날 동양에서 먹던
양파는 지금과는 품종이 다소 다르다. 양파라는 이름 자체가 서양에서
건너온 파라는 뜻인데, 양(洋)이라는 접두사가 붙은 것은 근세에 전해졌
다는 의미다.

그렇다고 한국과 중국, 일본에 양파가 없었던 것은 아니다. 6세기 무
렵 중국 북위 때《제민요술》에는 양파에는 호총(胡葱), 자총(慈葱) 등 네

종류가 있는데 기원전 한나라 때 외교관 장건이 서역에서 들여왔다고 했다. 원나라 때 요리책인 《음선정요》에서도 서역에서 들여왔기 때문에 회회총(回回蔥) 또는 호총(胡蔥)이라고 한다고 했고, 우리나라 문헌에도 호총으로 나온다. 양파가 옛날부터 실크로드를 타고 서역에서 전해졌음을 알 수 있다.

참고로 옛날 동양에서 말하는 양파는 지금의 양파(onion)가 아닌 자총(shallot)으로, 같은 백합과 작물이기는 해도 크기가 다소 작으며 품종이 다르다. 어떤 품종이 됐건 동서양에서 모두 옛날부터 파 종류를 강장 채소로 여겼다는 사실이 흥미롭다.

81

부추전

노래 잘하거나
힘이 세지거나

　노래방이나 친목 모임에서 멋들어지게 한 곡조 뽑아 박수를 받고 싶다면 먼저 부추전이나 부추김치를 먹고 가는 것이 좋다. 부추를 먹으면 목청이 트여서 노래를 잘 부를 수 있기 때문이다. 물론 과학적 근거는 없다. 하지만 역사적으로는 '증명'이 됐다. 그리스 철학자 아리스토텔레스와 로마 황제 네로가 그 증인이다.

　폭군으로 널리 알려진 네로는 예술을 사랑한 인물로 시인이자 가수임을 자청했다. 추억의 영화 〈쿼바디스〉에 나오는 장면처럼 로마에 대화재가 났을 때 하프를 연주하며 자작시를 읊은 일화가 유명하다.

　네로는 자신을 황제가 아닌 예술가로 여겼는데 특히 성악에 관심이 많았다. 그것도 혼자 노래하며 즐기는 수준이 아니라 팬들의 환호와 갈채에 목말라하며 대중적인 인기를 추구했다. 문제는 열정과 달리 가수로서의 재능은 뛰어나지 못했다는 것인데, 그래도 황제라는 지위에서 나오는 권력과 재력 때문에 관중들은 마지못해 박수를 쳐야만 했다.

네로의 노래 실력이 형편없었다는 사실은 역사 기록으로도 남아 있다. 로마의 역사가 플리니우스는 《박물지》에 네로 자신은 뛰어난 음악적 재능을 타고났다고 생각했지만 사실은 목소리에 힘이 없고 쉰 듯한 음색의 소유자였다고 기록했다.

하지만 노래를 잘 부르려는 노력은 가상했다. 부추가 목소리를 맑게 만들어준다고 믿은 네로는 고운 목소리를 유지하려고 한 달에 한 번은 반드시 부추와 올리브 오일을 먹었다. 공연 날짜라도 잡히면 빵과 같은 음식은 피하고 아예 부추를 입에 달고 살았다고 한다.

네로는 왜 부추를 먹은 것일까? 부추를 먹으면 목소리가 고와진다는 믿음은 고대 그리스 로마 시대에는 널리 퍼져 있던 속설이었다. 아리스토텔레스 역시 자고새 울음소리가 아름다운 이유는 부추를 먹기 때문이라고 했을 정도다.

그러니 회식 자리에서 노래를 잘하고 싶으면 부추전, 부추김치와 같은 음식을 먹고 가면 좋다. 그런데도 동료들에게 박수를 받지 못했다면 네로처럼 노래에 재능이 없는 것은 아닌지 의심해볼 일이다.

고대 서양에서는 부추를 먹으면 목소리가 예뻐진다고 믿었지만 고대 동양에서는 힘이 솟구친다

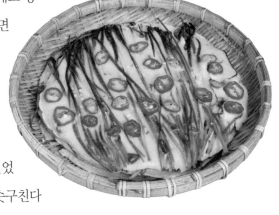

고 생각했다. 부추의 별명이 기양초(起陽草)다. 일어날 기(起), 볕 양(陽), 풀 초(草)이니 문자 그대로 양기를 일으키는 풀이라는 뜻이다. 동네 아저씨, 아줌마들이 느물대며 하는 말이 아니라 《본초강목》에 그렇게 나와 있다.

건강한 신체를 유지하려면 음양의 조화가 이뤄져야 하는데 부추가 양의 기운을 보강한다는 것이다. 우리 옛 의학서인 《동의보감》에서도 부추는 더운 성질이 있어 인체의 열을 돋우어주며 혈액순환에 좋다고 했으니 양기를 일으킨다는 말과 통한다. 조금 더 덧붙이자면 가장 오래된 중국 의학서 《황제내경》에서도 봄에 부추를 먹으면 따뜻한 기운이 일어나 몸속 찬 기운을 몰아내기 때문에 양기의 순환을 돕는다고 했다.

옛날 동양 사람들은 왜 부추를 먹으면 힘이 솟아난다고 생각했을까? 부추의 식물학적 특성 때문인데 부추를 의미하는 한자에서 그 이유를 짐작할 수 있다. 부추는 한자로 구(韭)인데, 땅[一]에서 풀이 무성하게 자라는 모습[非]을 형상화한 글자다.

삶을 뜻하는 생(生)이라는 한자가 땅에서 풀 한 포기[屮] 돋아난 모양을 나타낸 것인 데 반해, 부추 구(韭)는 풀이 무성하게 자라는 모습을 그렸으니 부추에 생명력이 넘쳐난다고 본 것이다. 1세기 때의 한자 사전 《설문해자》에는 한번 심으면 오래 자란다는 뜻에서 만들어진 글자라고 풀이했다. 또한 예전 우리 농촌에서는 부추를 '게으른 사람이 가꾸는 채소'라고 했는데 한번 심으면 가꾸지 않아도 잘 자라서 생겨난 속담이다.

부추에 이렇게 생명력이 넘치니 고대에는 하늘에 제사를 지낼 때 반드시 부추를 놓았고 손님을 접대할 때도 부추를 빼놓지 않았다. 춘추시대의 예법을 적은 《주례》에도 손님이 오면 돼지고기와 함께 봄에는 부추를 내놓는다고 했다. 그러고 보면 요즘에도 음식점에서 돼지고기나 오리고기를 시키면 양념장과 함께 부추를 내오는 곳이 많은데, 유교의 영향을 받아 무의식적으로 이어지는 전통 식습관이 아닐까 싶다.

8장

땅과 하늘, 인간의 정성이 빛어낸 합작품

| 곡류·콩류 |

녹두묵

봄에 먹는
보양식

"옛말 그른 것 하나도 없다."

할머니가 자주 하셨던 말씀인데 어렸을 때는 잔소리를 정당화하는 근거로만 들렸다. 하지만 세상을 살아갈수록 역시 틀린 말이 아니라는 생각을 자주 하게 된다. 옛날 어른들이 하신 말씀 중에 '제철 음식이 보약'이라는 말도 예외는 아니다. 계절에 맞춰 먹으면 진짜 보약이 될 수 있는데 청포묵이라고도 하는 녹두묵도 그중 하나다.

조선 후기 풍속을 적은 책인 《동국세시기》에서는 3월이면 녹두묵을 만들어 먹는 것이 풍속이라 했다. 녹두묵을 잘게 썰어 여기에 돼지고기, 미나리, 김을 넣고 초장으로 양념하면 매우 시원한 것이 늦은 봄에 먹을 만하다고 했다.

지금은 3월이라고 녹두묵 쑤어 먹는 사람도 없고, 삼짇날이 청포묵 먹는 날이라 기억하는 사람조차 없다. 그런데 옛날에는 왜 3월에 녹두묵을 쑤었으며 봄에 먹는 녹두묵이 몸에 좋다고 여겼을까?

계절적으로 음력 3월은 녹두를 파종하는 시기다. 그러니 씨 뿌리고 남은 녹두로 묵을 쑤어 먹은 것일 수도 있겠다. 하지만 봄에 먹는 녹두묵이 몸에 좋다고 한 데는 또 다른 이유가 있을 것이다.

음력 3월은 날씨가 본격적으로 따뜻해지기 시작할 때다. 조금 있으면 곧 더워진다. 그런데 녹두는 열을 가라앉히는 식품이다. 우리나라 옛 의학책인 《동의보감》에 녹두는 성질이 차서 열을 내리고 부은 것을 가라앉히며 소갈증을 멎게 한다고 적혀 있다. 이런 녹두로 묵을 쑤어 먹으면 여름철 더위를 잊는 데 안성맞춤이었으니 날씨가 따뜻해지기 시작하는 늦봄, 음력 3월의 계절 음식으로 제격이었을 것이다.

동양에서는 옛날부터 여름철 음식으로 녹두를 최고로 여겼다. 중국 송나라 황제는 소화가 되지 않을 때는 녹두로 죽을 쑤어 속을 진정시키고 여름이면 녹두죽을 마시며 열을 식혀 더위를 달랬으니 늦봄, 초여름의 계절 음식으로 녹두묵은 보약이나 다름없었다.

음식 종류가 많지 않던 시절의 이야기라고 할 수도 있겠지만 사실 지금도 흔적은 남아 있다. 한정식 집에서 술을 마시거나 전통 음식점에서 막걸리를 마실 때 주의 깊게 살펴보면 안주로 나오는 밑반찬으로 녹두묵이 딸려 나오는 경우가 많다. 《동국세시기》에서 묘사한 것처럼 녹두묵을 썰어 미나리, 김과 함께 무친 것인데 늦은 봄, 다가올 더위에 대비해 녹두묵을 먹은 것처럼, 술로 인해 열이 오를 배 속을 미리 식혀 가라앉히라는 의미다. 일종의 해장 안주라고 할 수 있다.

예부터 녹두묵은 좋은 안줏거리이면서 동시에 최고의 해장 음식이었다. 중국 명나라 때 의학서인《본초강목》에도 녹두탕으로 속을 풀어주는 해장법이 나와 있고, 우리나라《동의보감》에서도 녹두는 열로 인한 독을 풀어주며 술독을 없애준다고 했다.

그러니 조선시대 이래로 최근까지 술상에 녹두묵이 안주로 많이 올라왔다. 정조 때 시인 이옥(李鈺)의 시에 조선시대 술상에 오른 녹두묵 안주가 그려져 있다.

> 안주로는 탕평채가 한가득 쌓였고
> 술자리에는 방문주가 흥건하다
> 하지만 가난한 선비의 아내는
> 입에 누룽지조차 넣지 못한다네

탕평채(蕩平菜)는 녹두묵무침이고 방문주(方文酒)는 경남 밀양 지방의 명주다. 이옥은 정조 때 과거에 급제했지만 자질구레한 글이나 쓰고 다닌다며 정조에게 찍혀서 핍박을 받은 인물로 양반 사회에서 이단으로 취급받던 기인이다. 그 때문인지 녹두묵무침인 탕평채가 나오는 시도 당시 양반 사회의 시각에서 보면 삐딱하기 짝이 없다.

참고로 탕평채는 녹두묵을 지단과 채소, 김과 함께 무친 음식으로, 탕평채라는 이름은 영조 때 당파 싸움이 심해지자 탕평책을 편 영조가 신하들과 당쟁 중지 방안을 논의하며 사색당파를 상징하는 네 가지 색깔의 녹두묵무침을 먹은 것에서 유래했다고 알려져 있다.

하지만 정확한 유래는 순조 때 간행된《송남잡지》라는 책에 적혀 있으니, 영조 때의 정승인 송인명이 이름을 지었다고 나온다. 송인명이 젊었을 때 저잣거리를 지나다 갖가지 재료를 섞은 녹두묵 파는 소리를 듣고 깨달은 바가 있어 사색(四色)을 섞는 일로 탕평 사업을 삼고자 녹두묵무침을 탕평채라고 불렀다고 기록해 놓았다.

현대적으로 해석하자면 갈등 관계에 있는 사람과 함께 먹으면 화합의 음식이 되고, 늦은 봄에 먹으면 더위를 예방하는 보약이 되는 게 녹두묵무침이다.

83

도토리묵

창조의
결실

도토리는 자체만 놓고 보면 사람이 먹을 수 있는 음식이 아니다. 다람쥐 먹이로나 어울린다. 이런 도토리로 우리는 독특한 음식을 만들었다. 바로 도토리묵이다. 산짐승이나 먹을 수 있는 열매를, 그것도 오로지 물리적으로만 변형시켜 새로운 식품을 창조한 것이다.

보통 두부를 보고 인류가 만든 최고의 식품이라고 말한다. 그런데 묵이란 무엇인가? 바로 두부의 한 종류다. 각종 열매를 갈아서 굳힌 음식을 예전에는 한자로 포(泡)라고 했다. 두부는 그중에서도 부드럽고 연해서 연포(軟泡)라고 했다.

도토리는 한자로 상실(橡實)이다. 때문에 도토리묵은 상실을 갈아서 만든 두부라는 뜻에서 상실포(橡實泡)라고 했다. 콩 대신 다람쥐 열매인 도토리로 또 다른 형태의 두부를 만든 것이다.

도토리묵은 창조의 결실이다. 동물들의 먹이로나 어울릴 도토리를 가져다 인간의 먹거리로 삼았다. 그것도 단순히 배를 채우고 굶주림을 면하려는 구황 식품이 아니라 훌륭한 반찬으로, 다양한 요리로 발전시킨 것이다.

도토리는 우리나라에서 진작부터 요리로 발전했다. 19세기 조선의 실학자 이규경은 여러 종류의 도토리 음식을 소개했는데, 지금 우리가 먹는 도토리 요리와 크게 다를 것이 없다.

8월과 9월 사이에 도토리를 따서 껍질을 벗긴 후 갈아 체로 거르고 가루에 물을 끓여 풀로 쑤어 굳히면 두부가 된다고 했으니 바로 도토리묵을 만드는 전통적인 방법이다. 만들어진 도토리두부를 가늘게 썰어서 초장에 찍어 먹으면 산중의 진솔한 반찬이 된다고 했으니 역시 지금 도토리묵 먹는 법과 다를 것이 없다. 또 국수나 율무와 함께 섞어 먹으면 맛이 묘하다고 했고, 간장을 치거나 초장이나 김칫국과 먹으면 맛이 좋다고 했으니 요즘 먹는 묵밥에 다름 아니다.

도토리묵 이외에도 도토리를 따다가 껍질을 벗겨 물에 담가두면 떫은 맛이 사라지니 곡식 가루와 섞으면 죽으로 쑤어 먹을 수 있고, 밥으로도 먹을 수 있으며, 가루로 빻아 누룩과 섞으면 술도 담글 수 있다면서 다양한 도토리 음식을 소개하고 있다.

조선 중기 광해군 때 발행된 《동의보감》에서도 도토리는 설사와 이질을 낫게 하고 위와 장을 튼튼하게 해주며 먹으면 몸에 살이 오른다고 했다. 도토리를 단순히 배고픔을 면하게 해주는 열매가 아니라 건강에 좋은 별미로 취급한 것이다.

그러니 조선시대에 도토리는 반드시 창고에 저장해놓아야 하는 곡식이었다. 태종 11년인 1411년에 한양을 가로지르는 개천을 정비하는 대규모 공사가 진행됐다. 지금의 청계천을 재정비하는 사업이었는데 공사가 10월로 예정되어 있었다. 그러나 태종이 10월은 백성들이 도토리 열매를 주워야 할 때이니 이듬해 2월까지 공사를 연기하라고 지시했다. 백성들이 양식을 마련하는 데 지장을 줄 수 있어 공사를 늦춘 것이다.

추수를 끝낸 후 계절이 늦가을로 접어들 때면 산으로 가서 도토리를 줍는 것이 빼놓을 수 없는 계절 행사였던 모양이다. 《조선왕조실록》을 보면 강원도 산골짜기 마을에서는 겨울에 도토리를 수십 가마만 저장해놓아도 부잣집 소리를 듣는다고 했으니 도토리가 식량 구실을 톡톡히 한 셈이다.

집집마다 의무 할당량이 있어 주운 도토리 중 일정량을 관가에 바쳤는데 이렇게 모은 도토리는 고을마다 관청 창고인 군자창에 쌓아두었다가 비상식량으로 사용했다. 도토리를 양식으로 관리하다 보니 심지어 산에서 자연적으로 자라는 참나무 숫자까지 기록해놓았다. 그런데 국가적으

로 도토리를 너무 열심히 모으다 보니 폐단도 생겼다. 중종 때는 백성들이 쌀을 팔아서 관청에 납품할 도토리를 마련했다는 기록이 있으니 주객이 전도된 꼴이다.

옛날에는 흉년이 들면 도토리로 끼니를 때우는 일반 백성들을 생각해서 임금님이 고통을 함께 나누는 흉내라도 냈다. 고려 말엽의 충렬왕은 전국적으로 흉년이 들자

왕이라고 배불리 먹을 수 없다며 반찬의 가짓수를 줄였다. 그리고 궁중에서도 도토리로 만든 음식을 먹으며 백성들과 고통을 함께했다는 기록이 보인다. 임금이 민초들과 고난을 함께한다는 정치적 상징으로 도토리를 활용한 것이다.

84

메밀묵

도깨비와
나누어 먹는 음식

한국인이 겨울철에 가장 즐겨 먹던 야참 중 하나가 메밀묵이다. 그래서 중년 이상 세대라면 도시, 농촌 출신 가릴 것 없이 메밀묵에 얽힌 기억 하나쯤은 갖고 있다.

메밀은 가을에 심어 겨울이 시작될 무렵까지 짧은 기간 동안에 수확할 수 있는 작물이다. 메밀을 수확할 무렵이면 시골에서는 겨울나기를 준비하면서 메밀로 묵도 쑤고 국수도 뽑으며 전병을 부치고 떡도 빚어 갖가지 별미 음식을 마련했다. 동네 아저씨, 아줌마들은 장만한 음식을 들고 이웃집 사랑방에 모여 수다도 떨고 농한기에 새끼도 꼬고 가마니도 짜면서 메밀묵으로 겨울밤 출출한 빈속을 달랬다.

메밀에 대해 얼마나 친근한 감정을 갖고 있었는지 겨울에 메밀로 묵을 만들어 먹으면 아들을 낳는다는 속설까지 있었다. 천지신명이 도와주신다는 단순한 미신이었는지 아니면 늦은 밤 수다 떨다 사랑으로 이어진 것인지는 분명치 않다.

시골의 기억이 집단적이라면 도시의 추억은 개별적이다. 방 안에서 백열전구가 침침하게 빛을 발할 때, 골목길 저편에서 소년들의 외침이 들린다. "찹쌀떡~ 메밀묵 사려." 찬바람이 살을 에는 듯하던 겨울철, 메밀묵 파는 고학생의 외침은 동정심과 함께 막연한 향수를 불러일으켰다. 메밀묵에는 이렇게 할아버지, 할머니 혹은 아버지, 어머니 세대의 애환과 정서가 물씬 배어 있다.

한국인에게 메밀묵은 겨울밤 간식이기도 했지만 동화 속 도깨비와 나누어 먹는 음식이기도 했다. 옛날 사람들은 일 년을 마무리하는 섣달 그믐날이면 메밀묵으로 도깨비를 대접했다.

예컨대 예전 영남 지방에서는 그믐날 저녁 메밀을 마당에 뿌려놓으면 도깨비가 메밀을 보고 찾아와 복을 주고 간다고 믿었다. 충청도를 비롯해 경남과 전남에서는 정월 초하루부터 대보름 사이에 마을 전체의 안녕과 풍년을 기원하는 행사인 동제(洞祭)를 지내는데 이때 메밀묵을 준비했다. 신령과 도깨비에게 먹이기 위한 음식으로 메밀묵을 준비한 것이다. 호남의 해안 마을에서도 메밀묵이나 메밀떡을 바다에 뿌리며 풍어를 기원했으니 도깨비에게 메밀묵을 먹이는 것은 우리의 오랜 전통인 동시에 전국적인 풍속이었다.

운수 대통해서 부자가 되도록 해달라고 도깨비에게 빈 것인데, 하필 메밀묵을 쑤어 빈 이유는 도깨비들이 가장 좋아하는 음식이 메밀묵이라고 믿었기 때문이다. 그렇다면 왜 도깨비들이 메밀묵을 좋아한다고 생각했을까?

얼핏 생각하면 도깨비는 무서운 존재다. 하지만 전래동화를 자세히 읽어보면 도깨비는 한편으로는 무서우면서도 또 다른 한편으로는 무척 친근한 이미지로 그려져 있다. 도깨비가 방망이를 휘둘러서 혼내주는 것은 탐욕스러운 부자와 못된 세도가들이지 '나'가 아니다. 반면 "금 나와라 뚝딱, 은 나와라 뚝딱" 외치는 소리의 혜택을 받는 이들은 착한 백성들이다. 물론 착한 백성들 속에는 나 자신도 포함돼 있으니 도깨비를 무서워할 이유가 없다. 그래서 대부분의 전래동화에서 도깨비를 서민 친화적으로 그리고 있다.

옛날 사람들은 도깨비가 집 안에서 쓰는 부지깽이나 싸리 빗자루가 변한 것이라고 믿었다. 조선의 실학자 이익은《성호사설》에서 도깨비는 숲에서 나온다고 했다. 나무가 도깨비의 출생지이자 서식처인 것인데 오래된 것의 힘이 바람과 합쳐지면 도깨비가 된다고 본 것이다. 그래서 집에서 쓰던 오래된 빗자루나 멍석, 부지깽이 등이 도깨비로 변신한다고 생각한 것이다.

도깨비는 출신 성분부터가 서민 친화적이니 도깨비가 즐겨 먹는 음식도 서민들이 많이 먹고 좋아하는 음식이 될 수밖에 없다. 메밀묵을 제일 좋아한다고 생각한 것도 이 때문이다.

메밀은 옛날부터 서민들이 주로 먹던 양식이다. 양반이 아닌 일반 상민들은 명절 때가 아니면 쌀밥은 구경하기도 힘들었다. 보릿고개라는 말도 있었으니 보리도 귀한 곡식이었다. 반면 메밀은 벼농사를 끝낸 후에 심어 짧은 기간에 수확해 부족한 양식에 보탰으니 서민들에게 친숙한 곡식이었다. 따지고 보면 국수와 떡을 비롯해 우리의 전통 음식 상당수가 메밀로 만든 음식이다. 그래서 한 해가 지나갈 무렵, 도깨비에게 자신이 먹는 것과 같은 곡식인 메밀로 만든 묵을 대접하며 동질감을 구축했을 것이다. 메밀묵에도 우리 민족의 정서가 깃들어 있는 것이다.

85

옥수수

아담은 진흙, 인디오는 옥수수로 빚었다

우리는 세상만사 대부분을 자신의 잣대로 바라본다. 음식도 비슷하다. 내게 익숙한 음식은 맛있고, 때로는 신이 준 선물로 여기지만 남이 먹는 음식은 맛도 없고 이상하다고 느낀다. 대표적인 것이 옥수수다. 지금은 누구나 맛있게 먹지만 한때 옥수수는 시대와 지역에 따라 평가가 극단적으로 엇갈렸다.

남미가 원산지인 옥수수는 고대 마야와 아즈텍 원주민들의 주식이었다. 그래서 마야 사람들은 옥수수를 신이 죽어 환생한 거룩한 작물로 여겼고 자신들도 신이 옥수수를 빚어 만들었다고 믿었다.

마야 신화는 16세기에 발견된 《포폴부》라는 책이 바탕이다. 마야에는 그리스 로마 신화처럼 수많은 신들이 살았는데 제우스에 해당하는 신이 훈 후나푸다. 젊은 남성으로 옥수수를 닮았다. 깊은 산속에 살던 훈 후나푸가 어느 날 지하 세계의 신과 싸우다 전사했다. 지하의 신 시발바는 훈 후나푸의 목을 베어 죽은 나뭇가지에 꽂았는데 그러자 나무가 살아나 땅을 뚫고 나와 훈 후나푸를 닮은 열매를 맺으니 바로 옥수수다. 그래서 마야 문명에서 옥수수는 신이 죽었다가 다시 부활한 작물로 여겨진다.

《포폴부》에 나오는 창조의 신은 케찰코아틀이다. 생각하는 모든 것이 실제로 존재하도록 만드는 신으로 땅이 있어야겠다고 생각하니 땅이 만들어졌고 머릿속에서 산을 떠올리자 산이 생겼다. 나무와 하늘과 동물을 생각하니 모든 것이 생각한 대로 이뤄졌다.

이 신이 처음 동물을 만들었는데 이것들이 창조주인 자신을 몰라보고 시끄럽게 울부짖기만 했다. 신이 화를 내며 동물들을 모조리 숲으로 쫓아버렸다. 다음에는 진흙으로 인간을 빚었지만 마음에 들지 않았고 나무로 인간을 만들었지만 역시 실패했다.

분노와 실망으로 가득 찬 신이 이번에는 옥수수로 인간을 창조했다. 옥수수 가루를 반죽해 인간을 만들었더니 말도 할 줄 알고 아이도 낳아 번식을 하는 데다 자신을 만들어준 신을 경배하는 것은 물론 신께 제물도 바칠 줄 알았다. 이렇게 만들어진 옥수수 인간이 바로 인디오의 선조이자 최초의 인간이다. 마야 문명의 창조 신화를 보면 옥수수가 마야 사람들에게 어떤 의미가 있는지를 짐작할 수 있다.

반면 우리에게 옥수수는 주식이 아니었다.

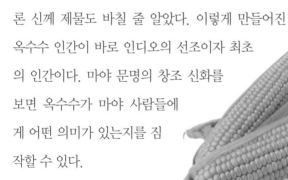

맛있게 먹는 간식이자 군것질거리에 가까웠다. 물론 강원도 산골 마을에서는 식량으로 먹었지만 대부분 사람들에게는 곡식이 떨어져 먹을 것이 없을 때 먹던 구황 식물이었다. 그래서 남미 인디오들이 옥수수를 신이 부활한 작물이자 인간 탄생의 근원으로 본 것과 달리 우리 조상들이 옥수수를 바라보는 시각은 썩 곱지 않았다.

옥수수는 1492년 콜럼버스가 아메리카 대륙을 탐험한 이후 유럽으로 전해졌다. 그리고 또 약 100년이 지난 임진왜란 이후에 중국을 거쳐 우리나라에 들어왔다. 옥수수가 처음 전해졌을 때 우리 조상들은 옥수수를 배가 고플 때나 어쩔 수 없이 먹는 형편없는 작물로 인식한 것 같다.

옥수수는 숙종 때 발행된 중국어 통역서인《역어유해》에 처음 보이는데, 옥촉(玉蜀)이라는 것이 있으니 잎 사이에 뿔처럼 생긴 꾸러미가 달렸고 속에는 구슬 같은 열매가 있어 맛이 달고 먹음직스럽지만 곡식 종류는 아니라고 했다. 옥촉은 옥수수의 한자 이름이다. 그러니 숙종 무렵만 해도 옥수수는 흔한 작물이 아니었을 뿐만 아니라 널리 먹지도 않았던 모양이다.

조선 후기, 명필로 유명한 추사 김정희는 자신의 문집인《완당집》에다 70세가 넘는 노인이 옥수수를 먹고 지낸다는 말을 듣고 망연자실해 하는 장면을 적었다. 다산 정약용 역시 좋은 순으로 곡식의 순서를 매기면서 옥수수를 열일곱 가지 작물 중 열여섯 번째로 놓았으니 결코 환영받는 작물은 아니었다.

옥수수는 사실 근대에도 인기가 없었다. 1926년 〈시대일보〉에 "평안남도 화전민들이 이 산에서 저 산으로 쫓겨 다니며 옥수수와 콩으로 모진 목숨을 이어가고 있다"는 기사가 실렸으니 군것질거리 아니면 산골짜기 가난한 화전민의 음식이라는 인식이 강했다.

원산지인 남미의 인디오들이 자신들의 뿌리이자 신의 부활로 여긴 작물을 우리 조상들은 마지못해 먹는 작물로 보았으니 같은 옥수수라도 처한 환경과 보는 시각에 따라 차이가 이렇게 컸다.

86

두부

맷돌에 콩 갈아
눈빛 물이 흐르거든

세종 때인 1428년 2월, 조신의 사신으로 명나라 북경에 갔다가 현지에 머물던 공조판서 성달생이 긴급 보고서 한 통을 급하게 한양의 조정에 전했다. 일전에 명나라 사신으로 조선을 다녀간 적이 있는 백언이 어용감 부책임자로 승진했다는 내용이다. 조선에서 데려간 찬녀, 그러니까 음식 만드는 여자가 두부를 만들어 황제에게 바쳤는데 이를 맛본 황제가 좋은 요리사를 데려왔다고 가상히 여겨 책임자였던 백언을 승진시켰다는 것이다.

명나라 황제가 조선 두부를 먹고 만족해 책임자를 포상한 사실은 빅뉴스였다. 조선과 명나라는 조공 관계였기에 명의 움직임을 항상 관찰할 필요도 있었지만 친조선파인 명나라 관리 백언의 승진 사실은 조선 조정에서 알아두어야 할 좋은 소식이었다.

백언은 사실 조선 사람이었다. 고향은 수원이지만 어릴 때 조국을 떠나 중국 황실에 환관으로 들어가 명나라 관리가 됐다. 이후 사신으로 여러 차례 조선을 드나들었으니 조선의 입장을 명나라에 우호적으로 전달할 수 있는 중요 인물이었다. 따라서 백언이 승진한 사실은 현지에서 파발마를 띄워 급하게 보고해야 할 정도로 중대 사안이었다.

그로부터 6년 후, 백언이 다시 황제의 칙서를 들고 조선을 찾아왔다. 여러 통의 칙서 중 하나가 두부 잘 만드는 여자 요리사를 뽑아 중국에 파견해달라는 내용이었다. 당시 조선의 두부 제조 기술이 상당한 수준이었음을 보여주는 증거라고 할 수 있다.

두부는 중국에서 처음 만들었다고 한다. 전해지는 말로는 기원전 2세기 한나라 때 유안이 발명했다고 하지만 지어낸 이야기일 가능성이 높고, 중국에서 두부를 만들기 시작한 시기는 당나라 혹은 송나라 무렵으로 추정된다.

우리나라에 언제 두부가 전해졌는지는 문헌 부족으로 정확히 알 수 없지만 고려 말 문헌에 두부가 집중적으로 보이는데, 지금 두부와 비교해도 손색이 없을 정도로 완성도가 높다.

고려 말기의 충신 목은 이색이 두부를 소재로 많은 시를 썼다. "기름에 부친 두부 썰어서 국 끓이고 파까지 넣으니 향기가 진하다"고 노래하면서 "맛없는 채솟국만 오래 먹으니 두부가 방금 썰어놓은 고기 비계 같구나. (중략) 오랑캐 머릿속에는 오직 우유 생각뿐이지만 이 땅에서는 두부를 귀하게 여기니 하늘이 백성을 보살피는 것이다"라고 노래했다. 또 "높은 관리들이 두부만 먹으니 쟁반에는 채소만 수북이 쌓여 있네"라고 읊은 시도 있다.

조선 초기의 문신 권근도 "맷돌에 콩 갈아 눈빛 물이 흐르거든 끓는 솥물 식히려 타는 불을 거둔다. 하얀 비계 엉킨 동이 여니 옥 같은 두부 상머리에 그득하다. 아침저녁 두부 있어 다행이니 구태여 번거롭게 고기 음식을 구할까"라며 두부를 예찬했다.

고려 말과 조선 초의 여러 시에 기름에 부친 두부전과 두붓국, 순두부 등 다양한 두부가 보이는데 요즘 두부와 별반 다르지 않다. 고려 말에 만든 두부가 오늘날 두부와 비슷할 정도니 중국 황제가 조선 여인이 만든 두부 맛에 감탄해 특별히 두부 제조 기술자를 파견해달라고 요청한 것이다.

우리나라에서 일찍이 두부 제조법이 발달한 이유로 왕실의 지원을 빼놓을 수 없다. 조선 왕릉 주변에는 반드시 조포사(造泡寺)라는 절이 있었다. 왕족의 명복을 비는 한편으로 제사에 쓸 음식을 공급하는 역할을 담당했는데 조포사에서 마련한 가장 중요한 음식이 두부였다.

그래서 이름마저 조포사인데 옛날에는 두부를 포(泡)라고 했다. 그러니 '두부 만드는 절'이라는 뜻에서 생긴 이름이다. 두부는 고려 때부터 절을 중심으로 제조 기술이 발달했는데 조선시대에는 왕실 제사에 쓸 두부를 절에서 의무적으로 만들도록 했으니 국가의 정책적 지원에 힘입어

두부 제조 기술이 발달한 것이다.

두부 만드는 솜씨가 뛰어났던 만큼 두부의 종류도 다양했다. 예를 들어 새끼줄에 묶어 들고 다닐 정도로 단단하다는 막두부, 처녀의 고운 손으로 만져야 한다는 연두부, 콩 삶을 때 적당히 태워 일부러 탄 맛을 즐긴다는 탄두부, 얼려 먹는 언두부, 삭혀 먹는 곤두부가 특이하다. 또 기름에 튀긴 두부, 두부 만들 때 생기는 노란 피막만 거둬 말린 두부피, 두부 찌꺼기인 비지, 끓는 물에서 막 건져낸 순두부, 삼베로 굳힌 베두부, 비단으로 굳힌 비단두부가 있었으니 두부의 종류가 지금보다 훨씬 더 다양했다. 오늘날에는 좋은 품질의 두부만 살아남은 것이겠는데 한편으로는 품질이 떨어진다고 다양성까지 사라지는 것 같아 아쉽다.

87

부침개

한여름에 살아나는
부침개의 유혹

잘 풀어놓은 밀가루에다 새콤한 배추김치를 쭉쭉 찢어 넣고 부친 김치부침개, 애호박 송송 채 썰어 넣고 부친 호박부침개, 고추장 얼큰하게 풀어 부친 고추장부침개, 감자를 곱게 갈아 부친 감자전은 별미 중 별미다.

언제 먹어도 좋지만 부침개는 장마철 비가 주룩주룩 내릴 때 먹는 맛이 특별하다. 장마철이 아니라도 눈이 부실 정도로 하얗게 햇빛이 비추는 여름날, 나무 그늘에 앉아 여유롭게 먹는 부침개 역시 별미다. 여름철 무더위에 지치고 지루한 빗줄기에 짜증이 나 달아나버린 입맛을 다시 찾아오는 데 부침개만큼 어울리는 음식도 드물다.

한여름인 음력 칠월 칠석(七夕)은 은하수를 사이에 둔 견우와 직녀가 일 년에 한 번 오작교에서 만나는 날이다. 지금은 애틋한 사랑 이야기만 전설처럼 전해지지만 예전에 칠석은 우리는 물론이고 중국과 일본을 망라하는 동양 공통의 명절이자 부침개를 부쳐 먹는 날이었다.

고려 중기의 시인 이규보는 칠석이면 부녀자들이 뜰에다 오이와 참외를 차려놓고 오색실을 바늘에 꿰어 바느질 솜씨가 좋아지게 해달라고 비는 것이 우리나라 풍속이라고 했다. 이날 할머니들은 장독대에 정화수를 떠놓고 햇과일과 함께 부침개를 부쳐서 가족과 집안의 평안을 기원하는 칠석 치성을 드렸다.

사실 수십 년 전까지만 해도 칠석날이면 집집마다 부침개를 부치는 것이 일반적인 풍속이었다. 1930년대 신문에도 밀가루에 애호박을 채 쳐 넣고 밀전병을 부치는데, 호박이 없으면 파나 미나리를 넣기도 하고 풋고추를 썰어 넣는다고 했다. 밀전병에다 소금 대신 고추장을 풀어서 부쳐도 빛이 붉고 맛이 괜찮다고 했으니 애호박이나 고추장부침개를 부쳐 먹는 것은 우리의 전통 여름철 풍속이었다.

여름철에 특히 부침개가 입맛을 당기는 것은 어쩌면 유전일 수도 있겠다. 수백 년에 걸쳐 쌓이고 축적된 입맛이 한국인의 혀끝에 스며 있어 여름날 부침개를 찾는 것일지도 모른다. 옛날부터 음력 6월 15일의 유두절이나, 음력 7월의 칠석이면 부침개를 시절 음식으로 삼았기에 떠올려보는 상상이다.

이렇듯 여름날 부침개를 부쳐 먹는 풍속은 역사가 꽤 길다. 14세기 무렵인 고려 말기의 목은 이색 역시 유두절이면 부침개를 먹으며 이열치열의 피서를 즐긴 것 같다.

상당군 댁의 부침개 맛이 일품이라네
눈처럼 하얀 것이 달고도 매운맛이 섞여 있네

동그란 떡이 치아에 붙을까 염려되지만
꼭꼭 씹으니 맑고 시원한 기운이 온몸을 감싼다네

상당군은 공신에 대한 칭호로, 이색이 상당군 집에서 맛본 부침개가 어떤 재료로 만든 것인지는 알 수 없지만 부침개 표면이 눈처럼 하얗다고 했으니 밀가루로 부친 것일 수도 있겠고, 아니면 하얀 메밀가루로 부친 메밀전병일 수도 있겠다. 또 달고 매운맛이 섞여 있다고 했는데 어떤 재료를 첨가했는지는 상상하기 힘들다.

고려 때 조상들이 만든 부침개가 어떤 것인지는 잘 알 수 없지만 문학적으로 묘사해놓은 것을 보면 먹음직스럽다. 목은 이색은 다른 시에서도 "동글동글한 것이 마치 하얀 달과 같은데, 하나하나 새로 짠 기름에 부쳤구나"라고 노래했다. 하얀 달덩어리 같은 고려 때의 부침개는 어떤 맛이었을까?

어쨌거나 지금 우리가 먹는 부침개와는 상당히 달랐을 것이다. 요즘 즐겨 먹는 호박부침개, 김치부침개, 고추장떡, 감자전 등은 당시에는 구경조차 할 수 없었다. 모두 임진왜란 이후 조선 후기에 들어서야 먹을 수 있었던 식재료로 만든 부침개이기 때문이다. 호박, 고추는 임진왜란 이후에 전해

졌고, 김치로 전을 부칠 정도로 김치가 발달한 것 역시 일러야 조선 중기 무렵으로 추정되는 데다 감자전의 재료인 감자는 조선 말기, 근대 초기에 널리 퍼졌다.

호박부침개, 김치부침개 등은 조선 후기에나 문헌에 보이는데, 일례로 조선 말기 순조 때 나온 《동국세시기》에 여름에는 호박부침개를 부친다는 기록이 보인다. 밀가루를 반죽해 호박을 썰어 기름에 지지니 여름철 시절 음식으로 좋다고 했다.

칠석날에는 치킨과 맥주 대신 부침개라도 부치면서 한여름 견우직녀의 사랑을 이야기하며 더위를 잊는 것은 어떨까?

88

완두콩

완(宛)나라에서
전해져 완두콩

이름을 보면 그 사람의 내력을 얼추 파악할 수 있다. 성과 본관을 알면 어떤 집안 사람인지 알 수 있고, 돌림자를 알면 족보까지 짐작이 가능하다. 혹은 이 세상에 태어났을 때 부모님께서 어떤 인물로 자라기를 원했는지도 이름자로 추정해볼 수 있다. 그러니까 DNA에 생명체의 유전정보가 담겨 있는 것처럼 이름에도 그 사람의 정체성에 관한 정보가 스며들어 있다.

음식이나 식품의 이름도 마찬가지다. 음식 이름을 알면 그 음식이 어떻게 만들어졌는지, 어떤 경로를 통해 우리 입 속으로 들어오게 됐는지 알 수 있는 경우가 많다.

완두콩도 그렇다. 무심코 먹는 콩 종류고 별생각 없이 부르는 이름이지만 완두콩이라는 이름에는 이 작고 맛있는 콩이 어디에서 어떻게 전해진 작물인지를 알려주는 암호가 들어 있다.

완두콩에 숨어 있는 암호를 풀려면 먼저 완두라는 한자부터 알아야 한다. 완두는 완(豌)이라는 한자에 콩 두(豆) 자를 쓰는데 완두 완 자는 콩 두 변에 나라 이름 완(宛)으로 구성된 글자다. 그러니까 콩은 콩인데 '완'이라는 나라와 관련이 있는 콩이라고 짐작할 수 있다. 결론부터 말하자면 완두는 완이라는 나라에서 왔기 때문에 생긴 이름이다. 그렇다면 완이라는 나라는 도대체 어디에 있던 나라일까?

기원전 2세기 무렵의 한자 사전인 《이아(爾雅)》에 융숙(戎菽)이라는 콩 종류가 수록돼 있는데 융숙에서 융(戎)은 오랑캐를 뜻하고 숙(菽)은 콩을 의미하는 한자이니 융숙은 곧 오랑캐들이 먹는 콩이라는 뜻이다. 중국인들은 자신들이 중화 민족이고 주변에는 모두 오랑캐들이 산다고 생각했는데, 우리 한민족은 동쪽에 있는 활 잘 쏘는 오랑캐라고 해서 동이(東夷)라고 했다. 반면에 서쪽에 사는 오랑캐들은 창을 잘 쓰는 족속이기 때문에 서융(西戎)이라고 했으니, 융숙은 곧 서쪽에 사는 창을 잘 쓰는 오랑캐들이 먹던 콩이라는 것을 알 수 있다.

서기 3세기 무렵, 위촉오의 삼국시대가 끝난 후 세워진 진나라 때 학자인 곽박이 '융숙'이라는 글자에 주석을 달아 풀이하기를, 융숙은 호두(胡豆)라고도 부르는데 완두의 또 다른 이름이라고 했다. 그런데 호두의 호(胡) 자 역시 오랑캐를 가리키는 한

자로 특히 서역에 사는 오랑캐를 일컫는 글자다.

10세기 송나라 때 이방이 편찬한 백과사전인 《태평어람(太平御覽)》에 완두콩을 먹는다는 서역의 오랑캐들이 어떤 사람들인지 구체적으로 나온다. 한나라 때 외교관이었던 장건이 서역에 사신으로 갔다가 돌아오는 길에 대완국(大宛國)에서 새로운 콩 종자를 얻어 왔기에 완두라는 이름을 얻게 됐다고 적혀 있다.

드디어 완(宛)이라는 나라가 등장했다. 현재는 존재하지도 않고 역사 시간에 배운 적도 없으며 웬만한 책에도 나오지 않으니 전설 속의 낯선 나라일 것 같지만 사실 대완국은 역사적으로 유명한 나라고 우리와도 관련이 있다.

대완국의 특산물로 완두콩 이외에 말이 있는데, 하루에 쉬지 않고 천 리를 달릴 수 있으며 땀 대신에 붉은 피를 흘린다고 해서 한혈마(汗血馬)라고 부르는 명마다. 《삼국지》에서 관우가 타고 다녔다는 적토마의 모델이 바로 이 말이며, 보통 우리가 천마(天馬)라고 부르는 말이다. 중국은 천마, 즉 한혈마를 구하기 위해 서역의 흉노와 전쟁도 불사했는데, 우리나라 경주 천마총에 그려진 천마 역시 한혈마가 모델이라고 보기도 한다.

천마의 고향인 대완국은 지금의 중앙아시아에 있던 나라로 현재는 우즈베키스탄 영토인 페르가나 지역에 있었던 고대 왕국이다. 알렉산더대왕이 동방 원정을 왔을 때 따라온 그리스 병정들이 원정이 끝난 후 돌아가지 않고 현지에 남아 살았는데 그들의 후손이 세운 왕국이라고 한다.

그런데 완두콩의 원산지는 지중해 연안 지역이다. 그렇다면 알렉산더대왕이 동방 원정을 왔을 때 병사들이 자신들이 고향에서 먹던 콩을 대완국까지 가지고 와서 심었을 것이다. 그리고 한나라 외교관 장건이 전했건 또는 비단길을 따라 중국으로 건너왔건 서역의 완나라에서 전해진 콩이라는 뜻으로 완두라는 이름을 얻었다. 특별한 의미도 없을 것 같은 콩 이름 하나에 미처 생각지도 못한 별별 역사가 다 들어 있다.

9장

고기가 없으면 허전해

| 육류 |

89

돼지 족발

정기를 모은
특별한 맛

족발은 기호가 분명하게 엇갈리는 음식이다. 발톱까지 달린 생김새가 징그럽다고 꺼리며 먹지 않는 사람도 있는 반면 다른 고기와 달리 족발만의 특별한 식감과 풍미 때문에 사족을 못 쓰는 사람도 많다. 특히 돼지 족발은 쫄깃쫄깃하고 기름진 맛이 일품인데 사실 우리나라는 물론이고 세계적으로도 널리 사랑받는 음식이다.

어찌나 족발을 사랑하는지 단순히 맛을 즐겼을 뿐만 아니라 약으로도 먹었고 일이 잘 풀리기를 바라는 소원 음식으로도 먹었다. 우리는 술안주를 겸해 출출할 때 간식으로 즐겨 먹은 한편으로 아이를 낳은 산모가 젖이 잘 나오지 않을 때면 족발을 먹었을 정도로 몸에 좋다고 여겼다.

중국에서는 생일날에 국수와 함께 족발을 먹으며 장수를 빌었고 당나라 때는 과거 시험을 앞둔 선비들이 우리가 합격 엿을 먹고 수능을 치르는 것처럼 합격을 기원하며 족발을 먹었다. 서양 사람들도 돼지 족발을 좋아하기는 마찬가지였다. 독일에는 껍질을 바삭하게 구운 돼지 족발 학세와 맥주에 푹 삶아 부드러운 아이스바인이 있다. 프랑스 사람은 달콤한 돼지 족발 조림인 피에 드 코숑을 즐겨 먹으며, 이탈리아 사람들은 새해 첫날 돼지 족발인 참포테를 먹는다.

사람들이 족발을 좋아하는 이유는 맛도 특별하지만 족발에 특별한 의미를 부여했기 때문이 아닐까 싶다. 옛날 사람들은 동물은 네 발로 걸어 다니므로 정기가 모두 발바닥으로 몰린다고 믿었다. 그러니만큼 동물의 발바닥이 몸에도 좋을 것이라 생각했다.

고대인들은 곰이 걸어 다니며 수시로 발바닥을 핥기 때문에 곰 발바닥이 정기가 모여 있어 맛도 좋고 몸에도 좋을 것이라고 생각했다. 그래서 고대인들은 곰 발바닥을 천하제일의 진미로 꼽았는데, 점잖은 맹자도 입맛을 다셨을 정도다.

"물고기도 먹고 싶고 곰 발바닥도 먹고 싶지만 둘 다 먹을 수 없다면 곰 발바닥을 먹겠다."

사서삼경 중 하나인 《맹자》에 나오는 말인데 맹자가 식도락을 즐겨서 한 말은 아니고 다음 구절에 핵심 의미가 담겨 있다.

"사는 것도 중요하고 의로운 것도 중요하나 모두 할 수 없다면 목숨을 버리고 의로움을 택하겠다."

정기가 집중된 곰 발바닥을 유교의 핵심 가치인 '의(義)'의 상징으로 표현한 것이다.

이러니 곰 발바닥이 어떤 맛이었을지 더욱 궁금해지는데 곰 발바닥 맛을 기억하는 옛날 사람들은 하나같이 돼지 족발 맛이 곰 발바닥과 가장 비슷하다고 했다. 따지고 보면 돼지 족발 또한 보통 음식이 아닌 것이 육중한 돼지 몸을 지탱해주는 강인함에다 아무리 추워도 돼지 발이 동상에 걸렸다는 소리는 들어보지 못했으니 돼지의 정기 역시 족발에 집중돼 있는 모양이다.

옛날에 좋은 음식은 하늘이나 조상님을 모시는 제사에 놓았는데 돼지 족발도 제사상에 올랐다. 하지만 아무리 정기가 집중된 좋은 음식도 찔끔찔끔 놓으면 세상에서 욕을 먹게 마련이다.

기원전 371년 춘추전국시대 때 제나라에서 있었던 일이다. 초나라가 대군을 보내 국경을 침범하자 놀란 제나라 위왕이 이웃 조나라로 재상 순우곤을 파견해 구원병을 요청하기로 했다. 그러면서 황금 100근과 말 네 필이 끄는 마차 10대를 예물로 준비했다.

그러자 순우곤이 고개를 젖혀 크게 웃다가 모자 끈이 끊어졌다. 왕이 웃는 까닭을 묻자 순우곤이 이유를 아뢰었다.

오늘 아침 오는 길에 어느 백성이 제단에 돼지 족발 하나와 술 한 잔을 올려놓고 하늘에 소원을 비는 소리를 들었습니다. "고지대에 있는 밭에서는 바구니에 가득 차도록 수확이 나게 해주시고 저지대 밭의 곡물로는 수레를 채워주시며 부디 오곡이 풍성하게 익어 창고에 가득 차도록 해주십시오." 신이 보기에 하늘에 바친 제물은 달랑 돼지 족발 하나뿐인데 바라는 것은 너무 많았던 것이 떠올라 웃은 것입니다.

순우곤의 말을 들은 위왕이 예물을 늘려 황금 1000근을 준비하고 백옥 10쌍, 그리고 마차 100대를 마련했다. 순우곤이 예물을 갖고 조나라에 도착해 원병을 요청하자 조왕이 정예 병사 10만과 갑옷을 두른 전차 1000대를 파견하니 소식을 들은 초나라에서 놀라 밤새 군대를 철수시켰다.

돼지 족발과 한잔 술, 다시 말해 초라한 음식이라는 뜻의 사자성어 돈제우주(豚蹄盂酒)라는 말이 생긴 유래인데, 뒤집어보면 제단에 달랑 족발 하나를 놓은 까닭은 그만큼 족발이 귀한 음식이기 때문이 아니었을까 싶다. 《사기》〈골계열전〉에 나오는 이야기다.

아무리 좋은 음식이고 귀한 물건이라도 아깝다고 찔끔찔끔 내놓으면 '쫀쫀하다'고 욕먹게 마련이다. 인생에서나 사업에서나 경우에 따라서는 상대방이 감동하고 감탄하도록 과감하게 베푸는 자세가 중요하다. 하지만 어떤 경우에라도 손안에 들어온 것을 내놓기는 쉽지 않은 것이 문제다.

90

닭갈비

계륵과 닭갈비의
허허실실

닭갈비는 보잘것없는 음식의 대명사다. 닭에는 모두 일곱 쌍의 갈비가 있는데 닭의 폐와 심장을 보호하는 갈비 사이의 고기가 닭갈비로, 정확하게는 닭이 숨 쉴 때 갈비가 움직이도록 수축과 이완을 반복하는 근육의 일종이다. 백숙이나 튀김을 먹을 때 닭갈비를 먹어본 경험이 있다면 닭갈비가 얼마나 먹을 것 없는 부위인지 알 것이다.

한자로 계륵(鷄肋)이라고 하는 닭갈비가 우리나라에서 유명해진 것은 《삼국지》의 조조와 춘천 닭갈비 덕분이다.

《삼국지》에서 조조는 유비와 전략적 요충지인 한중 땅을 놓고 전투를 벌인다. 전세가 불리해지자 더 싸울 수도 없고, 그렇다고 후퇴도 쉽지 않은 진퇴양난의 난감한 심정을 조조는 계륵, 즉 닭갈비에 빗대어 표현했다. 행군주부 양수가 이 말을 듣고는 후퇴 명령이 내려지기도 전에 서둘러서 짐을 꾸려 철수 준비를 했다. 먹자니 먹을 것이 없고 그렇다고 버리기에는 아까운 심정을 무심코 내뱉은 것이니 곧 철수 명령이 내려질 것이라는 양수의 설명을 들은 다른 장수들도 모두 짐을 꾸린다. 이 모습을 본 조조가 군의 사기를 떨어뜨렸다며 양수의 목을 베어 처형한다. 《삼국지》의 작가 나관중은 닭갈비 이야기를 통해 이렇게 조조의 난폭함과 간교함을 강조했다.

조조는 왜 양수를 죽였을까? 소설이 아닌 역사적 진실, 조조의 진면목을 닭갈비의 또 다른 해석에서 찾을 수 있다.

닭갈비, 즉 계륵이라는 말에서 양수가 공격할 수도 없고 철수하기에는 아까운 조조의 심중을 남보다 먼저 알아차렸다는 것은 역사적 사실이다. 진수가 쓴 역사책 《삼국지》의 주석에도 같은 내용이 나온다. 하지만 조조가 양수를 죽인 이유를 역사책에서는 다르게 해석한다. 후계 구도를 굳건하게 다지기 위한 포석이었다는 것이다.

양수를 처형할 당시 조조는 큰아들인 조비를 태자로 책봉했다. 하지만 셋째 아들 조식이 형의 태자 자리를 노렸는데, 이런 조식에게 지혜를 빌려준 사람이 똑똑하다고 소문난 양수였다. 소설에서는 강조하지 않았지만 양수는 당시 손꼽히는 명문가 출신이었다. 게다가 조조의 견제 세력이었던 원술 가문과 친척 관계다. 그러니 양수가 조식을 도와 조비에게 반기를 들 경우 큰 화근이 될 수 있었다.

그렇다고 후계자인 조비의 권력 기반을 다지기 위해 셋째 아들인 조식을 죽일 수는 없는 노릇이었다. 그래서 전략을 제공하며 조식의 세력 기반이 될 수도 있는 양수를 제거한 것이고, 그 계기가 바로 닭갈비였다. 닭갈비를 핑계로 자신이 죽고 난 후에 일어날지도 모를 분쟁을 미연에 예방한 것이다. 소설처럼 속 좁은 인물이 아니라 속 깊은 인물이었기에 삼국 통일의 기반을 마련할 수 있었을 것이다.

겉모습만 보고는 알 수 없는 것들이 많다. 당연한 것 같아도 뒤집어보면 새로운 사실이 보일 때가 있다. 닭갈비를 이용해 양수를 처단한 조조처럼 춘천의 명물 닭갈비도 그렇다. 춘천 닭갈비에는 닭갈비가 없다. 음식 이름이 유발하는 최면 효과 때문인지 닭갈비에 진짜 닭갈비는 없다는 사실을 단번에 눈치 채지 못하는 사람도 많은데 사실 춘천뿐만 아니라 전국 어디에서 파는 닭갈비에도 갈빗살은 없다.

이름이 닭갈비지만 갈비가 아닌 토막 낸 닭의 가슴살이나 다릿살을 도톰하게 펴서 양념에 잰 후 야채와 함께 철판에 볶거나 숯불에 구워 먹는 것이 닭갈비 요리다.

닭갈비
이미지 제공 _ 농촌진흥청

전해지는 이야기로는 1970년대 어느 선술집에서 안주로 팔던 돼지갈비가 떨어지자 닭고기를 돼지갈비처럼 양념해 구워 판 것이 유행하며 지금의 춘천 닭갈비로 발전했다고 한다. 그러니까 진짜 닭갈비가 아니라 닭고기를 돼지갈비처럼 요리했다는 뜻이다.

또 다른 이야기도 있다. 옛날의 춘천 닭갈비는 진짜 닭갈비구이였다고 한다. 다수의 춘천 출신 인사들의 증언에 따르면 닭고기 중에서도 먹을 것이 없어 특히 값이 싼 닭갈비구이가 주머니 사정이 넉넉지 못한 병사들과 학생들 사이에 인기를 끌면서 지금의 춘천 닭갈비가 됐다고 한다. 다만 경제가 발전하면서 진짜 먹을 것 없는 닭갈비 대신 지금처럼 가슴살과 다릿살로 대체됐을 뿐이라고 한다.

먹자니 먹을 것이 없고 버리자니 아까운 닭갈비가 조조의 후계 구도를 굳건히 다진 도구가 됐고 춘천의 명물 음식으로 거듭났으니 겉모습만 보고 판단할 것도 아니다. 춘천 닭갈비와 조조의 닭갈비에 담긴 허허실실의 내막이다.

91

초계탕

혜경궁 홍씨가 좋아한 초계탕

후텁지근한 여름철 더위를 이겨내는 우리의 전통적 방법은 이열지열이다. 그래서 가만히 앉아만 있어도 땀이 줄줄 흐르는 삼복더위에 오히려 펄펄 끓는 삼계탕을 먹으며 연신 '시원하다'고 소리쳤다.

사실 무더운 여름날 뜨거운 음식을 먹으며 땀을 한 바가지 쏟아내면 배 속뿐 아니라 온몸이 시원해지는 느낌이 없지 않다. 하지만 이열치열도 여름철 어쩌다 한두 번이지 매번 이열치열을 적용하자면 그것도 고역이다.

솔직히 진짜 더울 때 간절하게 생각나는 음식은 먹으면 오장육부까지 얼어버릴 것 같은 차가운 음식이다. 더위에 지쳐 몸보신은 하고 싶은데 뜨거운 삼계탕이 부담스러울 때, 여름 더위를 한방에 날려줄 것 같은 음식이 초계탕이다.

초계탕은 닭고기 육수를 차갑게 식혀 식초와 겨자로 간한 후, 닭고기를 가늘게 찢어 넣어 만든다. 여기에 오이, 당근, 배추, 배 등을 얹어 시원한 닭 국물에 메밀국수를 함께 말아 먹는다. 초계탕은 예전 평안도 지방에서 즐겨 먹던 이북 음식이고, 임금님도 궁중에서 즐겨 드신 여름철 보양식이었다.

초계탕은 아무나 먹을 수 있었던 음식은 아니었던 것 같다. 조선시대 요리책이나 문집에서 기록을 찾기란 쉽지 않고, 왕실의 잔칫상을 적은 의궤나《승정원일기》에 초계탕이 보인다. 그것도 시도 때도 없이 먹는 음식이 아니라 왕태후의 생일 잔칫상에 나온다.

사도세자의 부인이자 정조의 어머니인 혜경궁 홍씨가 초계탕을 즐겨 먹은 것 같다. 지금부터 약 200년 전인 1795년, 정조는 어머니 혜경궁 홍씨를 모시고 100리 길을 떠나 사도세자가 묻힌 수원의 화성 행궁으로 행차해 모친의 회갑 잔치를 성대하게 열었다. 기록에는 윤 2월 9일에 궁궐을 떠나서 13일 화성 행궁 봉수당에서 연회를 열고 16일에 환궁한 것으로 되어 있다. 이때의 회갑 잔치를 기록한 책이《원행을묘정리의궤(園幸乙卯整理儀軌)》인데 바로 여기에 초계탕이 보인다.

사실 혜경궁 홍씨의 생일은 음력 6월 18일이다. 그러니까 수원 화성 행궁에서 연 회갑연은 미리 당겨서 연 것인데《승정원일기》에는 진짜 생일인 6월 18일에도 정조가 모친을 위해 잔칫상을 차렸다고 나온다. 임금을 비롯해 문무백관이 모두 혜경궁 홍씨를 찾아와 하례를 올렸는데 이때도 초계탕이 빠지지 않았다.

그런데 조선의 초계탕 기록에는 특이한 점이 몇 가지 있다. 먼저 조선 후기인 정조 때, 혜경궁 홍씨의 잔칫상에 처음 보인다는 사실이다. 그러니 정조 무렵을 전후해 발달한 음식이었을 가능성이 있다.

또 하나는 주로 왕태후의 잔칫상에 초계탕을 올렸다는 점이다. 헌종 14년인 1848년 2월, 창경궁 통명전에서 열린 대왕대비의 생일잔치와 고종 때 덕수궁 경운당에서 열린 헌종의 계비 효정왕후 홍씨의 칠순 잔치에도 초계탕을 준비했다.

마지막으로 《원행을묘정리의궤》를 자세히 살펴보면 왕실 가족의 상에는 초계탕이 놓여 있지만 신하들의 음식상에는 초계탕이 보이지 않는다. 특별한 고급 요리였기 때문인지 혹은 다른 이유가 있는 것인지 이유는 분명치 않다.

초계탕이 대중화된 것은 20세기 초반부터가 아닌가 싶다. 1934년에 발행된 《간편조선요리제법》에 초계탕이 소개돼 있고 1937년에 8판이 발행된 방신영의 《조선요리제법(朝鮮料理製法)》에도 초계탕이 나온다.

어쨌든 초계탕은 식초를 넣어 새콤한 닭 육수에 가늘게 찢은 닭고기를 넣어 '초계탕(醋鷄湯)'인 것으로 알고 있다. 하지만 일부에서는 식초[醋]와 겨자[芥]를 넣어 시원하고 매콤한 '초개(醋芥)탕'인데 평안도 발음으로 초계로 잘못 알려졌다고 주장하기도 한다. 사실 지금의 새콤하고 코끝을 찌르는 요리법을 감안하면 초계탕이라는 이름이 식초와 겨자를 넣는 데서 비롯됐을 가능성도 있다.

식초와 겨자로 만든 장인 초개장(醋芥醬)은 진작부터 있었다. 정조의 증조할아버지이며 영조의 부친인 숙종의 왕비 인경왕후의 장례식을 기록한 문서인 〈국휼등록〉에 초개장을 놓았다는 기록이 보인다. 또 순조 때의 실학자 이규경 역시 초개장에 닭무침을 먹었다고 했으니 닭고기를

388

식초와 겨자로 시원하게 조리한 것에서 초계탕이 비롯됐을 수도 있다. 시원하고 새콤한 초계탕을 먹으며 더위에 지친 몸과 마음을 식히면 그만일 것을, 너무 꼬치꼬치 기원과 역사를 따진 것 같다.

92

숯불구이

전통과 역사의
숨결이 살아 있는 음식

설야멱은 우리나라 불고기의 옛날 이름이다. 한자로 눈 설(雪), 밤 야(夜), 찾을 멱(覓) 자를 쓰는데 눈 내리는 밤, 친구를 찾아가 숯불에 고기를 구워 먹었다는 고사에서 비롯된 말이다. 얼핏 듣기에 무척 낭만적일 것 같지만 사실 시적인 감상과는 거리가 멀다. 고사의 배경은 이렇다.

중국 송나라 태조, 조광윤이 신하이자 친구이며 장군인 조보를 찾아가 내리는 눈을 맞으며 숯불에 고기를 구워 먹었다. 두 사람은 밤하늘에 떨어지는 눈을 바라보며 풍류를 즐긴 것이 아니라 반란군을 어떻게 진압할 것인지를 논의했다. 혹시 모를 첩자의 눈과 귀를 속이려고 숯불에다 고기를 구워 먹으며 한담을 나누는 척한 것이다.

그런데 조상님들은 왜 우리나라 숯불구이 불고기에다 전혀 관계도 없는 중국 송 태조의 고사를 끌어다가 설야멱이라 부른 것일까?

몇 가지 이유를 짐작해볼 수 있겠는데 고사의 내용과는 상관없이, 눈오는 날 친구들과 함께 화로에 고기를 구워 먹는 모습이 아주 낭만적으로 느껴졌기 때문일 수도 있다.

조선시대 한양에서는 선비들이 겨울이 되면 친구들끼리 모여 화로에 둘러앉아 숯불을 피워놓고 갖은 양념을 한 고기를 꼬치에 굽거나 석쇠, 또는 전골에 올려놓고 먹으며 시를 읊고 담소를 나누는 풍속이 유행했다. 특히 날씨가 추워지는 음력 10월 1일은 특별히 고기를 구워 먹는 날이었는데, 화로에 불을 피운 후 회식 모임을 갖는다고 해서 난로회(暖爐會)라고 했다. 당시 풍경이 《열하일기》의 저자인 박지원의 글에 생생하게 그려져 있다.

눈 내리는 날 밤, 벗과 함께 화로를 마주하고 고기를 구워 먹으며 난로회를 가졌는데 방 안이 연기로 후끈하고, 파, 마늘, 그리고 고기 굽는 냄새가 온몸에 배었다. 벗이 북쪽 창문으로 가서 부채를 부치며 말하기를 "맑고 시원한 곳이 바로 여기에 있으니 신선이 사는 곳과 멀지 않구나"라고 했다.

친구와 맛난 음식을 먹으며 속마음을 나누는 것이 바로 신선이 사는 모습과 크게 다를 것이 없다고 한 것인데, 몇몇 장면만 바꾸면 퇴근 후, 혹은 주말에 가족과 함께 등심이나 삼겹살 구워 먹는 모습과 별로 다를 것이 없다. 마음을 비우고 욕심을 버리면 신선처럼 사는 것이 그다지 어려운 일이 아닐 수 있다.

엉뚱한 상상일 수도 있겠지만 숯불구이의 옛날 별명이 설야멱인 것은

숯불구이
이미지 제공_ 농촌진흥청

송 태조가 먹었다는 숯불구이가 바로 고려의 숯불구이 불고기였기 때문은 아닐까?

우리 숯불구이 불고기는 옛날부터 중국에서 유명했다. 고려의 불고기는 수출 품목이었다. 육당 최남선은 "고려 임금이 원나라에 장가를 들기 시작한 이후부터 탐라의 소고기를 직접 가져간 것은 물론이고 고기를 굽는 요리사도 함께 따라갔다"고 했다. 고려시대에는 숙수가 원나라까지 가서 본고장 숯불구이 맛의 진수를 보여준 것이다.

우리의 숯불구이가 중원의 입맛을 사로잡은 시기는 고대로까지 거슬러 올라간다. 숯불구이 불고기의 뿌리라 할 수 있는 음식이 '맥적'으로 1세기 때, 《석명》이라는 한자 사전에는 '맥족이 먹는 방식으로 굽는다'는 뜻의 맥적(貊炙)이라는 단어가 실려 있다. 맥족은 고구려와 부여의 구성원이고, 맥적은 지금의 바비큐와 비슷한 통구이니까 고구려식 숯불구이 통구이가 한자 사전에 오른 것이다.

4세기 진나라 때 간보는 《수신기》에서 "중원의 귀족과 부자들이 자기 것을 버리고 너무 외국 음식만 즐겨 먹는다"고 우려했는데, 바로 고구려의 숯불구이와 티베트의 양고기찜을 두고 한 말이다. 요즘 어린이들이

김치를 먹지 않고 치즈만 좋아한다며 어른들이 걱정하는 것과 비슷하다.

그런데 2천 년 전 고구려의 한 부족이 먹었다는 맥적을 지금 우리가 먹는 불고기의 원조라고 말해도 좋은 것일까?

따지고 보면 1세기 때의 맥적이나 고려와 조선시대의 설야멱은 지금 먹는 불고기와는 전혀 다른 음식일 수도 있다. 음식 역시 오랜 세월에 걸쳐 요리법, 조리 도구의 발달로 인해 진화 과정을 거쳤기 때문이다. 불고기라는 용어 역시 1920년대 사용하기 시작한 단어이니 불고기와 설야멱, 맥적이 동일한 음식이기를 기대하는 것 자체가 무리다. 하지만 불고기의 기원이 맥적까지 올라갈 수 있다는 사실이 흥미롭다.

93

꼬리찜

꼬리찜은
사슴 꼬리가 최고

'어두육미(魚頭肉尾)', 생선은 머리가 맛있고 가축은 꼬리가 별미라는 뜻이다. 어원은 확실치 않다. 역사나 유래가 있는 말 같지는 않고 민간에서 떠도는 이야기를 한자로 적은 것 같은데, 그것도 생선은 머리가 맛있다는 '어두일미(魚頭一味)'를 패러디한 것으로 짐작된다.

어쨌거나 꼬리가 맛있다는 것은 꼬리곰탕이나 꼬리찜을 먹어본 사람이라면 말하지 않아도 다 안다. 그렇지만 고기가 흔치 않았고 요리법도 발달하지 않은 옛날에는 꼬리 특유의 맛이 식욕을 더 자극한 모양이다. 그러니 어두육미라는 말이 생긴 것이 아닌가 싶다.

사실 꼬리는 동서양에서 모두 소중하게 취급했다. 서양인은 꼬리 고기를 즐기지 않았을 것 같지만 그렇지 않다. 가축을 잡으면 꼬리부터 먼저 챙겼다. 신께 제사를 지낼 때 꼬리를 바쳤으며 귀족들 또한 살코기와 기름이 어우러진 꼬리의 미묘한 맛을 즐겼다. 《구약성경》에 나오는, 모세가 미려골(尾閭骨)에서 떼어낸 황소와 숫양의 기름진 꼬리를 여호와께 제물로 바쳤다는 기록에서도 서양의 꼬리 사랑을 엿볼 수 있다. 옛날 중동에서는 양 꼬리를 좋아해서 특별히 꼬리에 살이 많이 붙도록 사육했다고 한다.

동양에서도 옛날부터 꼬리 요리를 즐겼다. 당나라 때 안록산은 현종에게 사슴 꼬리로 요리를 만들어 바쳐 총애를 받았다. 우리 역시 영조와 정순왕후의 결혼식 때 소꼬리를 준비했으니 임금 결혼식 축하연에 올랐을 만큼 별미로 대접받았다.

지금은 꼬리 요리 하면 당연히 소꼬리를 떠올린다. 그러니 옛날에도 주로 소꼬리를 먹었고, 또 소꼬리를 최고로 여겼을 것 같지만 사실은 그렇지 않다. 소꼬리는 물론이고 돼지 꼬리, 양 꼬리와 사슴 꼬리, 심지어 개 꼬리까지 동물의 꼬리는 모조리 요리했다.

그중에서도 최고는 사슴 꼬리였다. 꼬리가 짧으니 먹을 것도 없을 것 같지만 어쨌거나 맛은 좋았는지 고대부터 팔진미(八珍味) 중 하나로 꼽혔다.

식탐이 특히 강했던 연산군이 사슴 꼬리를 몹시도 좋아했다. 팔도 감사에게 공문을 보내 사슴 꼬리와 혓바닥의 진상을 끊이지 않게 하라고 독촉하고, 사슴고기를 진상할 때는 반드시 꼬리를 함께 올리라고 지시하기도 했다. 급기야 사슴 꼬리를 비롯해 음식 재료를 제대로 관리하지 못하면 왕실 주방을 관할하는 사용원 관리를 문책하라고 명령하니 좋은 음식과 진귀한 식품에 병적일 정도로 집착했다.

임금이 이렇게 사슴 꼬리를 좋아하니까 사슴 꼬리로 장사를 해서 돈을 긁어모은 벼슬아치도 있었다. 중종이 반정으로 연산군을 쫓아낸 지 3년이 됐을 때, 연산군 때의 경상도 수군절도사 채윤문이 사슴 꼬리와 사슴 혓바닥을 많이 거두어 장사로 큰 이익을 보았다는 이유로 탄핵했다는 기록이《조선왕조실록》에 보인다.

조선시대 중기까지만 해도 꼬리는 주로 사슴 꼬리를 먹었던 것으로 보인다. 《홍길동전》의 저자 허균은 팔도 음식 평론서인《도문대작》에 사슴 혓바닥은 (강원도) 회양 사람들이 요리한 것이 맛있고, 사슴 꼬리는 (전라북도) 부안의 그늘에서 말린 것이 가장 좋고 그다음이 제주도 것이라고 했다.

그러니 제주도에서는 해마다 엄청난 양의 사슴 꼬리를 진상해 자칫 사슴의 씨가 마를 지경이었던 모양이다. 영조 역시 사슴 꼬리를 좋아했다고 하는데 급기야 탐라도에서 보내는 사슴 꼬리 진상을 중지하라고 명령한다. 제주도에서 보내는 사슴 꼬리가 60개라면 일 년에 두 번 진상할 경우 한 해에 사슴 120마리가 죽는 것이니 멸종할 우려가 있다는 것이 그 이유였다.

영조 때 활동한 실학자 이긍익 역시《연려실기술》에 "사슴 꼬리와 혓바닥이 그렇게 맛있는 음식이 아닌데도 서울의 부잣집에서 모두 사들여 값이 엄청나게 올랐다"고 했으니 이 무렵 이미 사슴의 숫자가 줄어들기 시작한 것으로 짐작된다.

문헌에 소꼬리 요리가 등장하는 것도 이 무렵이다. 영조 때 발행된《증보산림경제》에서는 소꼬리를 기름과 간장 등 각종 양념을 넣고 삶아서 먹는다고 했으니 지금의 소꼬리찜이다.《규합총서》에는 소꼬리를 무르게 삶아 잘게 찢어 넣고 끓이는 꼬리곰탕 조리법이 보인다. 영조 무렵을 전후해서 우리가 즐겨 먹는 꼬리찜, 꼬리곰탕의 주재료가 사슴 꼬리에서 소꼬리로 대체된 것이 아닌가 싶다.

94

삼겹살

한국 경제와
고락을 함께하다

우리나라에서는 돼지고기 값이 폭락해 축산 농가의 시름이 깊어져도 삼겹살만큼은 여전히 금값을 유지한다. 왜 이런 현상이 벌어지는 것일까?

유통 구조를 비롯해서 여러 가지 이유를 꼽을 수 있겠지만 가장 큰 원인은 비정상적이라고 할 정도로 삼겹살 수요가 많기 때문이다. 돼지 한 마리에서 나오는 삼겹살의 양은 일정한데 수요는 많으니까 국산 돼지가 아무리 공급 과잉으로 가격이 폭락해도 돼지고기를 수입해야 한다. 삼겹살 수요를 충족할 수 없기 때문이다.

그래서 한국은 세계 삼겹살의 경연장이 됐다. 프랑스, 벨기에, 헝가리 등 유럽 여러 나라와 미국, 캐나다 그리고 오스트레일리아까지 세계 17개국 이상에서 삼겹살을 수입하고 있다. 한국에 가만히 앉아서 지구촌 구석구석에서 키우는 돼지고기의 맛을 볼 수 있다.

우리는 언제부터 삼겹살을 즐겨 먹었으며 왜 삼겹살을 사랑하게 된 것일까? 한국인이 가장 즐겨 먹는 외식 메뉴 중 하나가 삼겹살이니, 삼겹살은 '국민 고기'라고 할 수 있다. 하지만 따지고 보면 우리가 삼겹살을 먹기 시작한 것은 그다지 오래되지 않는다.

삼겹살이라는 단어가 쓰이기 시작한 것도 거의 1970년대 무렵이다. 그것도 어쩌다 쓰였을 뿐 널리 퍼진 것은 1980년대다. 국어사전에 삼겹살이 오른 것도 1994년이라고 하니까 1980~1990년대에 유행하면서 국민 음식의 반열에 오른 것이라고 말할 수 있다. 물론 그 전에도 삼겹살이라는 단어가 있기는 있었다. 1939년의 《조선요리제법》의 증보 9판에 '세겹살'이라는 용어가 보이는데, 그 이전 판이나 이후 판에는 세겹살에 관한 내용이 없다. 그러니 삼겹살이 일반적인 용어는 아니었을 것으로 짐작된다.

그렇다면 1970년대 이전에는 삼겹살이 없었을까? 지금과 같은 삼겹살은 없었다고 보는 것이 일반적인 견해다.

우리는 원래 삼겹살은 물론이고 돼지고기조차 잘 먹지 않았다. "여름에 먹는 돼지고기는 잘 먹어야 본전"이라는 속담이 있었을 정도로 선입견마저 있었다. 그래서 돼지고기를 조리하는 요리법도 그다지 발달하지 않았다.

물론 돼지고기를 전혀 먹지 않은 것은 아니지만 일반 가정에서는 주로 돼지고기를 삶아서 새우젓과 함께 김치에 싸 먹거나 비계나 고기를 찌개에 넣어 끓여 먹었다.

돼지고기를 구워 먹기 시작한 것은 1960년대 후반부터라고 하는데,

서민들의 주점인 대폿집에서 발전한 돼지갈비 음식점들이 서울 마포를 중심으로 형성되면서 돼지갈비구이가 유행했다. 돼지갈빗집은 이후 마포 도심 재개발이 이뤄지면서 서울 태릉을 비롯해 서울 곳곳으로 퍼져 나간다. 그리고 돼지갈비구이의 인기가 시들해질 무렵부터 대체 음식으로 삼겹살이 나오기 시작했다.

그렇다면 삼겹살은 어떻게 그렇게 폭발적인 인기를 끌게 된 것일까? 삼겹살이 인기를 끈 배경에는 복합적인 이유가 작용했다. 기술적으로 냉장고가 보급되기 시작하면서 상하기 쉬운 돼지고기를 저장할 수 있게 돼 돼지고기 보급이 늘었다. 연탄불 중심에서 가스 사용으로 인한 조리법과 도구의 변화도 한몫을 했다. 하지만 무엇보다 우리나라의 경제, 사회적인 변화가 돼지고기와 관련한 음식 문화를 바꾸어놓았다고 할 수 있다.

1960년대 이후 1970, 1980년대를 거치면서 급속도로 추진된 산업화 시대의 경제 발전으로 육류 소비가 대폭 늘어났다. 하지만 쇠고기는 여전히 비쌌으니 대신 서민층을 중심으로 돼지고기 수요가 크게 늘었다.

또한 양돈 장려 정책으로 돼지고기의 공급도 확대되면서 그 결과로 1960, 1970년대에는 돼지갈비가 유행했고 1980, 1990년대에는 삼겹살이 유행했다.

1980년대부터 자가용 시대가 열리면서 야외 활동

과 외식 문화가 크게 발달한 것도 이유로 꼽을 수 있지만 결정적인 계기가 된 것은 IMF라고 보는 견해도 있다. 한국인의 식생활 변화로 고기에 대한 수요는 크게 늘었는데 IMF로 인해 주머니 사정이 얇아지자 값싼 삼겹살을 많이 찾게 되면서 삼겹살 열풍이 일어났다는 것이다.

그러고 보면 삼겹살은 한국 경제를 대변하는 고기다. '한강의 기적'이라고 하는 경제 발전 과정과 함께 한국인의 대표 음식으로 자리매김했고, 우리가 경제 위기를 겪고 그 위기를 극복할 때 서민들을 위로해준 음식 역시 삼겹살이다. 새삼 삼겹살이 자랑스럽다.

95

찜닭

결핍이 낳은 산물,
안동 찜닭과 코코뱅

정치의 본질은 먹을 것을 하늘로 삼고 있는 백성을 만족시키는 것이기에 위정자들은 종종 음식을 정치의 소재로 삼았다. 그러고 보니 우리가 먹는 찜닭, 백숙도 정치와 관련이 깊다.

"신께서 나에게 허락하시는 한, 프랑스의 모든 국민들이 일요일마다 냄비에 닭 한 마리를 조리해 먹을 수 있도록 하겠다."

17세기 초, 프랑스 부르봉 왕가를 건설한 앙리 4세가 신구교도 사이의 지루했던 종교전쟁을 마무리 짓고 풍요로운 프랑스 건설을 약속하며 한 말이다. 여기서 비롯된 요리가 유명한 프랑스의 찜닭 요리 코코뱅(coq au vin)이다.

코코뱅은 '포도주 속의 수탉'이라는 뜻으로, 냄비에 닭고기와 각종 채소를 썰어 넣은 후 와인을 붓고 오랫동안 졸여서 닭고기에 포도주의 향이 스며들도록 만드는 프랑스 전통 요리다. 프랑스 농민들이 주로 먹었던 요리로 대중적인 음식이었기 때문인지, 혹은 수탉이 프랑스를 상징하는 동물이기 때문인지 포도주 속의 수탉, 코코뱅은 지금 프랑스를 상징하는 요리로 자리 잡았다. 그런데 프랑스는 왜 미국이나 독일과 달리 독수리도 아닌 수탉을 나라의 마스코트로 삼았을까?

프랑스 사람들은 닭을 영물로 여기지만, 그 때문에 마스코트로 삼은 것은 아니다. 수탉이 프랑스의 상징이 된 데는 또 다른 이유가 있다. 고대 프랑스는 골(Gaul)족이 살던 땅이라서 로마인들은 프랑스를 갈리아라고 불렀다. 갈리아의 어원이 되는 라틴어 갈루스는 프랑스를 의미하는 동시에 수탉이라는 뜻이 있다. 그래서 수탉이 프랑스의 마스코트가 된 것이다. 이래저래 프랑스 사람들이 포도주로 졸인 수탉 요리, 코코뱅을 즐겨 먹는 이유와도 무관하지 않은 것 같다.

그런데 프랑스 국민 모두가 일요일에 닭고기를 먹을 수 있도록 만들겠다고 약속한 앙리 4세는 어떻게 갑자기 그 많은 닭을 조달할 수 있었을까? 국가 재원을 총동원해서 대대적으로 양계 산업을 육성하기라도 한 것일까?

서민들까지 닭고기를 먹을 수 있게 된 비결은 프랑스의 마스코트인 수탉에 있었다. 늙은 수탉은 고기가 질겨서 맛이 없기 때문에 귀족과 부자들은 주로 살이 연하고 부드러운 영계를 요리해 먹었다. 대신 비싼 영계를 먹을 수 없었던 도시 서민과 시골 농민들은 질긴 수탉을 와인에 끓이거나 조려서 고기를 부드럽게 만드는 요리법을 발달시켰다. 앙리 4세가 없는 닭을 갑자기 만들어낸 것이 아니라 농민들이 질 떨어지는 재료로 고급 요리를 창조해낸 것이다.

정치와 아무런 관련은 없지만 우리나라 안동 찜닭도 비슷한 측면이 있다. 일반적으로 안동 찜닭 하면 조선시대 때부터 면면히 이어져 내려온 오래된 전통 음식으로 생각하기 쉽지만 사실은 1980년대 들어 안동시장에서 발달한 음식이다. 통닭 튀김에 식상한 고객의 입맛을 잡으려고 닭고기에 채소와 당면을 푸짐하게 넣고 간장에 조린 음식을 만들어냈는데 이 찜닭이 안동을 넘어 전국적으로 유명해지면서 안동의 전통 향토 음식으로 소문이 난 것이다.

그러니 따지고 보면 닭고기를 와인으로 졸이는 프랑스의 찜닭 요리 코코뱅과 간장으로 졸이는 안동찜닭은 닮은 점이 많다. 특히 둘 다 품질이 떨어지는 재료, 식상한 소재의 음식을 재가공해 새로운 유행을 창조했다는 점에서 닮은 꼴이다.

참고로 찜닭을 정치의 소재로 삼은 정치인이 한 명 더 있다. 대공황 당시의 미국 대통령, 로버트 후버다. 1928년 후버는 대선에 출마하면서 "일요일에는 모든 가정의 냄비에 닭을, 모든 집의 차고에는 자가용을"이라는 선거 공약을 내걸었다. 여가 생활과 풍요로운 삶을 동시에 제공하겠다는 약속의 상징으로 찜닭과 자동차를 강조했지만 대공황이 시작된 탓에 약속을 지키지는 못했다.

지금 우리는 오히려 음식이 넘쳐 고민하는 시대를 살고 있지만 따지고 보면 불과 얼마 전까지만 해도 닭고기 한 마리에서 행복을 찾던 때가 있었다. 정치인이 내건 '일요일의 닭고기'는 한물간 구호가 됐지만 힐링을 필요로 하는 현대인에게 찜닭의 상징성은 여전히 유효하지 않을까 싶다. 질긴 수탉을 부드러운 찜닭으로 바꾼 것은 결국 우리들 자신이기 때문이다. 희망을 제시하는 것이 리더의 몫이라면 꿈을 실현하는 것은 각자의 몫이기 때문이다. 찜닭에서 너무 거창한 의미를 찾는 것일까?

10장

감사와 소망,
사랑을 담아

| 떡류 |

떡국

건강과 이재의
소망을 담다

설날이면 가족이 모여 떡국을 먹으며 소원을 빌고 덕담을 나누는 것이 우리네 전통이다. 지금도 설날이면 으레 떡국을 끓이지만 예전에는 설날에 떡국을 먹지 않으면 무슨 큰일이라도 나는 줄 알았던 모양이다.

설은 가까이 다가오는데 어린 것에게 떡국 한 그릇 먹일 수 없는 형편이었다. 아이에게 떡국 한 숟가락이라도 먹이고 싶어 전당포 문이 닫히기 전에 떡 사고 간장 사서 설날 아침 준비를 하겠다는 생각으로 빨아서 다듬어놓은 옥양목 치마 한 벌을 전당포에 맡겼다. "이십 전이라도 주시오." 이 말을 들은 전당포 주인이 "치마를 어디에 쓰겠느냐"고 말하면서도 치마를 놓고 가라며 삼십 전을 내주었다.

일제강점기인 1927년의 신문 기사다. 어려운 시절이었지만 인정이 살아 있음에 놀라고, 설날이라고 기를 쓰며 떡국 한 그릇이라도 먹이려고 애쓰는 모정에 감동한다.

설날에는 왜 반드시 떡국을 먹어야 할까? 육당 최남선은 떡국이 먼 옛날부터 하늘에 제사를 지낸 후 복을 빌며 먹는 음식이기 때문이라고 했다. 정월 초하루인 설날은 태양이 부활하는 날로 천지만물이 새롭게 태어나는 날이다. 양의 기운이 돋아나 만물이 되살아나는 날, 질병을 예방하고 장수를 빌며 한 해 동안의 평안과 풍요를 기원하면서 먹던 음식이 바로 떡국이라는 것이다.

너무 추상적이라서 선뜻 마음에 와 닿지 않을 수도 있는데 떡국에 도대체 어떤 소원을 담았을까? 떡국 재료인 가래떡에서 실마리를 찾을 수 있다.

가래떡은 다른 떡과 달리 끊어지지 않게 길게 늘여 만든다. 《동국세시기》에서는 "설날이면 멥쌀가루를 쪄서 커다란 목판 위에다 놓고 떡메로 무수히 내리쳐 길게 늘여서 만든다"고 했는데 굳이 힘들게 무수히 내리치는 수고를 하면서까지 떡을 길게 만든 것은 가래떡에 장수와 재복의 소원을 담았기 때문이다. 국수를 장수의 상징으로 여겼던 것과 같은 맥락이다.

떡국에는 부자 되게 해달라는 소망도 담

겨 있다. 가래떡은 굵고 길다. 그래서 떡국을 끓이려면 떡을 썰어야 하는데, 흥미롭게도 옛 문헌에서는 하나같이 가래떡을 동전 모양으로 썬다고 표현했다.

《동국세시기》에서는 "동전처럼 얇고 가늘게 썰어 소고기나 꿩고기를 넣은 후 후춧가루로 양념을 한 후에 먹는데 이를 떡국이라고 부른다"고 했다. 《동국세시기》와 비슷한 시기에 한양의 세시 풍속을 기록한 《열양세시기》에서도 섣달 그믐날이면 가래떡을 엽전 모양으로 가늘게 썬 후 설날 떡국을 끓여서 식구 숫자대로 한 그릇씩 먹는다고 했다.

물론 《동국세시기》나 《열양세시기》에서 떡을 동전 모양으로 썬다고 표현한 것이 우연의 일치일 수도 있다. 하지만 우리는 물론이고 다른 나라에서도 새해 첫날 먹는 음식은 대부분 돈과 관련이 있다.

예컨대 우리도 중부 이북에서는 설날에 떡국과 함께 만두를 먹는데 중국도 춘절에는 만두를 먹는다. 그런데 춘절에 먹는 만두는 평소의 교자만두, 혹은 포자만두와는 생김새가 다르다. 우리처럼 만두 양끝을 둥글게 말아서 붙인다. 원보(元寶)라는 옛날 중국 은자를 본떠서 만드는 것이다. 그러니까 돈 모양으로 빚은 만두를 먹으며 집안에 재물이 넘치기를 비는 것이다. 이것만으로도 모자라 부잣집에서는 금, 은을 넣고 만두를 빚는데 금과 은이 들어간 만두를 먹은 사람은 일 년 동안 운수 대통한다고 믿었다.

일본도 마찬가지였다. 숙종 때 통신사로 일본을 다녀온 신유한이 《해유록》에 일본 떡도 우리의 권무병(拳拇餠)과 닮았다고 적었다. 권무병은 엄지손가락처럼 생긴 떡이라는 뜻으로 가래떡을 권무병이라고 했으니 엽전의 모양을 형상화한 것이 아닌가 싶다. 일본 사람들 역시 새해 떡국을 먹으며 부자 되기를 소원한 것이다. 동양뿐 아니라 서양에도 비슷한 풍속이 있다. 프랑스와 그리스 등 일부 유럽 국가에도 새해에 동전을 숨긴 케이크를 나누어 먹는 전통이 있다. 케이크를 먹다가 동전을 씹는 사람은 한 해 동안 운수가 대통한다고 믿었으니 동서양의 풍속이 닮은 꼴이다.

떡국에는 이렇게 가래떡처럼 길게 오래 살게 해달라는 장수의 소망과 부자 되게 해달라는 소원이 담겨 있다. 꿈은 이뤄진다고 했으니 떡국 먹으며 한 해 건강과 이재의 꿈을 다져보는 것도 나쁘지 않겠다.

97

송편

보름달을
닮지 않은 이유

세계적으로 추석에 먹는 떡은 거의 다 보름달 모양인데, 송편은 전통적인 추석 음식인데도 보름달을 닮지 않았다.

중국 사람들은 중추절에 보름달을 닮은 월병을 먹는다. 이름 자체도 달떡이라는 뜻의 월병(月餠)이다. 일본은 음력 추석이 없지만 전통 추석 음식으로 쓰키미당코(月見團子)를 먹는다. 역시 달처럼 둥근 모양인 데다 이름도 달을 보며 먹는 둥근 떡이라는 의미다.

반면 우리가 먹는 송편은 보름달이 뜨는 추석에 먹는 떡인데도 둥근 달 모양이 아닐 뿐만 아니라 이름도 달과는 전혀 관계없다. 솔잎으로 찐 떡이라는 의미에서 송편[松餠]이다. 혹자는 송편이 반달을 형상화한 것이라고 주장하면서 근거로 《삼국유사》에 나오는 거북이 이야기를 들었으나 억지스러운 부분이 많다. 즉 거북이 등에 백제는 지는 달인 만월(滿月)이고 신라는 앞으로 보름달이 될 반월(半月)이라고 쓴 것에서 송편이 반달 모양이 됐다는 것이다.

송편은 추석에 먹는 떡인데도 왜 보름달과 전혀 닮지 않은 모양이고, 이름조차도 달과는 아무런 관계가 없는 걸까?

옛날 문헌을 찾아보면 송편에 관해 궁금한 부분이 또 생긴다. 송편은 전통적으로 추석에 먹는 떡이었을 것 같지만 과거에는 그렇지 않았다. 물론 옛날에도 추석에 송편을 먹었다. 하지만 세월을 거슬러 올라갈수록 추석 때보다는 다른 명절에 송편을 먹는 경우가 더 많았다.

추석에 송편을 빚는다는 기록은 주로 근대 문헌에 보인다. 조선 후기 인 1849년에 발간된 《동국세시기》에는 추석 때면 햇벼로 만든 햅쌀 송편을 먹는다고 나온다. 그리고 1925년에 발행된 《해동죽지》에도 추석이면 햅쌀로 송편을 빚는다고 적혀 있다. 한자로는 특별히 그냥 송편이 아니라 햅쌀로 빚은 송편이라는 뜻에서 '신송병(新松餠)'이라고 표기했다.

근대 문헌을 보면 추석 때 먹는 송편은 오려송편이다. 올벼[早稻]를 수확해서 빻은 햅쌀로 빚은 송편이라는 뜻이다. 다시 말해 송편은 다른 명절에도 먹지만 특별히 추석에는 올벼로 빚은 오려송편을 먹는다는 말이다.

실제 옛 문헌에는 추석이 아닌 다른 명절에 송편을 빚었다는 기록이 더 많다. 19세기 초반 무렵의 문집인 《추재집》에는 정월 대보름에 솔잎으로 찐 송편을 놓고 차례를 지낸다는 글이 있고, 《동국세시기》와 같은 무렵의 풍속서로 주로 한양의 풍속을 적은 《열양세시기》에서도 2월 초하룻날 떡을 만드는데 콩으로 소를 넣고 솔잎을 겹겹이 쌓아 시루에 찐 후 농사일을 준비하는 노비에게 먹인다고 했다. 바로 노비송편이다. 사

실, 추석 때 송편을 빚는다고 한《동국세시기》에도 2월 초하룻날 빚는 송편에 대한 자세한 기록이 있다.

더 옛날로 거슬러 올라가면 광해군 때 팔도 음식을 기록한 허균의《도문대작》에서는 송편을 봄에 먹는 떡이라고 했다. 봄 떡으로 쑥떡, 느티떡, 진달래화전과 함께 송편을 먹는다고 했지만 추석이 낀 가을에 송편을 먹는다는 이야기는 없다.

영조 때의 문인 이의현은 세시 음식으로 정월에는 떡국, 대보름에는 약식을 먹으며 삼짇날에 송편을 먹는다고 했고 정약용도 봄에 송편을 빚는다는 시를 지었다. 인조 때 이식은《택당집(澤堂集)》에 초파일에 송편을 준비한다고 적었다. 조선시대 관혼상제의 의식을 기록한《사례의》에도 5월 단오에 시루떡이나 송편을 만든다고 했으며 6월 유두절에 송편을 빚는다는 기록도 있다.

옛 기록을 보면 송편은 특별히 추석 때 빚어 먹는 떡이 아니라 정월부터 6월까지 명절을 비롯한 특별한 날에 빚던 떡이다. 송편을 만드는 재료도 다양해서 굳이 햅쌀이 아니라도 조, 수수, 옥수수, 감자, 도토리 등도 가루로 만들어 송편을 빚었으니 햅쌀로 만드는 오려송편, 쌀 앙금으로 만드는 무리송편, 보리쌀로 빚는 보리송편 등 송편 종류도 다양했다.

그리고 보면 예전에는 송편이 현대와 달리 계절에 관계없이 특별한 날이면 빚어 먹던 민족의 대표 떡이 아니었나 싶다. 다만 근대에 접어들면서 햅쌀을 거둔 추석 무렵이면 특별히 올벼로 오려송편을 빚은 것으로 짐작된다. 그러다 현대에 들어 다른 명절은 의미가 퇴색되고 설날과 추석만 명절로 인정되고 있으니 송편이 특별히 추석 때 먹는 떡으로 기억된 것 같다.

98

만두

만두피로 싼 것은
휴머니즘

만두는 제갈공명의 남만 정벌 때문에 생긴 음식으로 알고 있다. 공명이 포로의 목숨을 구하려고 하늘까지 속여가며 만들었다는 것이다. 《삼국지》를 읽은 한국, 중국, 일본인들은 모두 만두의 유래를 이렇게 알고 있다.

제갈공명이 남만 정벌을 끝내고 철수하는 도중 노수라는 강에 도착했는데 갑자기 하늘이 어두워지고 풍랑이 거세지면서 군대가 강을 건널 수 없게 됐다. 현지 원로가 억울하게 죽은 원혼이 노해서 그런 것이니 마흔아홉 명의 사람 머리를 베어 제사를 지내면 바람이 잔잔해지고 풍랑이 멎을 것이라고 말했다. 하지만 제갈공명은 전쟁으로 수많은 사람이 목숨을 잃었는데 또 살생할 수는 없다며 밀가루를 반죽해 사람 머리 모양을 만들고 그 속에 소와 양고기를 채워 강물에 던져 제사를 지냈다. 그러자 강물이 잔잔해져 군사들이 무사히 강을 건널 수 있었다.

만두의 한자도 오랑캐 머리인 만두(蠻頭)에서 비롯됐다고 하는데, 만두를 진짜 제갈공명이 처음 만들었을까? 결론부터 말하자면 사실이 아니다. 진수의 역사책 《삼국지》에 만두에 관한 언급은 일언반구도 없다. 《삼국지》의 작가 나관중이 작가적 상상력을 발휘해 창작한 내용 같지만 그것도 아니다. 소설이 나오기 200년 전, 《사물기원》이라는 책에 실린 이야기를 나관중이 《삼국지》에다 슬쩍 끼워 넣은 것이다.

송나라 고승이 《사물기원》을 쓰면서 (패관)소설에 삼국 촉나라의 제갈공명이 남쪽 오랑캐의 머리를 대신해 만두를 만들었다는 내용이 나온다고 적었다. 패관소설은 민간에 떠도는 이야기를 주제로 한 소설이다. 결국 사람들 사이에 떠돌던 이야기가 《삼국지》를 통해 기정사실화된 것이다.

만두에 관한 이야기가 또 하나 있다. 교자만두의 유래로 한나라 말기, 의사인 장중경이 추운 겨울 동상으로 귀가 떨어지는 백성을 가엾게 여겨 귀 모양으로 만두를 빚어 뜨거운 국물과 함께 나누어 주었다. 뜨거운 만두를 먹고 속이 따뜻해지니 더는 동상에 걸리지 않고 겨울을 날 수 있었다. 구전으로 전하는 속설이다.

흥미로운 것은 공명의 만두, 장중경의 교자만두 모두 생명을 구한 음식으로 그려져 있다. 만두가 만들어진 전설에 이렇게 인간미를 담은 까닭은 무엇일까?

만두의 출현 시기와 관련이 있다. 만두가 처음 등장한 것은 3세기 무렵이다. 삼국시대가 끝난 후 진나라 때 속석이라는 사람이 쓴 《병부》에 만두가 처음 보인다. 여기에 음양이 교차하는 시절 만두를 차려놓고 연회를 열었다는 기록이 있다. 또 다른 역사책인 《진서(晉書)》의 〈하증전〉에도 만두가 나온다. 하증은 속석, 제갈량과 같은 시대 사람이니 한나라 말기에 만두가 만들어졌다는 증거가 된다.

사실 제갈공명과 장중경이 살던 당시는 중국에서 밀가루 음식이 본격적으로 발달한 때다. 다량의 밀가루를 갈 수 있는 연마 도구가 개발되면서 밀가루 음식이 발달한다. 만두의 유래를 설명하는 이야기에 휴머니즘이 담긴 이유를 여기서 찾을 수 있다. 3세기 사람들은 보통 기장, 수수를 먹거나 잡초에 가까운 피를 곡식으로 먹었다. 그런데 부자나 귀족들이 곱게 빻은 밀반죽에 고기를 싸서 먹는 것을 보고는 아픈 사람도 병이 낫고 죽은 사람도 다시 살아올 정도로 좋은 음식이라고 여겼을 것이다.

설날 만두를 먹는 이유도 이와 관련이 있다. 당시 만두는 너무나 귀한 음식이어서 하늘에 바치는 제물로 쓰였다. 만두가 나오는 초기 기록에 만두가 제물로 그려져 있는 이유다. 《사물기원》에서 만두는 정월 제사에 제물로 놓는다고 했고 《병부》에도 만두는 정월에 먹는 음식으로 나온다.

봄의 시작은 음양이 교차하는 시절이다. 추운 기운은 벌써 사라졌고 따뜻해졌지만 아직 덥지는 않다. 이런 계절에 맞춰서 잔치를 열고 만두를 빚는다.

지금은 별것 아닌 만두지만 2천 년 전에 만두는 귀한 음식이었기에 음양이 교차하는 시절, 즉 새해 첫날 하늘에 제사를 올린 후 복을 빌며 먹었다. 작은 만두 하나지만 그 속에 별별 의미와 소원이 다 들어 있다.

99

쌍화점은
증편을 파는 가게

고등학교 국어 교과서에도 나오고 영화로도 널리 알려진 음식이 '쌍
화'다. 고려가요 〈쌍화점(雙花店)〉의 소재가 되는 떡이다.

쌍화점에 쌍화 사러 갔더니 회회(回回)아비 내 손목을 쥐더이다.
이 소문이 집 밖으로 나가면 조그만 새끼 광대야 네가 퍼뜨린 줄
알겠노라.

13세기 말인 고려 충렬왕 때 만들어졌다는 고려가요 〈쌍화점〉의 첫
구절이다. 아라비아를 포함해 우리에게는 서역으로 알려진 중앙아시아
출신의 색목인(色目人), 그러니까 파란 눈의 아랍계 상인이 운영하는 가
게에 쌍화(雙花)라는 음식을 사러 갔는데 주인이 손목을 잡으며 유혹했
다는 내용의 노래다.

420

학교 다닐 때는 고려시대의 가요로, 또 남녀상열지사로 금지 가요였다는 사실을 강조해서 주의 깊게 여기지 않았는데 노래의 소재가 되는 쌍화란 도대체 어떤 음식이었을까?

보통 쌍화를 만두라고 하고, 조금 더 자세히는 아랍 만두라고 해석한다. 만두라고 설명하니까 어쩔 수 없이 지금 우리에게 익숙한 만두를 떠올리게 되지만 쌍화는 만두와 많은 차이가 있다.

쌍화는 회회아비가 운영하는 쌍화점에서 파는 음식이었으니까 고려인들의 시각에서는 외국 음식이었을 것이다. 회회아비가 팔던 음식이니 중국의 전통 음식일 수도 있고, 아니면 서역, 그러니까 중앙아시아의 회회족이 주로 먹던 음식일 수도 있다. 지금의 지리로 보자면 중국 위구르족이 먹던 음식이었을 가능성이 높다.

우리나라 만두는 보통 밀가루 반죽에다 고기와 야채로 속을 채운 후 찌는 음식이다. 쌍화는 이런 만두보다는 소를 넣지 않고 밀가루를 발효시켜 부풀려 먹는 중국식 만두에 가까운 음식으로 보인다. 따지고 보면 만두라는 음식 자체가 서역을 통해 중국에서 발달한 것이니 회회아비가 중국 만두를 판다고 해서 크게 이상할 것도 없다.

우리 문헌에 쌍화는 상화(霜花) 또는 상화(床花)라는 이름으로 등장한다. 최남선은 《조선상식문답》에서 조선의 떡 중에서 가장 이색적인 것은 상화(霜花)와

증병(蒸餅) 종류라고 했다. 상화는 충렬왕 때 보이니까 늦어도 고려 말기에 들어와 우리나라에 정착한 떡이다. 그런데 왜 들어온 지 600년도 더 지난 떡을 특이한 떡이라고 한 것일까?

최남선은 상화를 쌀가루나 밀가루를 반죽하고 거기에 술을 넣어 속이 푸석하게 부풀어 오르게 한 후 덩이덩이 만들어 먹는 떡인데 호떡 가운데 보시기 엎어놓은 것처럼 만든 것이라고 설명했다. 그러면서 우리나라와는 다른 중국의 만두 또는 서양의 빵과 비슷한 음식이라고 풀이했다. 쉽게 말해 밀가루에 효모를 넣고 발효시켜 만든 빵이다.

우리나라 떡 중에서 쌀가루를 발효시켜 빵처럼 만든 떡이 바로 증편(蒸片)이다. 증병(蒸餅)이라고도 하는데 상화처럼 막걸리를 넣어 발효를 시켜 만든다. 《조선상식문답》에서는 멥쌀가루에 술을 넣고 질게 반죽한 것으로 더운 방에서 하루 동안 피어오르게 한 후 시루나 솥에 넣어 쪄내는 떡이라고 했다. 증편에 밤과 대추, 잣, 곶감, 석이버섯 등의 고명을 올려 색에 맞추어 쪄내기도 하는데 이는 상화를 고급화한 우리나라의 사치품이라고 했다.

이익은 《성호사설》에서 술을 쌀가루에 타서 부풀어 오르게 만든 떡으로 상화와 같이 효모로 반죽하여 쪄서 만든 떡이라고 했다. 《음식디미방》이나 《규합총서》와 같은 조리서에도 보이는데 최남선은 우리나라에서 이렇게 만드는 떡은 대개 상화와 증편 정도에 그치는 것 같다며 그 기원은 필히 중국에 있을 것으로 생각된다고 덧붙였다.

밀가루를 발효시켜 만드는 중국식 만두가 상화라면, 밀가루가 귀했던 옛날 조선시대에 밀가루 대신 상대적으로 구하기 쉬운 쌀가루를 발효시켜 만든 것이 증편, 곧 술떡이다.

증편인 술떡은 예전에는 주로 음력 6월 15일 유두절에 먹었는데 술을 넣어 발효시켰기 때문에 여름철에 쉽게 상하지 않는 장점도 있는 한편으로 밀가루를 발효시킨 상화를 대신하기 때문에 본래 밀의 수확철인 초여름에 먹었다고 한다.

100

쑥떡

바퀴 모양 쑥떡에 담긴
천문 지리

시중에서 파는 쑥 절편을 보면 다양한 무늬가 그려져 있다. 꽃문양이나 줄무늬가 찍힌 절편도 있으며 수레바퀴 문양이 새겨진 것도 있다. 절편 자체의 모양 역시 사각형에 둥근 수레바퀴가 찍힌 것도 있고 아예 바퀴처럼 둥글게 만들기도 한다.

우리나라에서는 전통적으로 삼짇날이나 단오에 쑥떡을 먹었다. 특히 단오에는 수레바퀴 모양으로 떡을 빚었다. 《동국세시기》에 단오에 쑥을 뜯어다 멥쌀가루와 섞어 초록색이 되도록 반죽해 수레바퀴 모양의 떡을 만들고 떡집에서도 시절 음식으로 팔았다고 나온다. 설날에 떡국을 먹듯이 단오에는 너 나 할 것 없이 쑥떡을 먹었다는 것이다.

그런데 왜 하필 쑥떡을 먹었으며 왜 수레바퀴 모양으로 만들었을까? 특별한 의미가 있는 것일까?

단오를 우리말로 '수릿날'이라고 하는데 수리는 수레[車]라는 뜻이다. 수레바퀴 모양으로 떡을 만들어 먹었기 때문에 이날을 수릿날이라고 했다.

도대체 무슨 소리일까?《동국세시기》원문에서는 수레바퀴 모양의 떡을 상거륜형(象車輪形)이라고 했는데, 상거(象車)는 코끼리가 끄는 수레, 윤형(輪形)은 바퀴 모양이라는 뜻이다. 그러니까 코끼리가 끄는 수레의 바퀴 모양으로 떡을 만들었다는 것인데 코끼리 수레는 옛날 천자가 타는 수레였다. 특히 천자가 하늘에 제사를 지내는 곳인 천단(天壇)으로 갈 때 코끼리 수레를 타고 갔다. 다시 말해 코끼리가 끄는 수레는 하늘과 연결된다는 것을 의미한다.

동서양을 막론하고 바퀴는 태양, 하늘, 우주를 상징한다. 박물관에 가보면 청동기시대 유물에 바퀴 모양이 많이 보이는데 죽은 자의 영혼을 저승으로 인도하는 것을 의미하는 것이라고 해석한다.

단옷날 수레바퀴 모양의 떡을 먹는 데는 단오는 태양이 바로 머리 위에 오는 날이니 태양을 상징하는 수레바퀴 모양으로 떡을 빚어 축하한다는 뜻이 담겨 있다.

그렇다면 왜 하필 쑥으로 떡을 빚었을까? 삼짇날에도 쑥떡을 먹는데 계절적으로 삼짇날이나 단오는 봄이 한창이어서 곳곳에 쑥이 지천으로 돋아날 때니 쑥떡으로 명절 음식을 삼는 것이 자연의 이치에도 맞지만 또 다른 이유도 있다.

중국 송나라 때의 역사를 기록한 《송사(宋史)》에는 고려에서는 상사일(上巳日)에 쑥떡을 만드는데 음식의 으뜸으로 여긴다는 기록이 있다. 송나라 진종 8년인 1015년, 고려의 민부시와 곽원이 사신으로 송나라에 와서 고려 풍속을 설명하는데 상사일이면 쑥떡을 만들어 쟁반 가운데에 놓고 단옷날에는 그네를 탄다고 했다. 고려 때부터 쑥떡을 많이 먹었다는 것인데 삼짇날과 겹치는 상사일에 쑥떡을 먹는 이유는 상사일이 3월의 첫 번째 뱀의 날이기 때문이다. 그러니까 이날 먹는 쑥떡은 집 안으로 뱀이 들어오는 것을 막는다는 의미가 있다.

예전에는 상사일에 뱀이 겨울잠에서 깨어나 돌아다니기 시작한다고 믿었다. 그런데 뱀은 쑥을 싫어한다. 그래서 시골에서는 집 안에 뱀이 들어오는 것을 막으려고 쑥을 말려서 마당 곳곳에 널어놓았다. 상사일에 쑥떡을 먹는 이유도 여기에 있다. 뱀이 다시 활동을 시작한 날, 쑥떡을 먹으면서 뱀을 쫓는다는 현실적 의미와 뱀으로 상징되는 나쁜 기운을 몰아낸다는 주술적 의미가 함께 담겨 있다.

단오에 쑥떡을 먹은 것도 마찬가지다. 단오는 양기가 오르는 좋은 날인 동시에 나쁜 날이기도 했는데 다섯 가지 독충이 잔뜩 독이 올라 본격적으로 활동을 시작하는 날이다. 때문에 여름에 시골에서 쑥으로 모깃불을 피워 모기를 쫓는 것처럼 쑥으로 떡을 만들어 먹으며 해충을 쫓아낸다는 의미가 있다. 동양과 서양 모두 쑥에는 해충을 쫓아내는 구충과 살충 성분이 있다고 믿었으니 쑥을 먹거나 쑥으로 불을 피우면 해충은 물론이고 귀신이나 악령을 몰아내 몸과 마음을 정화할 수 있다고 여겼다.

음식으로 읽는
한국 생활사